2019全国审计专业技术资格考试一本通

审计理论与实务
考点·真题·预测全攻略

科目二 | 初级、中级通用

欧阳华生　汤木红◎主编

中国经济出版社
CHINA ECONOMIC PUBLISHING HOUSE

·北京·

图书在版编目（CIP）数据

审计理论与实务（科目二）考点·真题·预测全攻略／欧阳华生，汤木红主编．—7 版．—北京：中国经济出版社，2019.7

2019 全国审计专业技术资格考试一本通：初级、中级通用

ISBN 978 – 7 – 5136 – 5579 – 8

Ⅰ.①审… Ⅱ.①欧… ②汤… Ⅲ.①审计学—资格考试—自学参考资料 Ⅳ.①F239.0

中国版本图书馆 CIP 数据核字（2019）第 040087 号

责任编辑　姜　静　孙喆浩
责任印制　马小宾
封面设计　任燕飞装帧设计工作室

出版发行　中国经济出版社
印　刷　者　北京富泰印刷有限责任公司
经　销　者　各地新华书店
开　　　本　787mm×1092mm　1/16
印　　　张　13.5
字　　　数　259 千字
版　　　次　2019 年 7 月第 7 版
印　　　次　2019 年 8 月第 2 次
定　　　价　52.00 元
广告经营许可证　京西工商广字第 8179 号

中国经济出版社 网址 www.economyph.com 社址 北京市西城区百万庄北街 3 号 邮编 100037
本版图书如存在印装质量问题，请与本社发行中心联系调换（联系电话：010 – 68330607）

版权所有　盗版必究（举报电话：010 – 68355416　010 – 68319282）
国家版权局反盗版举报中心（举报电话：12390）　服务热线：010 – 88386794

前 言

为了帮助广大考生顺利通过审计专业技术资格考试并取得好成绩，我们根据我国审计专业技术资格考试的特点和要求，以考试大纲、最新教材和《审计专业技术资格考试复习指南》为依据，以分析考试重点和考试真题为主线，组织具有长期辅导经验的专家编写了本套辅导用书，共两册。

《审计理论与实务（科目二）考点·真题·预测全攻略》 按照考试大纲的要求，以最新教材和《审计专业技术资格考试复习指南》为基础，结合考试真题分别介绍了"审计理论与方法"和"企业财务审计"两部分的考试重点。

第一部分：共设十二章。从审计的定义入手，分别介绍了审计的职能、地位和作用；国家审计、内部审计和社会审计的组织和承担的法律责任，开展国家审计、内部审计和社会审计适用的审计准则、质量控制标准以及职业道德；三种审计类型的审计目标、审计程序、审计标准、审计证据、审计工作底稿、审计取证方法和内部控制；审计报告内容和要求，审计管理内容和要求，以及绩效审计和计算机审计工作的内容和方法。对于初级考生，该部分"第八章 审计抽样"，以及第十一章的"电子数据审计"和"信息系统审计"内容不做考试要求；对于中级考生，增加了"第八章 审计抽样"考试内容。

第二部分：共设五章。按照企业不同的经济业务循环，分别介绍了销售与收款、采购与付款、生产与存货、货币资金、财务报告五个循环的内部控制测试、审计内容和方法。对各类经济业务循环进行内部控制测试，使审计人员能够更好地了解被审计单位的经济业务和内部控制情况，合理确定实质性审查的范围和重点，保证审计质量，提高审计效率和效果。对于初级考生，该部分第五章的"集团财务报表审计"内容不做考试要求。

《审计专业相关知识（科目一）考点·真题·预测全攻略》 按照考试大纲的要求，以最新教材和《审计专业技术资格考试复习指南》为基础，结合考试真题分别介绍了"宏观经济学基础""企业财务管理""企业财务会计"和"法律"四部分的考试重点。

第一部分：从宏观经济学概论入手，介绍了财政政策分析和货币政策分析。此外，对于中级考生，2019 年考试大纲增加了"开放经济中的宏观政策分析"考试内容。

第二部分：从企业财务管理基础入手，介绍了财务战略和预算、投资决策管理、筹资决策管理、营运资本管理、利润及其分配管理以及财务分析与绩效评价。

第三部分：从企业财务会计概论入手，介绍了流动资产，非流动资产，负债，所有者权益，收入、费用及利润，以及财务报告。此外，对于中级考生，2019年考试大纲取消了"合并财务报表"考试内容。

第四部分：从法律基础知识入手，介绍了宪法、民法总则、审计法、行政法、公司法、财政法和预算法、税法、票据法和证券法、证据法。此外，对于初级考生，"行政复议法、行政诉讼法"和"证据法"考试内容不做要求。

每册辅导书由三篇内容构成：第一篇为学习方法与应试技巧，包括教材内容体系、命题与重点分析、学习方法和应试技巧提示；第二篇为分章考点、真题及易错题，梳理了各个章节的考试重点，并结合考试真题和易错题进行解析；第三篇为考前模拟冲刺试卷，以各章节考试重点为基础，结合历年考试情况，每册均编写了两套模拟冲刺试卷及答案。

本套辅导书具有以下特点：

（1）由长期从事审计专业技术资格考试辅导和命题研究的专家亲自负责编写和把关。

（2）紧扣考试大纲和新版教材，针对性和指导性强。

（3）历年命题特点和重点分析透彻，有利于考生把握考试重点。

（4）考点分析详尽，重点突出。

（5）结合考试真题详尽地介绍了学习方法和答题技巧。

以上特点中"（3）""（4）"和"（5）"是目前同类辅导书欠缺的，也是本套辅导书的核心价值所在，希望能给考生带来实实在在的益处。

在内容研发和编写过程中，编者力求使本套辅导书做到完美，如有遗漏甚至错误，真诚接受广大考生批评指正，以便在今后的修订中加以完善。预祝各位考生考试取得好成绩！

编者
2019年7月于北京

目 录

第一篇 学习方法与应试技巧

一、教材内容体系／2
二、命题与重点分析／2
三、学习方法／4
四、应试技巧提示／5

第二篇 分章考点、真题及易错题

第一部分 审计理论与方法／8

第一章 总论／8
　大纲解读／8
　考情分析／8
　知识结构图／9
　考点精编／9
　本章易错题分析／19

第二章 审计组织与审计法律责任／20
　大纲解读／20
　考情分析／20
　知识结构图／21
　考点精编／21
　本章易错题分析／31

第三章 审计准则、质量控制标准和
　职业道德／33
　大纲解读／33
　考情分析／34
　知识结构图／34
　考点精编／34
　本章易错题分析／42

第四章 审计目标和审计程序／43
　大纲解读／43
　考情分析／43
　知识结构图／43
　考点精编／43

　本章易错题分析／48

第五章 审计标准、审计证据、审计
　工作底稿／50
　大纲解读／50
　考情分析／50
　知识结构图／50
　考点精编／51
　本章易错题分析／60

第六章 审计取证方法／61
　大纲解读／61
　考情分析／61
　知识结构图／61
　考点精编／62
　本章易错题分析／67

第七章 内部控制及其测评／68
　大纲解读／68
　考情分析／69
　知识结构图／69
　考点精编／69
　本章易错题分析／77

第八章 审计抽样（初级不要求）／78
　大纲解读／78
　考情分析／79
　知识结构图／79
　考点精编／79

本章易错题分析 / 85
第九章　审计报告 / 86
　大纲解读 / 86
　考情分析 / 87
　知识结构图 / 87
　考点精编 / 87
　本章易错题分析 / 95
第十章　绩效审计 / 96
　大纲解读 / 96
　考情分析 / 97
　知识结构图 / 97
　考点精编 / 97
　本章易错题分析 / 101
第十一章　计算机审计 / 102
　大纲解读 / 102
　考情分析 / 102
　知识结构图 / 102
　考点精编 / 103
　本章易错题分析 / 107
第十二章　审计管理 / 108
　大纲解读 / 108
　考情分析 / 109
　知识结构图 / 109
　考点精编 / 110
　本章易错题分析 / 114

第二部分　企业财务审计 / 116

第一章　销售与收款循环审计 / 116
　大纲解读 / 116
　考情分析 / 116
　知识结构图 / 117

　考点精编 / 117
　本章案例分析题 / 129
　本章易错题分析 / 130
第二章　采购与付款循环审计 / 132
　大纲解读 / 132
　考情分析 / 132
　知识结构图 / 133
　考点精编 / 133
　本章案例分析题 / 144
　本章易错题分析 / 146
第三章　生产与存货循环审计 / 148
　大纲解读 / 148
　考情分析 / 148
　知识结构图 / 149
　考点精编 / 149
　本章案例分析题 / 156
　本章易错题分析 / 159
第四章　货币资金审计 / 161
　大纲解读 / 161
　考情分析 / 161
　知识结构图 / 162
　考点精编 / 162
　本章案例分析题 / 166
　本章易错题分析 / 168
第五章　财务报告审计 / 170
　大纲解读 / 170
　考情分析 / 170
　知识结构图 / 171
　考点精编 / 171
　本章易错题分析 / 179

第三篇　考前模拟冲刺试卷

考前模拟冲刺试卷（初级）/ 182
　参考答案及解析 / 192

模拟冲刺试卷（中级）/ 196
　参考答案及解析 / 207

第一篇
学习方法与应试技巧

审计理论与实务（科目二）

考点·真题·预测全攻略

审计监督是一种专职和专业行为，是独立的、由专门机构和专职人员依法进行的监督。由于其自身独有的预防、揭示和抵御功能，审计成为国家治理中监督控制子系统的"免疫系统"，对维护、完善和促进国家治理有重要意义。经济社会越发展，国家对审计类人才的需求越大，审计专业技术资格考试正是为了适应这种需求而设立的。本部分主要介绍教材内容体系、命题与重点分析、学习方法和应试技巧提示等，考生可以在了解上述内容的基础上结合自身情况选择适合的学习方法，做到有针对性、有重点地学习，提高学习效率。俗话说"万事开头难"，在本书的协助下，相信您一定会实现高效复习，顺利通过考试。

一、教材内容体系

初级、中级审计专业技术资格考试在教材内容体系上一致，"审计理论与实务"科目教材内容由以下两部分构成：

第一部分：共设十二章。从审计的定义入手，分别介绍了审计的职能、地位和作用；国家审计、内部审计和社会审计的组织和承担的法律责任，开展国家审计、内部审计和社会审计适用的审计准则、质量控制标准以及职业道德；三种审计类型的审计目标、审计程序、审计标准、审计证据、审计工作底稿、审计取证方法和内部控制；审计报告内容和要求，审计管理内容和要求，以及绩效审计和计算机审计工作的内容和方法。对于初级考生，该部分增加的"第八章 审计抽样"以及第十一章的"电子数据审计"和"信息系统审计"内容不做考试要求；对于中级考生，增加了"第八章 审计抽样"考试内容。

第二部分：共设五章。按照企业不同的经济业务循环，分别介绍了销售与收款、采购与付款、生产与存货、货币资金、财务报告五个循环的内部控制测试、审计内容和方法。对各类经济业务循环进行内部控制测试，使审计人员能够更好地了解被审计单位的经济业务和内部控制情况，合理确定实质性审查的范围和重点，保证审计质量，提高审计效率和效果。对于初级考生，该部分第五章的"集团财务报表审计"内容不做考试要求。

从历年命题情况来看，考查第一部分内容的题型均为单项选择题和多项选择题，总分值为40分；考查第二部分内容的题型除单项选择题、多项选择题外，还有案例分析题，总分值为60分。由此可见，第一部分内容是基础，第二部分内容是考试的重点。

二、命题与重点分析

（一）题型与分值

"审计理论与实务"科目的考试题型比较固定，近年来一直沿用"单项选择题""多项选择题"和"案例分析题"三种题型。其中，"单项选择题"设置了30道题，每题 1 分，共计 30 分；"多项选择题"设置了 20 道题，每题 2 分，共计 40 分，并规定只要没有错选，每选对一项得 0.5 分；"案例分析题"包括 3 道案例题，每道案例题 10 分，共计 30 分。

表 1-2-1 考试题型分布

题型	题量	分值	说明
单项选择题	30 题	30 分	在 4 个选项中选 1 个
多项选择题	20 题	40 分	在 5 个选项中选 2~4 个。错选不得分；如少选，每个正确选项得 0.5 分
案例分析题	15 题	30 分	3 道案例分析题（来自第二部分），每个案例包括 5 个小题。在 4 个选项中选 1~4 个。如果是多项选择题，要求与"多项选择题"相同
合计	65 题	100 分	—

从近几年的真题看，各模块的题型分值见表 1-2-2。

表 1-2-2 各模块的题型分值

知识点	单项选择题	多项选择题	案例分析题	总分	占比
审计理论与方法	16 题，共 16 分	12 题，共 24 分	—	40 分	40%
企业财务审计	14 题，共 14 分	8 题，共 16 分	15 题，共 30 分	60 分	60%

从试题难易程度看，单项选择题一般较容易，考生如想通过该科目考试，需要把握单项选择题的得分机会。多项选择题往往是很多考生的软肋，这与大多数考生工作繁忙、对基础知识缺乏必要的练习有关。案例分析题主要考查考生应用知识的能力，尽管该题型难度较大，但有一定规律和技巧可循，后文的"应试技巧提示"中对此进行分析。

（二）命题特点与重点

1. 初级考试命题特点

（1）单项选择题与多项选择题对基础知识考查较多，考试方法也比较直接，包含概念考查。

（2）案例分析题材料相对简单，问题设置比较直接，对知识应用的要求较低。此类题型考查的重点章节是销售与收款循环审计、采购与付款循环审计，有时会涉及存货审计和货币资金审计。

2. 中级考试命题特点

（1）单项选择题与多项选择题既考基础知识，也考知识应用，考得比较细致，还涉及针对中级的内容。

（2）案例分析题材料内容相对较难，问题设置对知识应用要求较高。此类题型考查的重点章节是销售与收款循环审计、采购与付款循环审计，有时会涉及存货审计和货币资金审计。

无论是初级考试，还是中级考试，案例分析题都会涉及企业财务会计的相关知识。

（三）命题涉及的重点章节

1. 审计理论与方法

命题涉及的重点章节具体包括总论、审计组织与审计法律责任、审计准则、质量控制标准和职业道德、审计目标和审计程序、审计标准、审计证据、审计工作底稿、审计取证方法、内部控制及其测评和审计报告。

2. 企业财务审计

命题涉及的重点章节具体包括销售与收款循环审计、采购与付款循环审计、生产与存货循环审计、货币资金审计。近三年案例考点分布见表1-2-3。

表1-2-3 近三年案例考点分布

年份	级别	案例一	案例二	案例三
2016	初级	企业财务审计（采购与付款循环审计）	企业财务审计（生产与存货循环审计）	企业财务审计（货币资金审计）
	中级	企业财务审计（销售与付款循环审计）	企业财务审计（生产与存货循环审计）	企业财务审计（固定资产审计）
2017	初级	企业财务审计（销售与付款循环审计）	企业财务审计（采购与付款循环审计）	企业财务审计（货币资金审计）
	中级	企业财务审计（销售与付款循环审计）	企业财务审计（生产与存货循环审计）	企业财务审计（固定资产审计）
2018	初级	企业财务审计（销售与付款循环审计）	企业财务审计（采购与付款循环审计）	企业财务审计（货币资金审计）
	中级	企业财务审计（销售与付款循环审计）	企业财务审计（生产与存货循环审计）	企业财务审计（固定资产审计）

三、学习方法

报考审计专业技术资格考试的考生均是在职人员，往往都是利用业余时间学习。若想做到事半功倍，需要掌握一套行之有效的学习方法，这也是顺利通过考试的重要保障。因此，在整个学习过程中，考生应掌握以下几个学习要领：

（一）紧扣教材，重视历年考试真题练习

教材根据教学大纲编写，考试命题以教材为依据，单项选择题和多项选择题往往能从教材中直接找到答案。对于初级考试，应注重学习基础知识，不必过多深究较难理解的知识；中级考生在深究难度较大的知识时也应适度。同时，要强化例题训练，特别是要注重历年真题的练习，从历年的考试情况看，普遍存在相同考题循环考，以及部分初级、中级考试题目雷同的情况，因此，建议考生在练习时可以不区分初级、中级（大纲要求除外）。举例如下：

1. 审计理论与方法

【经典真题·单项选择题】国家审计机关依法对被审计单位做出审计处理处罚决定，体现了审计的（　　）。

A. 经济监督职能　　B. 经济鉴证职能　　C. 经济评价职能　　D. 经济服务职能

【答案】A。

2. 企业财务审计

【经典真题·单项选择题】对两次发出肯定式询证函后仍未得到回复的某应收账款，审计人员应当（　　）。

A. 将该笔应收账款确认为坏账
B. 认定被审计单位虚构应收账款户名，捏造应收账款
C. 查阅有关销货合同、发货单，验证应收账款的真实性
D. 编制应收账款账龄分析表

【答案】C。

（二）考试大纲要求仅作为参考，不能盲从

考试大纲从考生掌握知识要求的角度制定。从实际来看，由于题量有限，大纲要求考生掌握的内容并未被完全纳入命题范围，而有些章节的内容比较多，但历年考试分值极低，所以若按考试大纲要求，考生需要耗费大量的时间和精力来学习这一章。因此，如果考生以通过考试为目的，则应合理分配学习时间，区分学习内容的主次，而不能盲从考试大纲的要求。

（三）分清主次章节，合理安排时间

对于重点章节，要细读、通读、多读；对于非重点章节，则针对重点内容复习。例如，审计准则、审计证据、审计组织、审计标准、审计取证方法等是重点章节，需要细读、多读，而涉及计算机审计、绩效审计、审计抽样的题量极少，可以针对重点内容进行复习。

（四）注意掌握技巧，善于应用归纳法归纳知识点特征

如果想在学习中取得事半功倍的效果，善于归纳知识点特征是一个重要途径。例如，无论是哪种业务循环审计，其内部控制内容一般都由职责分工、信息传递程序控制和实务控制三部分组成，其内部控制测评依据的都是内部控制要求，其实质性审查的内容主要是财务资料和信息。把握了上述知识点的特征，考生在复习的时候就能够取得事半功倍的效果。

四、应试技巧提示

（一）仔细阅读答题说明

审计专业技术资格考试考题均以客观题形式出现，虽然降低了考试难度，但也使

考生容易丢分，为了弥补这一缺陷，在答题上放宽了一些要求，如多项选择题的答题说明明确规定："在无多选和错选的情况下，选对一项得 0.5 分。"案例分析题的答题说明明确规定："有多项正确答案的小题，在无多选和错选的情况下，选对一项得 0.5 分。"因此，考生在答题前要仔细阅读答题说明，没有把握的选项勿选。

（二）计划答题时间，保持合理的答题速度，灵活应用排除法和比较法答题

审计专业技术资格考试每门科目的答题时间为 150 分钟，合理安排时间对顺利通过考试很关键。尽管考题均以客观题形式出现，但案例分析题需要阅读案例并进行分析，因此，案例分析题往往比同题量的单项选择题和多项选择题更耗费时间，应引起考生注意。从时间分配来看，单项选择题答题要快，30 道题的答题时间控制在 20 分钟内，20 道多项选择题答题时间控制在 30 分钟内。考生应尽快作答知道的题目，尽量不要在没有把握的题目上耗费过多时间。在方法选择上，可以采用排除法应对单项选择题，采用比较法应对多项选择题。

（三）善于使用适当的技巧答题，提高答题效率和正确率

对于一些可以进行特征归纳的知识点的考题，考生应注意应用特征归纳方法答题，提高答题效率和正确率。例如，下述考试真题，考生如果掌握了所有实质性测试程序针对的都是财务信息或资料这一特征，就能快速答题。

【经典真题·多项选择题（初级）】下列各项中，属于实收资本实质性测试程序的有（   ）。

A. 观察负责资本投入交易事项的有关部门和人员的职责分工是否明确
B. 将实收资本明细表和实收资本总账核对
C. 审查实物投资的原始发票和投资协议，确定其所有权
D. 审阅账册、凭证，查明有无以借入资金顶替资本情况
E. 审查实收资本业务账务处理的正确性

【答案及解析】BCDE   所有业务实质性测试程序针对的都是财务信息或资料。

第二篇
分章考点、真题及易错题

审计理论与实务(科目二)
考点·真题·预测全攻略

第一部分 审计理论与方法

第一章 总论

【大纲解读】

（一）概述

1. 掌握审计产生和发展的社会基础
2. 掌握审计的独立性
3. 掌握审计、审计主体、审计客体、审计对象的基本含义（初级要求熟悉）
4. 熟悉国家审计、内部审计和社会审计的产生与发展（初级要求了解）
5. 了解与其他经济监督相比，审计监督的特殊性
6. 了解国内外有关审计独立性的表述
7. 了解研究审计产生和发展的现实启迪

（二）审计的职能、地位和作用

掌握审计的职能、地位和作用

（三）审计分类

1. 掌握审计的分类及其内容和特点
2. 熟悉审计分类的意义（初级要求了解）
3. 熟悉各类审计的适用条件（初级要求了解）

【考情分析】

本章内容比较简单，每年考试都有所涉及。试卷分值一般为3~5分，题型为单项选择题和多项选择题。

主要考点：审计产生与发展，中外审计的起源，审计的定义、职能与作用、分类及特点等审计基本知识。

【知识结构图】

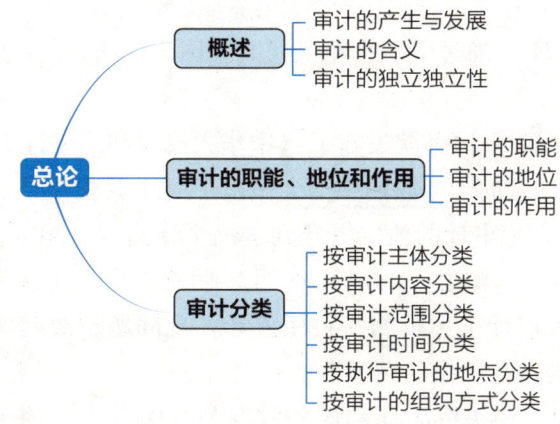

图2-1-1 "总论"知识结构

【考点精编】

考点一 审计的产生与发展

（一）受托经济责任制

审计产生和发展的社会基础：审计是在受托经营、受托管理所形成的经济责任关系下，基于经济监督的需要而产生和发展的。

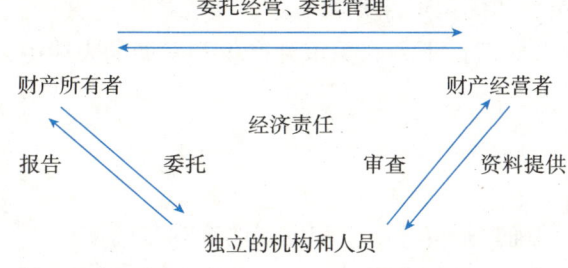

图2-1-2 审计的产生与发展

（1）受托经济责任是不断演进的，它是审计产生和发展的客观基础。

（2）资源财产的所有权和经营管理权分离以及管理者内部分权制，是受托经济责任关系形成的基本根据，也是审计赖以生存和发展的社会条件。

（3）资源财产所有者对经营管理者无法实施直接监督，是审计产生和发展的直接动因。

（二）我国国家审计的产生和发展（初级要求了解）

（1）我国审计最早产生于西周时期。

（2）宋代设立审计司和审计院，标志着我国用"审计"一词命名的审计机构的诞生。

（3）第二次国内革命战争时期，成立中央苏维埃政府审计委员会。

（4）1983年9月15日，国务院正式设立审计署，地方各级政府的审计机关相继建立。

（5）1994年8月31日通过了《中华人民共和国审计法》，并于1995年1月1日起施行。

（6）1997年10月21日国务院发布了《中华人民共和国审计法实施条例》。

（7）2014年召开的党的十八届四中全会做出了《中共中央关于全面推进依法治国若干重大问题的决定》，把审计的地位提升到了一个新高度。2014年10月《国务院关于加强审计工作的意见》（国发〔2014〕48号）明确提出了实现审计监督全覆盖、充分发挥审计作用、完善审计工作机制、狠抓审计发现问题整改落实、推进审计职业化等要求，成为未来开展审计工作的纲领性文件。

（8）2015年12月，中央办公厅和国务院办公厅印发了《关于完善审计制度若干重大问题框架意见》，以及配套的《关于实行审计全覆盖的实施意见》《关于省以下地方审计机关人财物管理改革试点方案》《关于推荐国家审计职业化建设的指导意见》，从实行审计全覆盖、强化审计机关对下级审计机关的领导、探索省以下地方审计机关人财物管理改革、推进审计职业化建设、加强审计队伍思想和作风建设、建立健全履行法律职责的保障机制、完善审计结果运用机制、加强对审计机关监督这8个方面对完善审计制度提出了要求。

（9）2018年3月，中共中央印发了《深化党和国家机构改革方案》，其中明确规定：组建中央审计委员会和优化审计署职责。

【经典真题·多项选择题】下列有关审计产生和发展的表述中，正确的有（　　）。

A. 受托经济责任的确立是审计产生和发展的客观基础
B. 西周时期施行的"上计制度"代表了我国国家审计的萌芽
C. 秦汉两代中央政权设"宰夫"一职，负责审查"财用之出入"
D. 元代设立审计司和审计院标志着我国使用"审计"一词命名的审计机构的产生
E. 1982年宪法规定我国建立审计机关，实行审计监督制度

【答案及解析】AE　我国国家审计的发展：西周设有"宰夫"一职，负责审查"财用之出入"；秦、汉两代都曾采用"上计制度"；宋代设立审计司和审计院，标志着我国用"审计"一词命名的审计机构的产生；辛亥革命后，北京的北洋政府设立了专门的审计机构——审计院。

（三）内部审计的产生和发展（初级要求了解）

1. 国外内部审计的产生和发展

内部审计同外部审计一样，也是在受托经济责任关系下，基于经济监督的需要而

产生和发展的。

20 世纪 40 年代，内部审计进入现代发展时期。其标志主要有：

（1）审计的方法从过去的详细审计改变为以评价内部控制系统为基础的抽样检查；

（2）审计的领域从财务收支扩大到经营管理。

2. 我国内部审计的产生和发展

2018 年 1 月，审计署颁布了《审计署关于内部审计工作的若干规定》，拓展了内部审计的职责和使命，强化了审计的独立性。

我国内部审计扮演着双重角色，一是代表国家利益，监督企业遵纪守法；二是对本单位领导负责，确保企业经营决策所需信息的可靠性。

中国的内部审计，不仅是各单位强化内部治理不可或缺的重要手段，也是推进国家治理体系和治理能力现代化的需要，是适应国家经济社会健康发展的需要。

（四）社会审计的产生和发展（初级要求了解）

1. 国外社会审计的产生和发展

英国：1853 年，在苏格兰的爱丁堡诞生了世界上第一个会计师职业团体——"爱丁堡会计师协会"。

美国：1957 年成立了"美国注册公共会计师协会"。

2. 我国社会审计的演进

1980 年财政部颁布了《关于成立会计顾问处的暂行规定》，标志着我国注册会计师制度开始重建。

1985 年颁布的《中华人民共和国会计法》第一次以法律形式对注册会计师的地位和任务做出了规定，标志着中国注册会计师职业进入了一个新的发展时期。

1995 年 6 月 19 日成立统一的中国注册会计师协会。

考点二 审计的含义（中级要求掌握，初级要求熟悉）

（一）审计的定义

审计是由独立的专职机构或人员接受委托或授权，以被审计单位的经济活动为对象，对被审计单位在一定时期的全部或一部分经济活动的有关资料，按照一定的标准进行审核检查、收集和整理证据，以判明有关资料的合法性、公允性、一贯性和经济活动的合规性、效益性，并出具审计报告的监督、评价和鉴证活动。

根据实施审计的主体不同，可分为国家审计、内部审计和社会审计。

国家审计：也称政府审计，是由国家审计机关代表国家依法进行的审计，主要监督检查各级政府及其部门的财政收支及公共资金的收支、运用情况。

内部审计：是一种独立、客观的确认和咨询活动，它通过运用系统、规范的方法，审查和评价组织的业务活动、内部控制和风险管理的适当性和有效性，以促进组织完善治理、增加价值和实现目标。

社会审计：也称独立审计、民间审计或注册会计师审计，是指注册会计师依法接受委托，对被审计单位的财务报表及相关资料进行独立审查并发表审计意见。

我国经济监督体系包括审计监督、财政监督、税务监督、金融监督、工商行政监督、物价监督、统计监督和会计监督等。但是，只有审计监督才是由专门机构、专职人员进行的独立经济监督。

【经典真题·多项选择题】某集团公司审计部派出审计组，赴下属子公司对其上一年度财务收支实施的审计属于（　　）。

A. 社会审计　　　　　　　　B. 财务审计
C. 事后审计　　　　　　　　D. 就地审计
E. 内部审计

【答案及解析】BCDE　按审计主体分类，审计分为国家审计、内部审计和社会审计。按审计的内容，可以将审计划分为财政财务审计、财经法纪审计和绩效审计。按实施审计的时间，可以将审计划分为事前审计、事中审计和事后审计。按执行审计的地点，可以将审计划分为就地审计和报送审计。

（二）审计主体和审计客体（初级要求熟悉）

审计主体：专职机构（国家审计机关、内部审计机构、社会审计组织）和专业人员（审计人员）。

审计客体：被审计单位。

（三）审计对象（初级要求熟悉）

审计对象是以各种资料反映的被审计单位在一定时期内全部或部分经济活动。

【经典真题·单项选择题】下列关于审计的表述，错误的是（　　）。

A. 审计主体是接受授权或委托而实施审计的专职机构和专业人员
B. 审计监督区别于其他经济监督的根本特征是独立性
C. 审计监督与其他经济监督都需要结合自身的业务进行
D. 审计对象是被审计单位的财政财务收支及其有关经济活动

【答案及解析】C　审计主体是专职机构和专业人员。审计对象泛指被审计单位的财政财务收支及其有关经济活动。独立性是审计的本质特征，无论是国家审计、内部审计，还是社会审计，都处于社会经济生活的监督控制地位。

考点三　审计的独立性

独立性是审计的本质特征，表现在组织机构、业务工作、经济来源和人员上的独立等多方面。

组织机构的独立是审计工作独立性的保障。

业务工作上的独立是指审计工作不能受任何部门、单位和个人的干扰，并且审计人员要保持形式和实质上的独立，对被审查事项做出评价和鉴定。

经济来源上的独立是审计工作保持独立性的物质基础。

人员上的独立要求审计人员与被审计单位不存在经济利害关系，不参与被审计单位的行政或者经营管理活动。

【经典真题·单项选择题】 下列各项中，符合审计独立性要求的是（ ）。

A. 某省级审计机关的经费列入财政预算，由本级人民政府保证

B. 李明的父亲是某钢铁厂的厂长，审计组指派李明到该厂延伸调查

C. 某集团董事长示意内部审计部门对本公司意向投资工程项目给予肯定评价

D. 某公司财务部对本公司及下属分公司内部控制执行情况和会计资料进行审计

【答案及解析】 A　独立性是审计的本质特征，表现在组织机构、业务工作、经济来源和人员上的独立等多方面。B选项，违背了人员上的独立；C选项，违背了业务上的独立；D选项，违背了组织机构上的独立。

【经典真题·多项选择题】 下列有关审计独立性的表述中，正确的有（ ）。

A. 独立性是审计的本质特征

B. 独立性包括形式上的独立和实质上的独立

C. 为保持独立性，国家审计不应利用内部审计工作的工作底稿

D. 审计独立性要求审计人员客观公正、不偏不倚地进行审查并发表意见

E. 审计独立性表现在组织结构、业务工作、经济来源和人员上的独立等方面

【答案及解析】 ABDE　C选项，不影响其独立性。

考点四　审计的职能

（一）经济监督职能

经济监督是审计的基本职能，主要是指通过审计，检查和督促被审计人的经济活动在规定的范围内沿着正常的轨道健康运行；检查受托经济责任人忠实履行经济责任的情况，借以揭露违法违纪，制止损失浪费，查明错误弊端，判断管理缺陷，进而追究经济责任。

在审计实务中，审计机关和审计人员从依法检查到依法评价，从依法做出审计处理处罚决定到督促决定的执行，无不体现着审计的经济监督职能。

（二）经济评价职能

审计人对被审计人的经营决策、计划、方案是否切实可行、是否科学先进、是否贯彻执行，内部控制系统是否健全、有效，各项经济资料是否真实、可靠，以及各项资源的利用是否合理、有效等诸多方面所进行的评价，都可以作为提出改善经营管理

建议的依据。

在现代审计实务中，绩效审计最能体现审计的经济评价职能。

（三）经济鉴证职能

经济鉴证是指审计人对被审计单位的财务报表及其他经济资料进行检查和验证，确定其财务状况和经营成果的真实性、公允性、合法性，并出具证明性审计报告，为审计授权人或委托人提供确切的信息，以取信于社会公众。

【经典真题·单项选择题】下列关于审计职能的表述中，正确的是（　　）。

A. 经济评价职能是审计的基本职能
B. 绩效审计最能体现审计的经济监督职能
C. 注册会计师接受委托对财务报表审计并出具审计报告，体现了审计的经济鉴证职能
D. 审计机关依法检查、评价并做出审计处理处罚决定，体现了审计的经济评价职能

【答案及解析】C　A选项，经济监督职能是审计的基本职能；B选项，绩效审计最能体现审计的经济评价职能；D选项，审计机关和审计人员依法检查、评价并做出审计处理处罚决定，体现着审计的经济监督职能。（国家审计机关经授权提交的审计结果报告也体现了审计的经济鉴证职能）

考点五　审计的地位

无论是国家审计、内部审计，还是社会审计，都处于社会经济生活的监督控制地位。

（一）国家审计

国家审计是宪法确立的一项政治制度安排，具有稳固性、强制性和权威性，与党内监督、人大监督、民主监督、行政监督、司法监督、社会监督、舆论监督一同构成了我国权力制约和监督体系，在推进全面深化改革、全面依法治国、建设社会主义法治国家进程中具有独特的地位和作用。

（二）内部审计

内部审计是组织内部实施的确认和咨询活动，其目的在于通过运用系统、规范的方法，审查和评价组织的业务活动、内部控制和风险管理的适当性和有效性，以促进组织完善治理、增加价值和实现目标。

（三）社会审计

社会审计有其充分的独立性，不从属于其他的部门和单位。注册会计师提供的产品是具有不同保证程度的报告（合理保证）。注册会计师是一种经济主体，而不是执法主体，不具备执法的手段，只能拒绝接受委托或出具非标准审计报告。

社会审计的地位表现为法定的但依托市场的经济监督。

【经典真题·单项选择题】下列有关我国国家审计的表述中，错误的是（　　）。

A. 国家审计与其他经济监督可以相互替代
B. 国家审计为宏观政策的制定提供决策依据
C. 国家审计是宪法确定的一项政治制度安排
D. 国家审计是党和国家监督体系的重要组成部分

【答案及解析】A　国家审计的独立性表明审计监督具有不可替代性，其他经济监督不能代替审计监督，且审计监督可以对其他具有经济监督职能的部门实施再监督。

考点六　审计的作用

我国社会主义审计的作用可以概括为防护性作用（制约）和建设性作用（促进），具体影响体现为保证、促进、调控。

（一）国家审计的作用（与内部审计、社会审计对比）

（1）促进经济高质量发展。
（2）促进全面深化改革。
（3）促进权利规范运行。
（4）促进反腐倡廉。

（二）内部审计的作用

（1）促进组织合法经营和运行。
（2）促进组织完善内部控制和风险管理。
（3）促进组织自我发展和实现目标。

（三）社会审计的作用

（1）提高财务信息的质量，维护良好的市场秩序，保证市场经济健康运行。
（2）促进企业完善内部控制，提高企业经营管理水平。

【经典真题·单项选择题】下列各项中，属于国家审计在宏观调控中发挥的作用的是（　　）。

A. 促进组织完善内部控制和风险管理
B. 促进组织合法经营和运行
C. 追踪反馈国家重大方针政策的执行情况和效果
D. 提高财务信息的质量

【答案及解析】 C　国家审计的作用：①为宏观政策的制定提供决策依据；②维护财经法纪，监督、保障和促进各项宏观调控政策的贯彻执行；③追踪反馈宏观调控政策的运行效果。

考点七　审计分类

（一）按审计主体分类

按审计主体，可以将审计划分为国家审计、内部审计和社会审计。

1. 国家审计

国家审计是指由国家审计机关所实施的审计，又称为政府审计。国家审计的主体是中央和地方各级的审计机关。国家审计分为中央和地方两个层次。

国家审计的主要特点：①政治性；②法定性；③独立性；④宏观性；⑤专业性。

2. 内部审计

内部审计的审计委托人、审计主体和审计对象都来自组织内部。

内部审计的特点：①服务对象具有内向性；②审计领域具有广泛性；③独立于本单位的经营管理活动，但又受本单位制约；④审计报告一般只在单位内部使用。

3. 社会审计

社会审计也称注册会计师审计或民间审计，是指由依法成立的社会审计组织接受委托人的委托所实施的审计。社会审计组织主要是经政府有关主管部门审核批准成立的会计师事务所。

社会审计的特点：①独立性；②委托性；③有偿性。

【经典真题·单项选择题】 与国家审计相比，不属于内部审计特点的是（　　）。

A. 内向性　　　　B. 广泛性　　　　C. 灵活性　　　　D. 宏观性

【答案及解析】 D　内部审计的特点：①服务对象具有内向性；②审计领域具有广泛性；③审计过程和方法具有灵活性。

（二）按审计内容分类

1. 财政财务审计

（1）财政审计。财政审计是指由国家审计机关对本级财政预算的执行情况和下级政府财政预算的执行情况和决算，以及其他财政收支情况的真实性、合法性所进行的审计。

（2）财务审计。财务审计是指由国家审计机关、内部审计机构和社会审计组织对各级政府部门、金融机构、企业事业单位的财务收支及有关经济活动的真实性、合法性所进行的审计监督。

2. 合法合规审计

财经法纪审计是指由国家审计机关和内部审计机构对某单位严重违反财经法纪的行为所进行的专案审计。

3. 绩效审计

绩效审计也称效益审计，是指对被审计单位（或审计项目）资源管理和使用的有效性进行检查和评价的活动。有效性包括经济性、效率性、效果性和合规性。

（三）按审计范围分类

1. 全部审计

全部审计是对被审计单位审计期内的全部财务收支及有关经济活动的真实性、合法性和效益性进行审计。

全部审计的特点：审查详细彻底，容易查出问题，但审计的工作量大，费时费力，成本较高。一般仅适用于规模小、业务量较少，或内部控制系统极不健全，存在问题较多的单位。

2. 局部审计

局部审计是对被审计单位审计期内的部分财务收支及有关经济活动的真实性、合法性和效益性进行审计。

局部审计的特点：范围小，重点突出，针对性强，省时省力，成本较低，但是审计覆盖面有限，较容易遗漏问题。

【注意】全部审计不同于详细审计，局部审计不同于抽样审计。

【经典真题·单项选择题】下列关于全部审计的表述，正确的是（　　）。

A. 适用于业务复杂、业务量大的单位　　B. 既可运用详查法，也可运用抽查法
C. 与详细审计的含义相同　　　　　　　D. 审查重点突出，针对性强

【答案及解析】B　全部审计是指对被审计单位审计期内的全部财务收支及有关经济活动的真实性、合法性和效益性进行审计。但是，取证方法不一定是详细审计。

（四）按审计时间分类

1. 按实施审计的时间分类

（1）事前审计——起到预防的作用。

（2）事中审计——时效性强，及时采取措施纠正偏差，改善管理，保证最终目标和预算的实现。

（3）事后审计——对于研究问题、纠正错弊、挽回已造成的损失和改进工作，都具有重要意义。

2. 按实施审计的周期分类

（1）定期审计——有利于审计工作的经常化、制度化。

（2）不定期审计——根据特殊需要临时安排的审计。如国家审计机关针对审计单

位的某种严重经济违法行为进行的财经法纪审计。

3. 按审计是否为初次实施分类

可以将审计划分为初次审计和再次审计。

（五）按执行审计的地点分类

（1）就地审计——执行地点为被审计单位。

（2）报送审计——执行地点为审计机关。

（六）按审计的组织方式分类

1. 授权审计——国家审计的上级审计机关授权下级审计机关的审计

授权审计必须符合下列要求：

（1）双方当事人都必须是审计机关，并且存在业务领导关系。

（2）授权事项只能是授权的上级审计机关职权范围内的事项。

（3）授权事项必须是法律允许授权下级审计机关审计的事项。法律明确规定只能由某级审计机关进行审计的事项，不能授权下级审计机关进行审计。

2. 委托审计——审计机关将审计事项委托给另一审计机构

分为两种情形：没有隶属关系的审计机关之间的委托、审计机关委托给内部审计机构或社会审计组织。

【经典真题·单项选择题】下列有关审计分类的表述中，正确的是（　　）。

A. 全部审计可以查出被审计单位存在的所有差错
B. 绩效审计与统计部门所进行的经济活动分析性质相同
C. 就地审计是指审计人员对正在进行的经济业务开展的审计
D. 与绩效审计相比较，财经法纪审计更加突出合法性目标

【答案及解析】D　解题关键——正确理解各种审计分类的分类标准。

【经典真题·单项选择题】下列各项中，符合授权审计要求的是（　　）。

A. 审计机关授权某国有企业内部审计机构对企业财务收支进行审计
B. 审计署授权地方审计机关对某国际组织贷款项目财务收支进行审计
C. 审计署授权地方审计机关对中国人民银行某分行财务收支进行审计
D. 审计机关授权某会计师事务所对某政府投资建设项目情况进行审计

【答案及解析】C　授权审计必须符合下列要求：一是授权审计的双方当事人都必须是审计机关，并且存在业务领导关系（A选项、D选项错误）；二是授权审计的事项只能是授权的上级审计机关职权范围内的事项，不能超越权限进行授权（B选项错误）；三是授权审计的事项必须是法律允许的事项，法律明确规定只能由某级审计机关进行审计的事项不能授权下级审计机关进行审计。

【经典真题·单项选择题】下列关于授权审计的表述，正确的是（　　）。

A. 同级审计机关之间可以进行授权

B. 授权审计的双方当事人都必须是审计机关且存在业务领导关系

C. 审计机关可以将其审计范围内的审计事项授权给内部审计机构办理

D. 审计机关可以将其审计范围内的审计事项授权给社会审计组织办理

【答案及解析】B　授权审计是指国家审计的上级审计机关将其职责范围内的一些审计事项，授权下级审计机关实施。

【本章易错题分析】

1. 【经典真题·单项选择题（中级）】对我国审计监督制度做出规定的最高层次法律是（　　）。

A.《中华人民共和国宪法》　　　　B.《中华人民共和国注册会计师法》

C.《中华人民共和国审计法》　　　　D.《中华人民共和国公司法》

【答案及易错分析】A　本题易错选 C 选项。1982 年 12 月 5 日，五届人大五次会议通过了修改的《中华人民共和国宪法》，规定了我国建立审计机关，实行审计监督制度。

2. 【经典真题·多项选择题（初级）】国家审计在宏观调控中发挥的作用包括（　　）。

A. 促进企业财务信息的可靠性　　　B. 为宏观政策的制定提供依据

C. 监督宏观调控政策的贯彻执行　　D. 促进企业合法经营和提高管理水平

E. 追踪反馈宏观调控政策的执行效果

【答案及易错分析】BCE　本题易错选 D 选项。促进企业合法经营和提高管理水平是内部审计和社会审计的作用。

3. 【经典真题·单项选择题（初级）】下列有关审计种类的表述，正确的是（　　）。

A. 与财政财务收支审计相比，财经法纪审计更加突出合法性目标

B. 局部审计也称抽样审计，是选择部分项目进行的审计

C. 全部审计就是详细审计，可以查出被审计单位存在的所有差错

D. 授权审计即委托审计，双方当事人都必须是审计机关，并且存在业务领导关系

【答案及易错分析】A　本题易错选 B 选项和 C 选项。详细审计和抽样审计是审计取证基本方法，不是审计种类。

4. 【经典真题·多项选择题（中级）】与国家审计和内部审计相比，社会审计的特点有（　　）。

A. 法定性　　　B. 有偿性　　　C. 独立性　　　D. 内向性

E. 委托性

【答案及易错分析】BCE 本题易漏选 C 选项。任何类型的审计，独立性均是其本质特征。

5. 【经典真题·多项选择题（中级）】下列有关审计独立性的表述中，正确的有（ ）。

A. 独立性是审计的本质特征
B. 独立性包括形式上的独立和实质上的独立
C. 为保持独立性，国家审计不应利用内部审计工作的工作底稿
D. 审计独立性要求审计人员客观公正、不偏不倚地进行审查并发表意见
E. 审计独立性表现在组织结构、业务工作、经济来源和人员上的独立等方面

【答案及易错分析】ABDE 本题易错选 C 选项。C 选项并不影响其独立性。

第二章　审计组织与审计法律责任

【大纲解读】

（一）国家审计机关

1. 掌握国家审计机关的设置、基本任务、职责和权限
2. 掌握国家审计人员的法律责任
3. 熟悉国家审计机关的管辖范围（初级要求了解）

（二）内部审计机构

1. 掌握内部审计机构的设置、职责和权限
2. 熟悉内部审计人员的法律责任

（三）社会审计组织

1. 掌握社会审计组织的设置和权限
2. 熟悉社会审计人员的法律责任
3. 了解社会审计组织的业务范围

（四）防范法律责任风险的对策

熟悉防范审计人员法律责任风险的对策

【考情分析】

本章每年考试都有所涉及。试卷分值一般为 2~4 分，题型为单项选择题和多项选择题。

主要考点：不同主体审计组织机构的设置、职责、法律责任等基础知识。

【知识结构图】

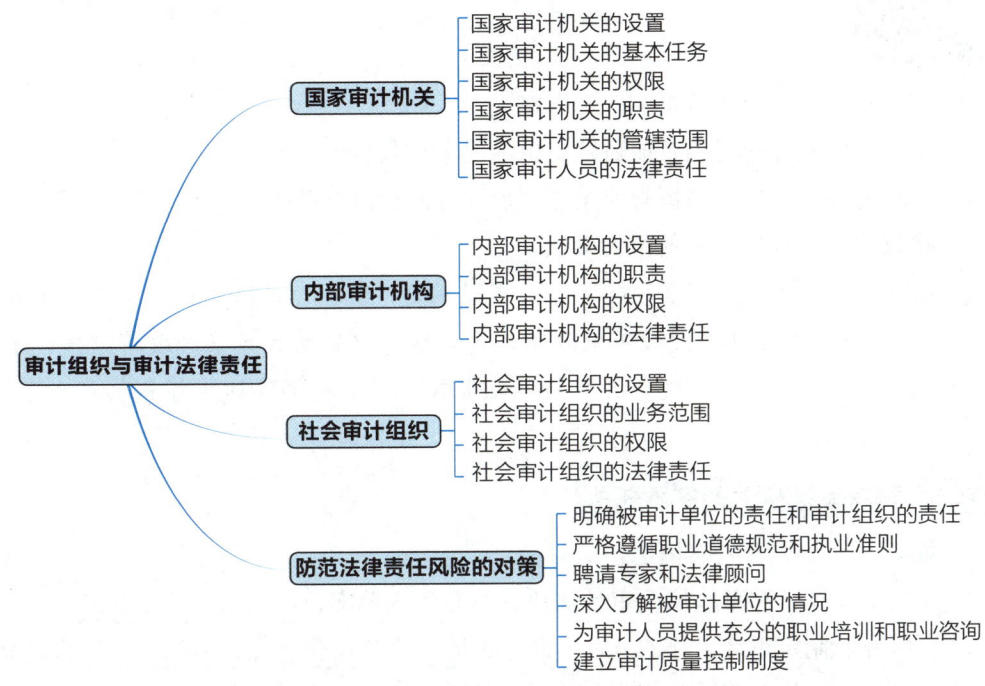

图 2-1-3 "审计组织与审计法律责任"知识结构

【考点精编】

考点一 国家审计机关的设置

审计机关是代表国家行使审计监督的行政机关，具有法律赋予的独立性和权威性。根据国家审计机关的隶属关系和审计报告的报告对象，可以将国家审计划分为4类：

（1）隶属于议会并向议会或国家元首报告工作。不受行政当局的控制和干涉，其地位较高，独立性较强。

（2）隶属于政府并向议会或政府报告工作。我国审计署作为国务院的组成部门，在国务院总理领导下工作，对国务院负责并报告工作。

（3）具有司法性质，以审计法院形式开展工作，向议会或国家元首报告工作。

（4）独立于议会、政府和司法机关，向议会或国家元首报告工作，具有较高的独立性。

我国国家审计机关是根据《宪法》设置的，我国的审计机关分为国务院和地方两级。国务院设审计署，是最高国家审计机关，在总理的领导下开展工作。县级以上各级人民政府设立审计机关，对上级审计机关和本级人民政府负责并报告工作。

【经典真题·单项选择题】下列各项中，不属于中央审计委员会主要职责的是(   )。

A. 审议审计监督重大政策和改革方案

B. 审议年度预算执行和其他财政支出情况审计报告

C. 组织实施审计领域坚持党的领导、加强党的建设方针政策

D. 审议决策审计监督其他重大事项

【答案及解析】B　中央审计委员会主要职责是：研究、提出并组织实施在审计领域坚持党的领导、加强党的建设方针政策，审议审计监督重大政策和改革方案，审议年度中央预算执行和其他财政支出情况审计报告，审议决策审计监督其他重大事项，等等。

考点二　国家审计机关的基本任务

国家审计机关有以下具体任务：

（1）接受委托，起草、修改审计法律、行政法规草案，制定审计规章制度。

（2）研究、制定审计工作的方针、政策，确定审计工作重点，编制审计工作计划。

（3）办理审计机关管辖范围内的审计事项，组织与本级财政收支有关特定事项的专项审计调查。

（4）根据规定，具体指导、监督全国及各级内部审计工作，监督全国社会审计工作。

（5）领导、管理下级审计机关的审计业务以及其他审计工作。

（6）办理法律、法规、规章规定的，以及政府和上级审计机关交办的其他事项。

【经典真题·多项选择题】下列各项中，属于国家审计机关任务的有（　　）。

A. 接受委托，起草、修改审计法律、行政法规草案

B. 研究制定审计工作方针、政策，确定审计工作重点

C. 评审被审计单位内部控制制度的健全性和有效性

D. 审计被审计单位领导人员的任期经济责任

E. 办理审计机关管辖范围内的审计事项

【答案及解析】ABE　C选项、D选项属于内部审计机构的工作范畴。

考点三　国家审计机关的权限

（1）审计机关有权要求被审计单位按照审计机关的规定提供有关资料，被审计单位不得拒绝、拖延、谎报。

（2）审计机关进行审计时，有权检查被审计单位的有关资料和资产，被审计单位不得拒绝。

（3）审计机关进行审计时，有权就审计事项的有关问题向有关单位和个人进行调查，并取得有关证明材料。

（4）审计机关进行审计时，被审计单位不得转移、隐匿、篡改、毁弃有关资料，不得转移、隐匿所持有的违反国家规定取得的资产。

（5）审计机关认为被审计单位所执行的上级主管部门有关财政收支、财务收支的规定与法律、行政法规相抵触的，应当建议有关主管部门纠正；有关主管部门不予纠正的，审计机关应当提请有权处理的机关依法处理。（建议权）

（6）不得制定限制向审计机关提供资料的规定。（公布权）

（7）审计机关履行审计监督职责，可以提请公安、监察、财政、税务、海关、价格、工商行政管理等机关予以协助。（协助权）

（8）审计机关对被审计单位正在进行的违反国家规定的财政收支、财务收支行为，有权予以制止。（制止权）

【经典真题·多项选择题】下列各项中，属于国家审计机关权限的有（　　）。

A. 检查被审计单位财务收支电子数据系统
B. 参与研究制定被审计单位内容的规章制度
C. 要求被审计单位提供社会审计机构出具的审计报告
D. 可以向政府有关部门通报或者向社会公布审计结果
E. 建议有关部门纠正该部门制度中与法律、行政法规相抵触的规定

【答案及解析】ACDE　B选项属于被审计单位的管理层的责任，国家审计没有该权限。

考点四　国家审计机关的职责

（1）审计机关对党和国家重大政策措施的贯彻落实情况进行审计。

（2）审计机关对本级各部门（含直属单位）和下级政府预算的执行情况和决算以及其他财政收支情况进行审计监督。

（3）审计署对中央预算执行情况、决算草案和其他财政收支情况，以及有关经济活动进行审计监督。

（4）审计署对中央银行的财务收支，以及有关经济活动进行审计监督。

（5）审计机关对国家的事业组织和使用财政资金的其他事业组织的财务收支进行审计监督。

（6）对国有资本占控股地位或者主导地位的企业、金融机构的财务收支，以及有关经济活动，进行审计监督。

（7）审计机关对政府投资和以政府投资为主的工程项目的预算执行情况和决算，以及建设、运营情况进行审计监督。

（8）审计机关对政府部门管理的和其他单位受政府委托管理的社会保障基金、社会捐赠资金以及其他有关基金、资金的财务收支，以及建设、运营情况进行审计监督。

（9）审计机关对国际组织和外国政府援助、贷款项目的财务收支，以及建设、运营情况进行审计监督。

（10）审计机关按照国家有关规定，对国家机关和依法属于审计机关审计监督对象的其他单位的主要负责人，在任职期间对本地区、本部门或者本单位的财政收支、财务收支以及有关经济活动应负经济责任的履行情况进行审计监督。

（11）审计机关对地方各级党委和政府主要负责人，以及各级承担自然资源资产管理和生态环境保护工作的部门（单位）主要负责人，在任职期间履行自然资源资产管理和生态环境保护责任的情况，进行审计监督。

（12）除《审计法》规定的审计事项外，审计机关对其他法律、行政法规规定应当由审计机关进行审计的事项，依照《审计法》和有关法律、行政法规的规定进行审计监督。

（13）审计机关有权对与国家财政收支有关的特定事项进行专项审计调查。

（14）对依法属于审计机关审计监督对象的单位的内部审计工作进行业务指导和监督。

（15）社会审计机构审计的单位依法属于审计机关审计监督对象的，审计机关按照国务院的规定，有权对该社会审计机构出具的相关审计报告进行核查。

根据《审计署关于内部审计工作的规定》，审计机关指导和监督的职责范围包括：

起草有关内部审计的法规草案；制定有关内部审计工作的规章制度和规划；推动单位建立健全内部审计制度；指导内部审计统筹安排审计计划，突出审计重点；监督内部审计职责履行情况，检查内部审计业务质量；指导内部审计自律组织开展工作；等等。

《审计署关于内部审计工作的规定》明确了审计机关进行指导和监督的主要方式：①指导主要通过业务培训、交流研讨等方式展开；②监督主要通过日常监督、结合审计项目监督和专项检查等方式展开。

此外审计机关还可以通过向内部审计自律组织购买服务进行业务指导和监督。

【经典真题·多项选择题】下列各项中，属于审计机关职责范围的有（　　）。

A. 对民营上市公司的财务收支进行审计
B. 对国有企业领导人的经济责任进行审计

C. 对国有资本占主导地位的金融机构进行审计

D. 对其他单位受政府委托管理的社会捐赠资金的财务收支进行审计

E. 对国际货币基金组织向我国政府提供的贷款项目的财务收支进行审计

【答案及解析】 BCDE 对民营上市公司的财务收支进行审计属于社会审计的职责范围。

【经典真题·多项选择题】下列各项中，属于审计机关业务部门工作职责的有(　　)。

A. 签发审计报告　　　　　　B. 复核审计信息

C. 指导监督审计组的审计工作　D. 对审计决定书提出审理意见

E. 对审计项目组实施结果承担最终责任

【答案及解析】 BC 审计机关业务部门的工作职责包括：提出审计组组长人选；确定聘请外部人员事宜；指导、监督审计组的审计工作；复核审计报告、审计决定书等审计项目材料；审计机关规定的其他职责。

考点五　国家审计机关的管辖范围（中级要求熟悉，初级要求了解）

注意其中几项规定：

（1）审计机关的审计管辖范围，根据被审计单位的财政、财务隶属关系或者国有资产监督管理关系确定。两个以上国有资本投资主体投资的金融机构、企业事业组织和建设项目，由对主要投资主体有审计管辖权的审计机关进行审计监督。

（2）审计署专业审计司和派出机构的审计分工按照审计力量与审计任务相适应，有利于提高审计工作效率，节约审计资源的原则确定。

（3）审计署根据工作需要统一组织或授权派出机构和地方审计机关对中央被审计单位进行审计，不受已划定审计管辖范围和审计分工的限制。

（4）上级审计机关对下级审计机关审计管辖范围内的重大审计事项可以直接进行审计；上级审计机关可以将其审计管辖范围内的部分审计事项授权下级审计机关审计，法律、法规另有规定者除外。

（5）领导干部经济责任审计依照干部管理权限确定。地方审计机关主要领导干部的经济责任审计，由本级党委与上一级审计机关协商后，由上一级审计机关组织实施。

（6）审计机关之间对审计管辖范围有争议的，由其共同的上级审计机关确定。

【经典真题·多项选择题】下列关于审计机关管辖范围的表述，正确的有（　　）。

A. 审计机关根据被审计单位的财政、财务隶属关系或国有资产监督管理关系确定管辖范围

B. 涉及国家重大机密的军品科研和生产单位由项目或单位所在地的省级审计机关负责审计

C. 上级审计机关对下级审计机关审计管辖范围内的重大审计事项可以直接进行审计

D. 上级审计机关可以将其审计管辖范围内的部分审计事项授权下级审计机关审计

E. 军队系统的审计管辖范围由中国人民解放军审计署和国家审计署共同协商确定

【答案及解析】ACD 涉及国家重大机密的军品科研、生产单位,由审计署专业审计司审计。军队系统的审计管辖范围由中国人民解放军审计署确定,报审计署备案。

考点六　国家审计人员的法律责任

《中华人民共和国审计法》——1995年1月1日起正式实施。2006年2月28日通过关于修改审计法的决定,决定于2006年6月1日起施行。

《中华人民共和国审计法》对国家审计人员法律责任的具体规定的特点:

(1) 它是国家审计的法律责任,不包括内部审计和社会审计的法律责任,是在国家审计监督过程中发生的与审计机关履行审计监督职能密切相关的法律责任。

(2) 它是因实施审计监督产生的相关当事人的法律责任,相关当事人是法律责任的主体,包括被审计单位及其有关的直接责任人和国家审计人员。

(3) 它是以行政责任为主的法律责任,也包括相应的刑事责任,但不包括民事责任。

【经典真题·单项选择题】下列有关国家审计法律责任的表述中,正确的是(　　)。

A. 以民事责任为主　　　　　　　B. 以刑事责任为主
C. 以赔偿责任为主　　　　　　　D. 以行政责任为主

【答案及解析】D 国家审计是以行政责任为主的法律责任,也包括相应的刑事责任,但不包括民事责任。

【经典真题·单项选择题】下列有关国家审计法律责任的表述中,错误的是(　　)。

A. 它是因实施审计监督产生的相关当事人的法律责任

B. 它是以行政责任为主的法律责任,也包括相应的刑事责任和民事责任

C. 它是法律责任主体包括被审计单位及其有关的直接责任人和国家审计人员

D. 它是在国家审计监督过程中发生的与审计机关履行审计监督职能密切相关的法律责任

【答案及解析】B 它是以行政责任为主的法律责任,也包括相应的刑事责任,但不包括民事责任。

考点七　内部审计机构

（一）内部审计机构的设置

世界各国对于内部审计机构的设置，根据其所隶属企业领导的层次不同，可分为以下几种体制：

（1）董事会领导体制。

（2）监事会或审计委员会领导体制。

（3）总经理领导体制。

（4）财务副总经理领导体制。

单位党组织、董事会（或主要负责人）应当定期听取内部审计工作汇报，加强对内部审计重要事项的管理。单位应当将内部审计工作计划、工作总结、审计报告、整改情况以及审计中发现的重大违纪违法问题线索等资料报送同级审计机关备案。

（二）内部审计机构的职责

注意其中几项规定：

（1）对本单位及所属单位贯彻落实国家重大政策措施情况进行审计。

（2）对本单位及所属单位发展规划、战略决策、重大措施以及年度业务计划执行情况进行审计。

（3）对本单位及所属单位的自然资源资产管理和生态环境保护责任的履行情况进行审计。

（4）对本单位及所属单位的境外机构、境外资产和境外经营活动进行审计。

（5）协助本单位主要负责人督促落实审计发现问题的整改工作。

总结：本单位的人、财、物、内控制度、管理、效益、社会责任。

（三）内部审计机构的权限

（1）要求被审计单位按时报送有关资料以及必要的计算机技术文档。

（2）参加本单位有关会议，召开与审计事项有关的会议。

（3）参与研究制定有关的规章制度，提出内部审计规章制度，由单位审定公布后施行。

（4）检查有关资料、文件和现场勘察实物。

（5）检查有关的计算机系统及其电子数据和资料。

（6）对与审计事项有关的问题向有关单位和个人进行调查，并取得证明材料。

（7）对正在进行的严重违法违规、严重损失浪费行为，做出临时制止决定。

（8）对可能转移、隐匿、篡改、毁弃会计凭证、会计账簿、财务报表以及与经济活动有关的资料，经本单位主要负责人或者权力机构批准，有权予以暂时封存。

（9）提出纠正、处理违法违规行为的意见以及改进经济管理、提高经济效益的建议。

（10）对违法违规和造成损失浪费的单位和人员，给予通报批评或者提出追究责任的建议。

（11）对严格遵守财经法规、经济效益显著、贡献突出的被审计单位和个人，可以向单位党组织、董事会（或主要负责人）提出表彰建议。

总结：

- （2）和（3）为参与权（如参加会议、规章制度的制定）；
- （4）（5）（6）为检查权；
- （7）和（8）为处理权（如临时制止、经批准暂时封存，不等于处罚）；
- （9）（10）（11）为建议权。

（四）内部审计机构的法律责任

我国当前的内部审计法规没有明确内部审计人员的法律责任。单位根据有关规定给予批评教育或行政处分，构成犯罪的，应当移交司法机关处理。

【经典真题·单项选择题】能够对内部审计机构的工作提出要求的是（　　）。

A. 同级国家审计机关　　　　　　B. 本单位的总经理

C. 本单位的监事会　　　　　　　D. 本单位主要负责人或者权力机构

【答案及解析】D　内部审计机构在本单位主要负责人或者权力机构的领导下开展工作。

考点八　社会审计组织

（一）社会审计组织的设置

中国注册会计师协会对社会审计进行统一的行业管理。

注册会计师只有加入会计师事务所才能执业，事务所经济上不依赖于国家和其他行政单位，实行有偿服务，自收自支，独立核算，依法纳税，具有法人资格。

会计师事务所的组织形式有两种：有限责任会计师事务所和合伙会计师事务所（特殊普通合伙）。

（二）社会审计组织的业务范围

我国社会审计组织的业务范围主要有审计业务和会计咨询、会计服务业务。此外，还根据委托人的委托，从事审阅业务、其他鉴证业务和相关服务业务。审计业务属于法定业务，非注册会计师不得承办。

1. 审计业务

（1）审查企业财务报表，出具审计报告。

（2）验证企业资本，出具验资报告。

（3）办理企业合并、分立、清算及其他事项中的审计业务，出具有关报告。

（4）办理法律、行政法规规定的其他审计业务，并出具相应的审计报告。

2. 会计咨询和会计服务业务

（1）设计财务会计制度，培训会计人员。

（2）担任会计顾问，提供会计、财务、税务和其他经济管理咨询。

（3）代理记账。

（4）代理纳税申报。

（5）代办申请注册登记，协助拟定合同、协议、章程及其他经济文件。

（6）资产评估。

（7）参与进行可行性研究。

（三）社会审计组织的权限

会计师事务所受理业务不受行政区域、行业的限制。办理业务时，任何单位和个人不得干预。

社会审计组织向委托人提交审计、查证、鉴定、验资报告，并对报告内容的真实性和合法性负责。社会审计人员对执行业务中知悉的商业秘密，负有保密义务。

（四）社会审计组织的法律责任——民事责任、行政责任、刑事责任

1. 《中华人民共和国注册会计师法》对社会审计人员法律责任的规定

第三十九条规定："会计师事务所违反本法第二十条、第二十一条规定的，由省级以上人民政府财政部门给予警告，没收违法所得，可以并处违法所得一倍以上五倍以下的罚款；情节严重的，可以由省级以上人民政府财政部门暂停其经营业务或者予以撤销。"

"注册会计师违反本法第二十条、第二十一条规定的，由省级以上人民政府财政部门给予警告；情节严重的，可以由省级以上人民政府财政部门暂停其执行业务或者吊销注册会计师证书。"

"会计师事务所、注册会计师违反本法第二十条、第二十一条的规定，故意出具虚假的审计报告、验资报告，构成犯罪的，依法追究刑事责任。"

2. 《证券法》《公司法》《刑法》对社会审计人员法律责任的规定

《证券法》对社会审计人员法律责任的规定集中体现在第十一章"法律责任"中。其中第二百二十三条规定："证券服务机构未勤勉尽责，所制作、出具的文件有虚假记载、误导性陈述或重大遗漏的，责令改正，没收业务收入，暂停或撤销证券服务业务许可，并处以业务收入一倍以上五倍以下的罚款。对直接负责的主管人员和其他直接责任人员给予警告、撤销证券从业资格，并处以三万元以上十万元以下的罚款。"

《公司法》对社会审计人员法律责任的规定集中体现在第十二章"法律责任"中。其中，《公司法》第二百零八条规定："承担资产评估、验资或者验证的机构提供虚假材料的，由公司登记机关没收违法所得，处以违法所得一倍以上五倍以下的罚款，并可以由有关主管部门依法责令该机构停业、吊销直接责任人员的资格证书，吊销营业执照。

"承担资产评估、验资或者验证的机构因过失提供有重大遗漏的报告的，由公司登记机关责令改正，情节较严重的，处以所得收入一倍以上五倍以下的罚款，并可以由有关主管部门依法责令该机构停业、吊销直接责任人员的资格证书，吊销营业执照。"

《刑法》第二百二十九条规定："承担资产评估、验资、验证、会计、审计、法律服务等职责的中介组织的人员故意提供虚假证明文件，情节严重的，处五年以下有期徒刑或者拘役，并处罚金。"

3. 最高人民法院《关于审理涉及会计师事务所在审计业务活动中民事侵权赔偿的若干规定》

最高人民法院《关于审理涉及会计师事务所在审计业务活动中民事侵权赔偿的若干规定》（简称《司法解释》）规定，注册会计师在审计业务活动中存在特定行为、出具不实报告并给利害关系人造成损失的，应当认定会计师事务所与被审计单位承担连带赔偿责任。

【经典真题·多项选择题】下列有关社会审计的表述中，正确的有（　　）。

A. 社会审计组织受理业务应在注册地所属行政区域内进行
B. 社会审计人员对执行业务中知悉的商业秘密，负有保密义务
C. 社会审计人员发现被审计单位提供虚假资料时，必须向政府有关部门报告
D. 社会审计组织对被审计单位示意其作不实证明的，应当拒绝出具有关报告
E. 社会审计组织应对其提交的审计报告的真实性和合法性负责

【答案及解析】BDE　会计师事务所受理业务不受行政区域、行业的限制。会计师事务根据业务需要有权收集证据。对委托人示意作不实或者不当证明的，有权拒绝出具有关报告。社会审计组织向委托人提交审计、查证、鉴定、验资报告，并对报告内容的真实性和合法性负责。社会审计人员对执行业务中知悉的商业秘密，负有保密义务。

考点九　防范法律责任风险的对策

（1）明确被审计单位的责任和审计组织的责任。
（2）严格遵循职业道德规范和执业准则。
（3）聘请专家和法律顾问。
（4）深入了解被审计单位的情况。
（5）为审计人员提供充分的职业培训和职业咨询。
（6）建立审计质量控制制度。

【经典真题·单项选择题】下列各项中，属于防范审计人员法律责任风险的措施是（ ）。

A. 明确被审计单位的责任和审计组织的责任
B. 尽量少地承接审计业务
C. 按照被审计单位意愿选择审计意见类型
D. 不采纳任何外部专家的意见和建议

【答案及解析】A　防范审计人员法律责任风险的对策主要有以下几个方面：①明确被审计单位的责任和审计组织的责任；②严格遵循职业道德规范和执业准则；③聘请专家和法律顾问；④深入了解被审计单位的情况；⑤为审计人员提供充分的职业培训和职业咨询；⑥建立审计质量控制制度。

【本章易错题分析】

1. 【经典真题·多项选择题（初级）】下列各项中，属于我国审计机关职责的有（ ）。

A. 对本级政府各部门预算执行情况进行审计监督
B. 对国有金融机构的资产、负债、损益进行审计监督
C. 对政府投资和以政府投资为主的建设项目预算执行情况和决算进行审计监督
D. 对内部审计工作进行领导与监督
E. 对社会审计机构出具的所有审计报告进行核查

【答案及易错分析】ABC　本题易错选 D 选项。按照相关规定，审计机关对内部审计工作承担指导和监督职责，因此 D 选项不正确。

2. 【经典真题·多项选择题（中级）】下列有关国家审计管辖范围的表述，正确的有（ ）。

A. 审计署可以授权地方审计机关对所有中央单位进行审计
B. 上级审计机关可将其审计管辖范围内的部分审计事项授权下级审计机关审计
C. 上级审计机关对下级审计机关管辖范围内的审计事项不能直接进行审计
D. 审计机关之间对审计管辖范围有争议的，双方不得自行协商解决，须报请其共同的上级审计机关确定
E. 审计机关的审计管辖范围根据被审计单位的财政、财务隶属关系或国有资产监督管理关系确定

【答案及易错分析】BE　本题易错选 A 选项和 D 选项。上级审计机关可以将其审计管辖范围内的部分审计事项授权下级审计机关审计，但法律、法规另有规定者除外，

涉及国家重大机密的军品科研、生产单位，由审计署专业审计司审计，故 A 选项不正确。审计机关之间对审计管辖范围有争议的，双方可以自行协商解决，协商不成的，报请其共同的上级审计机关确定，故 D 选项不正确。

3.【经典真题·多项选择题】《中华人民共和国审计法》所规定的审计法律责任包括（   ）。

　　A. 国家审计的行政责任　　　　B. 国家审计的刑事责任
　　C. 国家审计的民事责任　　　　D. 社会审计的法律责任
　　E. 内部审计的法律责任

【答案及易错分析】AB　本题易错选 C 选项。《中华人民共和国审计法》所规定的审计法律责任是以行政责任为主的法律责任，也包括相应的刑事责任，但不包括民事责任。

4.【例题·多项选择题】根据审计法的规定，下列各项中属于审计机关权限的有（   ）。

　　A. 要求被审计单位提供运用计算机储存、处理的财政收支、财务收支电子数据
　　B. 经县级以上人民政府审计机关负责人批准，查询被审计单位在金融机构的账户
　　C. 冻结被审计单位在金融机构的有关存款
　　D. 制止被审计单位转移、隐匿、篡改、毁弃会计凭证和会计账簿等资料的行为
　　E. 向政府有关部门通报或者向社会公布审计结果

【答案及易错分析】ABDE　本题易错选 C 选项。需要予以冻结被审计单位在金融机构的有关存款，应当向人民法院提出申请。

5.【经典真题·多项选择题（初级）】下列关于我国内部审计的表述中，正确的有（   ）。

　　A. 法律、行政法规没有明确规定设立内部审计机构的单位，可以根据需要设立内部审计机构
　　B. 内部审计机构应当在本单位主要负责人或者权力机构的领导下开展工作
　　C. 内部审计机构具有对本单位主要负责人进行经济责任审计的职责
　　D. 内部审计机构应当有权检查有关的信息系统及其电子数据
　　E. 内部审计机构可以追究违法违规的单位和人员的行政责任和民事责任

【答案及易错分析】ABD　本题易错选 C 选项。内部审计机构仅对本单位内设机构及所属单位领导人员的任期进行经济责任审计，不能对本单位主要负责人进行经济责任审计。

6.【经典真题·单项选择题（中级）】下列有关审计机关做出审计决定的表述中，正确的是（   ）。

　　A. 被审计单位对审计机关做出的有关财政收支的审计决定不服时，可以依法申请

行政复议或者提起行政诉讼

B. 上级审计机关认为下级审计机关做出的审计决定违反国家有关规定的，应当直接做出变更或者撤销的决定

C. 审计决定书与审计组征求意见的审计报告不一致并且加重处罚的，审计机关应当按照有关法律法规的规定及时告知被审计对象和有关责任人员，听取其陈述和申辩

D. 被审计单位对审计机关做出的有关财政收支的审计决定不服时，可以提请审计机关的上级人民政府裁决

【答案及易错分析】C　本题易错选 B 选项。B 选项上级审计机关认为下级审计机关做出的审计决定违反国家有关规定的，可以责成下级审计机关予以变更或者撤销，必要时也可以直接做出变更或者撤销的决定。

7.【例题·多项选择题】社会审计组织的审计业务有（　　）。

A. 审查企业会计报表，出具审计报告

B. 代理记账

C. 验证企业资本，出具验资报告

D. 办理企业合并、分立、清算及其他事项中审计业务，出具有关报告

E. 代理纳税报告

【答案及易错分析】ACD　本题易错选 B 选项。B 选项代理记账属于社会审计组织的会计咨询和会计服务业务。

第三章　审计准则、质量控制标准和职业道德

【大纲解读】

（一）审计准则

1. 掌握审计准则的结构和作用
2. 熟悉我国国家审计准则的概况和基本内容
3. 熟悉审计准则的产生、发展及其含义
4. 熟悉我国内部审计准则（初级要求了解）
5. 熟悉我国注册会计师执业准则（初级要求了解）
6. 了解代表国际惯例的最高审计机关国际组织审计准则
7. 了解国际内部审计师协会内部审计准则
8. 了解美国注册会计师审计准则和代表国际惯例的国际会计师联合会国际审计准则

（二）审计质量控制标准

1. 掌握审计质量和审计质量控制的含义和作用

2. 掌握审计质量控制制度的要素

3. 掌握审计质量控制的具体措施

(三) 审计职业道德

1. 掌握国家审计人员、内部审计人员以及社会审计人员职业道德的基本内容

2. 熟悉审计职业道德的含义和作用

【考情分析】

本章每年考试都有所涉及。试卷分值一般为 4 分，题型为单项选择题和多项选择题。

主要考点：审计准则、审计质量控制标准和审计职业道德，都是审计人员在开展审计过程中必须遵守的行为规范，是审计工作的依据和基本要求。

【知识结构图】

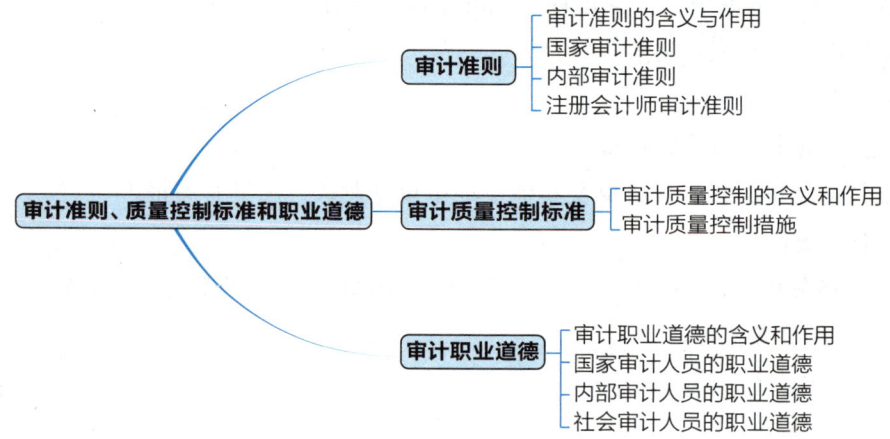

图 2-1-4 "审计准则、质量控制标准和职业道德"知识结构

【考点精编】

考点一 审计准则的含义与作用

审计准则依据审计法律法规而制定，是审计法律法规内容的进一步具体化，是审计工作实践中具体贯彻审计法律法规的操作性规范。

(一) 审计准则的含义

审计准则是对审计业务中一般公认的惯例加以归纳而形成的，是审计人员在实施审计过程中必须遵守的行为规范，是评价审计质量的重要依据。

审计准则完备成熟与否，是一个国家审计专业水平的重要标志之一，提高了审计本身的可信性。

(二) 审计准则的结构

(1) 不同的审计主体应有不同的审计准则。

(2) 不同性质的审计业务应有不同的审计准则。

（3）不同层次的审计行为应有不同层次形式的审计准则（基本、具体）。

基本准则是总纲，具体准则是开展具体业务时必须遵循的具体规范。

（三）审计准则的作用【重点】

（1）审计准则是衡量审计质量的尺度。

（2）审计准则是确定和解脱审计责任的依据。

（3）审计准则是审计组织与社会进行沟通的媒介。

（4）审计准则是完善审计组织内部管理的基础。

另外，审计准则的颁布也为解决审计争议提供了仲裁标准，为审计教育明确了方向和目标。

【经典真题·单项选择题】下列有关审计准则的表述，正确的是（　　）。

A. 审计准则是被审计单位会计核算的依据

B. 审计准则是审计人员在实施审计过程中必须遵守的行为规范

C. 审计准则是衡量和评价审计事项是非优劣的标准

D. 审计准则是审计人员为证明审计事项而收集的证明材料

【答案及解析】B　审计标准是进行审计时判断审计事项是非、优劣的准绳，是做出审计决定的依据。审计证据是评价审计事项的事实根据。审计准则是对审计业务中一般公认的惯例加以归纳而形成的，是审计人员在实施审计过程中必须遵守的行为规范，是评价审计质量的重要依据。

考点二　国家审计准则

（一）我国国家审计准则概述

1996 年，审计署发布了 38 个审计规范。

2010 年修订颁布的国家审计准则，正文分为七章，即总则、审计机关和审计人员、审计计划、审计实施、审计报告、审计质量控制和责任、附则，共计 200 条。

（二）最高审计机关国际组织审计准则概述

最高审计机关国际组织审计准则由最高审计机关国际组织（INTOSAI）下设的审计准则委员会制定。

该准则于 2001 年颁布，由基本要求、一般准则、现场工作准则和报告准则四部分组成。

【经典真题·单项选择题】根据《中华人民共和国国家审计准则》的规定，对审计项目实施结果承担最终责任的是（　　）。

A. 审计人员 B. 审计机关
C. 审计组组长 D. 审计机关负责人

【答案及解析】D 审计机关负责人对审计项目实施结果承担最终责任。审计组组长应当对审计项目的总体质量负责。

【经典真题·单项选择题】按照《中华人民共和国国家审计准则》的规定，下列各项中，不属于审计组主审工作职责的是（　　）。

A. 起草审计实施方案、审计文书和审计信息
B. 对主要审计事项进行审计
C. 审核审计工作底稿和审计证据
D. 配置和管理审计组的资源

【答案及解析】D 审计机关业务部门统一组织审计项目的，应当承担编制审计工作方案，组织、协调审计实施和汇总审计结果的职责。

考点三　内部审计准则（初级要求了解）

（一）我国内部审计准则概述

2013年8月中国内部审计协会发布了修订的《中国内部审计准则》，自2014年1月1日起实施。2016年2月19日又发布了《第2205号内部审计具体准则——经济责任审计》和《第2308号内部审计具体准则——审计档案工作》，这两条具体准则自2016年3月1日起施行。至此，中国内部审计准则由内部审计基本准则、内部审计人员职业道德规范和22个内部审计具体准则组成。

（1）审计基本准则包括一般准则、作业准则、报告准则和内部管理准则。
（2）内部审计具体准则分为作业类、业务类和管理类。

（二）国际内部审计师协会内部审计准则概述

国际内部审计师协会1947年就颁布了《内部审计职责说明书》。2015年7月修订的《国际内部审计专业实务框架》是整合国际内部审计师协会发布的权威性指南的概念框架，并由强制性的指南和建议性的指南两部分构成。

【经典真题·多项选择题】下列有关我国内部审计准则的表述中，正确的有(　　)。

A. 我国内部审计准则由基本准则、职业道德规范和具体准则组成

B. 我国内部审计基本准则由一般准则、作业准则和报告准则组成

C. 我国内部审计基本准则中一般准则对内部审计风险识别和评估进行了规范

D. 绩效审计具体准则属于我国内部审计具体准则中的业务类准则

E. 审计抽样具体准则属于我国内部审计具体准则中的作业类准则

【答案及解析】ADE　B 选项，我国内部审计基本准则包括一般准则、作业准则、报告准则和内部管理准则；C 选项，一般准则对内部审计机构和人员的基本资格条件和工作方式进行了规范。具体准则中业务类包括内部控制审计、绩效审计、信息系统审计、对舞弊行为进行检查与报告、经济责任审计 5 个。

考点四　注册会计师审计准则（中级要求熟悉，初级要求了解）

（一）我国注册会计师执业准则概述

中国注册会计师协会 2007 年 1 月 1 日起实施的共 48 项准则统称中国注册会计师执业准则，包括鉴证业务基本准则、鉴证业务具体准则、相关服务准则和会计师事务所质量控制准则四部分。2010 年 11 月对其中 38 项准则进行了修订，新准则于 2012 年 1 月 1 日起执行。

为顺应市场各方的需求，借鉴国际审计报告改革的成果、体现审计准则持续趋同要求，结合我国实际情况，2016 年 12 月，财政部印发 12 项中国注册会计师审计准则（新审计报告准则）。

(1) 本次最为核心的是新制定的《中国注册会计师审计准则第 1504 号——在审计报告中沟通关键审计事项》，该准则要求在上市公司的审计报告中增设关键审计事项部分，披露审计工作中的重点难点等审计项目的个性化信息。

(2) "对财务报表形成审计意见和出具审计报告""在审计报告中发表非无保留意见""在审计报告中增加强调事项段和其他事项段""与治理层的沟通""持续经营""注册会计师对其他信息的责任" 6 项准则属于做出实质性修订的准则。

(3) 另外 5 项准则属于为保持审计准则体系的内在一致性而做出相应文字调整的准则。

（二）国际会计师联合会（IFAC）国际审计准则概述

国际会计师联合会的国际审计准则是由该联合会下设的国际审计与保证准则委员会（IAASB）制定并颁布的。新颁布的准则包括审计准则、审阅业务准则、其他鉴证业务准则和相关服务准则等。

【经典真题·单项选择题】2016 年末新制定的《中国注册会计师审计准则第 1504 号——在审计报告中沟通关键审计事项》要求在上市公司的审计报告中增设的内容是（　　）。

A. 强调事项段和其他事项段　　　B. 与治理层的沟通
C. 关键审计事项部分　　　　　　D. 注册会计师对其他信息的责任

【答案及解析】C　新制定的《中国注册会计师审计准则第1504号——在审计报告中沟通关键审计事项》要求，在上市公司的审计报告中增设关键审计事项部分，披露审计工作中的重点难点等审计项目的个性化信息。

考点五　审计质量控制的含义和作用

（一）审计质量的含义

审计质量是指审计组织从事各项工作的优劣程度，包括审计工作质量和审计项目质量。审计工作质量是广义的审计质量，指所有审计工作的总体质量，即各审计组织内部工作的有效程度。

（二）审计质量控制的含义（理解）

审计质量控制就是由审计组织和审计人员依据审计质量控制标准，对各项审计工作，或具体审计项目全过程的质量进行自我约束的一项活动。

直接目的：确保审计行为遵循审计准则，并且表达恰当的审计意见。

主体：只能是专门的审计组织和人员。

客体：审计的全过程、审计人员素质和工作技能。

审计质量控制是由审计质量控制组织根据职业自身具体情况，适应自身自律需要而建立的一种标准。

（三）审计质量控制制度的要素

国家审计准则规定，审计机关应当建立审计质量控制制度，以保证实现下列目标：遵守法律法规和本准则，做出恰当的审计结论，依法进行处理处罚。审计机关应当针对下列要素建立审计质量控制制度：审计质量责任，审计职业道德，审计人力资源，审计业务执行，审计质量监控。

我国会计师事务所的质量控制制度应当包括针对下列要素而制定的政策和程序：对业务质量承担的领导责任，职业道德要求，客户关系和具体业务的接受与保持，人力资源，业务执行，监控。

【经典真题·多项选择题】下列有关审计质量控制的表述中，正确的有（　　）。

A. 审计职业道德是审计质量控制的要素之一
B. 审计工作的质量标准是审计质量控制的依据
C. 对审计质量控制只是对审计项目实施过程的控制
D. 审计质量控制是审计组织和人员对自身业务活动进行的控制

E. 审计质量控制的直接目的是依法对被审计单位进行处理处罚

【答案及解析】 ABD 审计质量控制就是由审计组织和审计人员依据审计质量控制标准，对各项审计工作，或具体审计项目全过程的质量进行自我约束的一项活动。进行审计质量控制的直接目的是确保审计行为遵循审计准则，并且表达恰当的审计意见。

考点六 审计质量控制措施

（1）对人员素质的控制——专业培训，建立聘用制度，建立考评激励机制，提供专业知识和技术帮助。

（2）对审计作业过程的控制——三个环节：委托审计人员环节、审计实施准备环节、审计工作实施环节。

（3）审计机关的分级质量控制——按照国家审计准则的规定，审计机关实行审计组成员、审计组主审、审计组组长、审计机关业务部门、审理机构、总审计师和审计机关负责人对审计业务的分级质量控制。

【经典真题·单项选择题】 下列选项中，不属于审计质量控制措施的是（   ）。

A. 对审计人员进行专业培训   B. 制定切实可行的审计工作方案
C. 对审计工作底稿开展分级复核   D. 对所有的审计事项均采用抽查法

【答案及解析】 D 对所有的审计事项不能均采用抽查法，D 选项错误。我国审计质量控制措施有对人员素质的控制、对审计作业过程的控制、审计机关的分级质量控制。

考点七 审计职业道德的含义和作用

审计职业道德是具有审计职业特征的道德准则和行为规范。

遵守审计职业道德是审计人员坚持依法独立审计、保证审计执业水准的决定性因素之一。保持合理的职业谨慎、严格遵守职业道德规范是审计人员树立良好形象、保持良好信誉的重要措施，也是充分发挥审计职能的必要条件。

【经典真题·单项选择题】 下列关于审计职业道德的作用表述不正确的是(   )。

A. 有利于为解决审计争议提供依据   B. 是充分发挥审计职能的必要条件
C. 有利于审计人员树立良好形象   D. 是审计行业管理的重要组成部分

【答案及解析】 A 审计职业道德是具有审计职业特征的道德准则和行为规范，是审计行业管理的重要组成部分，遵守审计职业道德是审计人员坚持依法独立审计、保证审计执业水准的决定性因素之一。保持合理的职业谨慎、严格遵守职业道德规范是审计人员树立良好形象、保持良好信誉的重要措施，也是充分发挥审计职能的必要条件。

考点八　国家审计人员的职业道德

国家审计人员职业道德，是指审计机关审计人员的<u>职业品德</u>、<u>职业纪律</u>、<u>职业胜任能力和职业责任</u>。

2010年审计署修订颁布的国家审计准则15条，对国家审计人员职业道德要求做出了规定：审计人员应当恪守严格依法、正直坦诚、客观公正、勤勉尽责、保守秘密的基本审计职业道德。

★严格依法就是审计人员应当严格依照法定的审计职责、权限和程序进行审计监督，规范审计行为。

【经典真题·单项选择题】下列要求中，不属于国家审计人员应该遵守的职业道德的是（　　）。

A. 专业胜任能力　　B. 勤勉尽责　　　　C. 保守秘密　　　　D. 严格依法

【答案及解析】A　国家审计人员职业道德明确要求审计人员应当恪守严格依法、正直坦诚、客观公正、勤勉尽责、保守秘密的基本审计职业道德。

考点九　内部审计人员的职业道德

2013年颁布的《中国内部审计准则第1201号——内部审计人员职业道德规范》规定内容有以下几方面：

（1）内部审计职业道德的概念和基本原则（基本道德原则包括诚信正直、客观、专业胜任能力和保密）。

（2）诚信正直。

（3）客观性。

可能影响客观性的因素：①审计本人曾经参与过的业务活动；②与被审计单位存在直接利益关系；③与被审计单位存在长期合作关系；④与被审计单位管理层有密切私人关系；⑤遭受来自组织内部和外部的压力；⑥内部审计范围受到限制；⑦其他。

内部审计机构负责人应当采取下列措施保障内部审计客观性：①提高内部审计人员的职业道德水平；②<u>选派</u>适当的内部审计人员参加审计项目，并进行适当的分工；③采用<u>工作轮换</u>的方式安排审计项目及审计组；④建立适当、有效的<u>激励机制</u>；⑤制定并实施系统、有效的内部审计质量控制制度、程序和方法；⑥当内部审计人员的客观性受到严重影响，且无法采取适当措施降低影响时，<u>停止</u>实施有关业务，并及时向董事会或者最高管理层报告。

（4）专业胜任能力——专业知识、职业技能和实践经验（通过后续教育和职业实践途径,保持和提升专业胜任能力)。

(5)保密。内部审计人员应当对实施内部审计业务所获取的信息保密,非因有效授权、法律规定或其他合法事由不得披露。

【经典真题·单项选择题】 下列各项中,符合审计职业道德要求的是( )。

A. 注册会计师对其能力进行广告宣传
B. 审计人员根据被审计单位的意愿形成审计意见
C. 审计人员的客观性受到严重影响时停止参与有关审计业务
D. 审计人员知悉被审计上市公司内幕消息后告知亲属购买该公司股票

【答案及解析】 C A 选项,违反了维护职业声誉树立良好的职业形象要求;B 选项,违反了独立、客观、公正的要求;D 选项,违反了保密义务的要求。

考点十 社会审计人员的职业道德

2009 年 10 月,中国注册会计师协会发布了《中国注册会计师职业道德守则》和《中国注册会计师协会非执业会员职业道德守则》,于 2010 年 7 月 1 日起施行。

(1)遵守诚信、客观和公正原则,在执行审计和审阅业务以及其他鉴证业务时保持独立性。

(2)获取和保持专业胜任能力,保持应有的关注,勤勉尽责。

(3)履行保密义务,对职业活动中获知的涉密信息保密。

(4)维护职业声誉,树立良好的职业形象。

【经典真题·多项选择题】 下列各项中,符合中国注册会计师职业道德基本原则要求的有( )。

A. 遵守诚信、客观和公正原则
B. 保持专业胜任能力
C. 履行保密义务
D. 树立良好的职业形象
E. 保持应有的关注

【答案及解析】 ABCDE 中国注册会计师职业道德基本原则包括:①遵守诚信、客观和公正原则,在执行审计和审阅业务以及其他鉴证业务时保持独立性;②获取和保持专业胜任能力,保持应有的关注,勤勉尽责;③履行保密义务,对于职业活动中获知的涉密信息保密;④维护职业声誉,树立良好的职业形象。

【本章易错题分析】

1.【经典真题·单项选择题（中级）】下列有关审计准则的表述，错误的是（　　）。

　A. 审计准则是衡量审计质量的尺度

　B. 审计准则是审计人员在实施审计过程中必须遵守的行为规范

　C. 审计准则是确定和解脱审计责任的依据

　D. 审计准则是判断审计事项是非优劣的准绳

【答案及易错分析】D　本题C选项和D选项容易混淆。衡量审计质量的尺度是审计准则，而判断审计事项是非优劣的准绳是审计标准。

2.【例题·多项选择题】审计机关建立审计质量控制制度所针对的要素有（　　）。

　A. 审计质量责任　　　　　　　B. 审计组织内部管理

　C. 审计人力资源　　　　　　　D. 审计业务执行

　E. 被审计单位内部控制

【答案及易错分析】ACD　本题易错选B选项和E选项。审计机关应当针对以下要素建立审计质量控制制度：审计质量责任、审计职业道德、审计人力资源、审计业务执行和审计质量监控。

3.【例题·多项选择题】我国审计质量控制措施有（　　）。

　A. 对人员素质的控制

　B. 对审计作业过程的控制

　C. 对审计计划的控制

　D. 分级质量控制

　E. 内部控制

【答案及易错分析】ABD　本题易错选C选项和E选项。我国审计质量控制措施包括对人员素质的控制、对审计作业过程的控制和分级质量控制。

4.【经典真题·单项选择题（中级）】根据国家审计准则的制定，下列各项中不属于审计组成员工作职责的是（　　）。

　A. 保持审计的独立性

　B. 按照分工完成审计任务，获取审计证据

　C. 如实记录实施的审计工作

　D. 对审计报告提出审理意见

【答案及易错分析】D　本题易错选A选项。审计组成员的职责包括：遵守国家审计准则，保持审计独立性；按照分工完成审计任务，获取审计证据；如实记录实施的审计工作并报告工作结果；完成分配的其他工作。D选项属于审计机关审理机构的工作职责。

第四章 审计目标和审计程序

【大纲解读】

（一）审计目标

1. 掌握审计目标在审计项目中的指导作用
2. 掌握国家审计、内部审计和社会审计的总目标
3. 熟悉审计目标的含义
4. 熟悉具体审计目标

（二）审计程序

1. 熟悉国家审计的审计程序
2. 熟悉内部审计的审计程序（初级要求了解）
3. 熟悉社会审计的审计程序（初级要求了解）

【考情分析】

本章每年考试都有所涉及。试卷分值一般为4~5分，题型为单项选择题和多项选择题。

主要考点：审计理论中两个非常重要的概念——审计目标和审计程序。不同审计主体的审计工作其审计目标和审计程序均不尽相同。

【知识结构图】

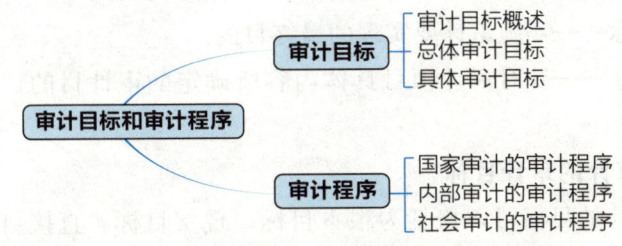

图2-1-5 "审计目标和审计程序"知识结构

【考点精编】

考点一 审计目标概述

（一）审计目标的含义

审计目标是审计行为的出发点，是审计活动要达到的境地，是目的的具体化。审计目的取决于审计授权人或委托人。

审计目标的确定取决于两个因素，一是社会的需求，二是审计界自身的能力和水平。

不同的审计主体和不同的审计项目,就会有不同的审计目标。

(二)审计目标在审计项目中的指导作用

审计目标是审计的方向,不仅影响审计方案的制订,还影响审计的实施和报告。

指导作用:审计程序和方法,审计证据收集,审计标准采用,都必须围绕审计目标。

【经典真题·多项选择题】下列有关审计目标定义和作用表述正确的有( )。

A. 是审计的方向,在审计项目的计划和实施阶段起到指导作用
B. 由审计机构和审计人员决定
C. 是审计行为的出发点
D. 是审计目的的具体化
E. 可以划分为总体审计目标和具体审计目标

【答案及解析】CDE 审计目标是审计行为的出发点,是审计活动要达到的境地,是目的的具体化。审计目的取决于审计授权人或委托人。审计目标对审计全过程都会产生影响。审计目标通常可以划分为总体审计目标和具体审计目标。

考点二 总体审计目标和具体审计目标

审计目标通常可以划分为总体审计目标和具体审计目标。

总体审计目标——实施审计要实现的最终目的。

具体审计目标——针对审计项目具体内容所确定的审计目的,是总体审计目标的细化。

(一)三类审计的审计目标

(1)国家审计的目标可以概括为根本目标、现实目标、直接目标。其中,根本目标即为维护人民群众的根本利益;现实目标为推进法治、维护民生、推动改革和促进发展;直接目标为真实性、合法性和效益性,真实性是基础,合法性是基本要求,效益性是最终目标。

(2)内部审计的目标界定为"促进组织完善治理、增加价值和实现目标"。

(3)社会审计的总目标包括两个方面:一是对财务报表整体是否不存在由于舞弊或错误导致的重大错报获取合理保证,使得注册会计师能够对财务报表是否在所有重大方面按照适用的财务报告编制基础编制发表审计意见;二是按照审计准则的规定,根据审计结果对财务报表出具审计报告,并与管理层和治理层沟通。

【经典真题·单项选择题】下列关于我国国家审计总目标的表述,正确的是( )。

A. 真实性是指财政财务收支以及有关经济活动遵守法规的情况

B. 合法性是指反映财政财务收支以及有关经济活动的信息与实际情况相符的程度

C. 效益性是指财政财务收支以及有关经济活动实现的经济效益、社会效益和环境效益

D. 真实性是最终目标，是在合法性和效益性基础上才能达到的

【答案及解析】C　真实性是指反映财政收支、财务收支以及有关经济活动的信息与实际情况相符合的程度。合法性是指财政收支、财务收支以及有关经济活动遵守法律、法规或者规章的情况。效益性是指财政收支、财务收支以及有关经济活动实现的经济效益、社会效益和环境效益。其中，真实性是基础、合法性是基本要求、效益性是最终目标。

（二）社会审计的具体审计目标

财务审计项目的具体审计目标包括：发生（真实业务，没有多计）、完整性（发生过一定计入，没少计）、准确性、权利和义务、计价正确性（金额记载无错）、截止期正确性（时间没错）、过账和汇总正确性、分类正确性（科目、报表项目没有使用错误）、计价和分摊、准确性和计价等。

【经典真题·单项选择题】被审计单位记录了虚假的销售收入100万元，审计人员认为其影响的财务报表认定是（　　）。

A. 完整性　　　　　　　　B. 存在或发生

C. 计价与分摊　　　　　　D. 截止期正确性

【答案及解析】B　存在或发生是指记录或列报的金额是实际存在或发生的；完整性是指实际存在或发生的金额均已记录或列报；计价和正确性是指记录或列报的金额经过正确的计量、计算与分摊；截止期正确性是指各类业务记录于正确的会计期间。

【经典真题·单项选择题】下列有关财务审计一般审计目标的表述中，正确的是（　　）。

A. 一般审计目标与管理层财务报表认定密切相关

B. 一般审计目标是指按每个审计项目分别确定的目标

C. 一般审计目标的"披露正确性"是指记录的各类业务符合法律法规的规定

D. 一般审计目标的"分类正确性"是指实际存在或发生的金额均已记录或列报

【答案及解析】 A　就财务审计项目而言，其一般审计目标与管理层财务报表认定密切相关。审计的过程就是获取支持管理层财务报表认定的审计证据的过程。

【经典真题·单项选择题】财务审计一般审计目标中的总体合理性是指（　　）。

A. 各类业务记录于正确的会计期间
B. 实际存在或发生的金额均已记录或列报
C. 记录或列报的金额是实际存在或发生的
D. 记录或列报的金额在总体上的正确程度

【答案及解析】 D　财务审计一般审计目标的总体合理性是指记录和列报的金额在总体上的正确性程度。通常是指审计人员使用分析性复核方法或实施恰当的审计程序后对被审计单位所记录或列报的金额在总体上的正确性程度所做的估计。

【经典真题·多项选择题】下列审计目标中，与完整性认定无关的有（　　）。

A. 采购交易的入账时间是否恰当
B. 已经发生的销售交易是否登记入账
C. 已经记录的采购交易是否实际发生
D. 存放在仓库的物资是否归被审计单位所有
E. 以公允价值计量的交易性金融资产的金额是否列示正确

【答案及解析】 ACDE　完整性是指已经发生的经济业务是否全部登记入账。

考点三　国家审计的审计程序

国家审计程序通常包括审计计划、审计实施和审计报告三个阶段。（需熟练区分不同阶段的任务内容）

表2-1-1　国家审计程序及其具体工作

审计程序	具体工作
审计计划	（1）编制年度审计项目计划 （2）编制审计工作方案
审计实施	（1）成立审计组，送达审计通知书 （2）进行调查了解（风险导向审计的思路） （3）编制审计实施方案 （4）获取审计证据，进行审计记录 （5）检查重大违法行为
审计报告	（1）编审、复核、审理、签发审计报告和审计决定（关注各自的职责） （2）公布审计结果 （3）检查审计整改情况

【经典真题·多项选择题】下列关于国家审计工作方案和审计实施方案的表述，正确的有（　　）。

A. 审计工作方案由审计机关业务部门负责编制
B. 审计实施方案应在审计前下达到审计项目实施单位
C. 根据审计实施过程中情况的变化，可以对审计工作方案内容进行调整
D. 审计组人员及其分工发生重大变化时需调整审计实施方案
E. 审计工作方案一般依据审计实施方案编制

【答案及解析】ACD　审计机关业务部门编制的审计工作方案应当按照审计机关规定的程序审批。在年度审计项目计划确定的实施审计起始时间之前，下达到审计项目实施单位。根据审计实施过程中情况的变化，审计机关业务部门可以申请对审计工作方案的内容进行调整，并按审计机关规定的程序报批。审计人员实施审计时，应当持续关注已做出的重要性判断和对存在重要问题可能性的评估是否恰当，及时做出修正，并调整审计应对措施，经审计组组长审定，及时报审计机关业务部门备案。

考点四　内部审计的审计程序（中级要求熟悉，初级要求了解）

内部审计的审计程序：制订年度审计计划→准备阶段→实施阶段→终结阶段。

表2-1-2　内部审计的设计程序及具体工作

审计程序	具体工作
制定年度审计计划	—
准备阶段	（1）确定重要性与审计风险 （2）编制审计方案 （3）发出审计通知书
实施阶段	（1）测试内部控制 （2）获取审计证据 （3）编制审计工作底稿
终结阶段	（1）编制审计报告 （2）分级复核审计报告 （3）后续跟踪

考点五　社会审计的审计程序（中级要求熟悉，初级要求了解）

社会审计的审计程序由准备阶段、实施阶段和终结阶段三个阶段组成。

表2-1-3　社会审计的审计程序及具体工作

审计程序	具体工作
准备阶段	（1）了解被审计单位的基本情况 （2）签订审计业务约定书（特殊点） （3）编制审计方案

续表

审计程序	具体工作
实施阶段	(1) 对内部控制进行内部控制测试 (2) 对财务报表项目进行实质性测试 (3) 重新确定重要性水平
终结阶段	(1) 复核审计工作底稿 (2) 出具审计报告 (3) 建立审计档案

【经典真题·单项选择题】下列各项中，不属于社会审计实施阶段工作的是（　　）。

A. 签订审计业务约定书　　　　　　B. 重新确定重要性水平

C. 对内部控制进行测试　　　　　　D. 对财务报表项目进行实质性测试

【答案及解析】A　社会审计实施工作有：①对内部控制进行内部控制测试；②对财务报表项目进行实质性测试；③重新确定重要性水平。A选项属于准备阶段的事项。

【经典真题·多项选择题】下列各项表述中，正确的有（　　）。

A. 国家审计可以聘请外部人员参与审计工作

B. 内部审计无须向被审计单位发出审计通知书

C. 社会审计依法出具审计报告和审计处理处罚决定

D. 内部审计需对被审计单位整改情况进行跟踪

E. 国家审计依法向社会公布审计调查结果

【答案及解析】ADE　B选项，内部审计和国家审计都需要发出审计通知书。C选项，由于社会审计组织不具有行政处理处罚权，因此社会审计在出具审计报告后，不做出审计处理处罚的决定。

【本章易错题分析】

1. 【经典真题·单项选择题（中级）】下列有关审计目标的表述中，正确的是（　　）。

A. 审计目标是审计行为的结果

B. 审计目标在不同的历史时期是相同的

C. 审计目标体系包括审计总目标和审计具体目标两个层次

D. 审计总目标由审计具体目标组成

【答案及易错分析】C　本题易错选D选项。审计总目标和审计具体目标属于两个不同层次，共同构成审计目标体系。

2. 【经典真题·单项选择题（中级）】财务审计项目的一般审计目标中，真实性指的是（　　）。

A. 记录或列报的金额是实际存在或发生的

B. 实际存在或发生的金额均已记录或列报

C. 各类业务记录于正确的会计期间

D. 记录或列报的金额确属本单位所有或所欠

【答案及易错分析】A　本题易错选 B 选项。实际存在或发生的金额均已记录或列报属于财务审计项目的一般审计目标中的完整性。

3. 【例题·多项选择题】下列属于国家审计报告阶段应做的工作有（　　）。

A. 审计工作底稿

B. 对财务报表各项目实施实质性测试

C. 审计报告

D. 对审计报告进行复核与审定

E. 审计决定

【答案及易错分析】CDE　本题易错选 A 选项。审计工作底稿、编制、复核属于审计实施阶段的工作内容。

4. 【例题·多项选择题】应当报经审计机关主要负责人批准的审计实施方案调整内容有（　　）。

A. 审计组组长　　　　　　　　B. 审计目标

C. 审计人员数量　　　　　　　D. 审计人员分工

E. 现场审计结束时间

【答案及易错分析】ABE　本题易错选 C 选项和 D 选项。审计人员数量和审计人员分工由审计组组长批准即可。

5. 【例题·多项选择题】审计人员判断可能存在的重大违法行为可以通过关注的情形有（　　）。

A. 公众和媒体的反映和报道　　B. 群众举报

C. 被审计单位内部控制缺陷　　D. 财务数据的异常变化

E. 有关部门提供的线索

【答案及易错分析】ABDE　本题易漏选 D 选项。判断可能存在的重大违法行为应关注的 5 种情况：①公众和媒体的反映和报道；②有关部门提供的线索和群众举报；③具体经济活动中存在的异常事项；④财务和非财务数据的异常变化；⑤其他情况。

6. 【经典真题·单项选择题（中级）】下列各项中，不属于社会审计实施阶段工作的是（　　）。

A. 签订审计业务约定书　　　　B. 重新确定重要性水平

C. 对内部控制进行测试　　　　D. 对财务报表项目进行实质性测试

【答案及易错分析】A　本题易错选 B 选项。社会审计实施阶段工作有：①对内部控制进行内部控制测试；②对财务报表项目进行实质性测试；③重新确定重要性水平。

第五章　审计标准、审计证据、审计工作底稿

【大纲解读】

（一）审计标准

1. 掌握审计标准的含义和特点
2. 掌握审计标准的分类
3. 掌握审计标准的选用原则

（二）审计证据

1. 掌握审计证据的含义和作用
2. 掌握审计证据的分类
3. 掌握审计证据的质量特征
4. 掌握审计证据决策的处理过程和影响审计证据决策的因素（初级要求了解）

（三）审计工作底稿

1. 掌握审计工作底稿的含义、作用、基本要素和编制要求
2. 熟悉审计工作底稿的分类和审核（初级要求了解）

【考情分析】

本章每年考试都有所涉及。试卷分值一般为 5~7 分，题型为单项选择题和多项选择题。

主要考点：本章介绍了与形成审计报告、审计意见有直接关系的 3 个重要概念，是审计基本理论中重要的内容之一，也是在审计实务中非常重要的领域。其中，审计证据往往会与审计具体目标相结合出题。

【知识结构图】

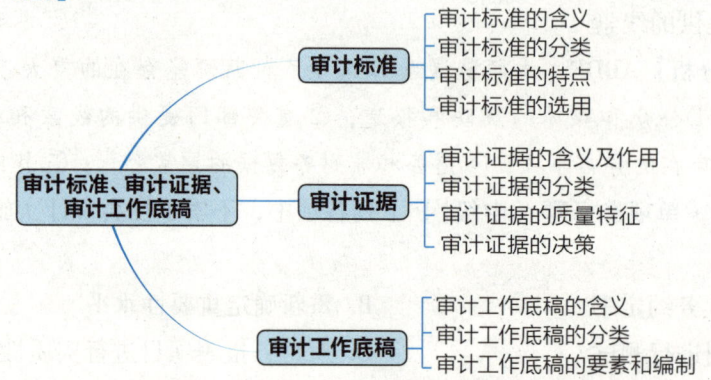

图 2-1-6　"审计标准、审计证据、审计工作底稿"知识结构

【考点精编】

考点一　审计标准的含义

审计标准是进行审计时判断审计事项是非、优劣的准绳，是做出审计决定的依据。不同审计事项的评判标准不尽相同：

（1）判断财务报表和其他经济资料的真实性——标准是公认的会计准则和财务制度。

（2）判断财务报表和其他经济资料的合法性——标准是国家的法律、法规和有关规章制度。

（3）判断经济活动的效益性——标准是计划、预算、技术指标等。

【经典真题·单项选择题】下列各项中，属于判断审计事项是非优劣准绳的是（　　）。

A. 审计证据　　　B. 审计程序　　　C. 审计标准　　　D. 审计记录

【答案及解析】C　审计标准是进行审计时判断审计事项是非、优劣的准绳，是做出审计决定的依据。

考点二　审计标准的分类

（一）按审计标准的来源分类

（1）内部制定的审计标准（被审计单位制定的标准）。

（2）外部制定的审计标准（法律法规、规章制度、下达的通知）。

（二）按审计标准的性质和内容分类（层级递减）

（1）法律、法规。

（2）规章制度。

（3）预算、计划、合同。

（4）业务规范、技术经济标准。

【经典真题·多项选择题】下列各项中，通常可以作为审计标准的有（　　）。

A. 国家审计准则　　　　　　　　B. 业务规范、技术经济标准
C. 预算、计划、合同　　　　　　D. 国家法律法规
E. 国家有关方针政策

【答案及解析】BCDE　按审计标准的来源分类，有内部制定的审计标准、外部制

定的审计标准（国家制定的法律、法规、政策和地方政府、上级主管部门颁发的规章制度、下达的通知等）；按审计标准的性质和内容分类有法律、法规，规章制度，预算、计划、合同，业务规范，技术经济标准。

考点三　审计标准的特点——层次性、时效性、地域性

（一）层次性

因管辖范围和权威性大小不同而有不同的层次。首先，最高层次为国家立法机关制定的法律；其次为国务院颁布的行政法规；再次是地方立法机关和行政机构制定的地方性法律、法规；复次是被审计单位主管部门制定的规章制度及下达的计划指标等；最后是被审计单位内部制定的各种规章制度。

（二）时效性

在判断审计事项是非、优劣时应以审计事项发生时适用的法规、制度等作为衡量标准，而不能以审计时现行的法规、制度等作为衡量标准。

（三）地域性

一些地方人民政府颁布的地方性法规只适用于本地区，而不能作为其他地区的审计标准。

【经典真题·单项选择题】在判断审计事项是非、优劣时应以审计事项发生时适用的法规、制度等作为衡量标准，这是审计标准特点的（　　）。

A. 行业性　　　　B. 时效性　　　　C. 层次性　　　　D. 地域性

【答案及解析】B　时效性是指在判断审计事项是非、优劣时应以审计事项发生时适用的法规、制度等作为衡量标准，而不能以审计时现行的法规、制度等作为衡量标准。

考点四　审计标准的选用

审计人员应根据审计目的，从审计事项实际出发，选用适当的审计标准。

（1）审计标准的客观性——应以正式文件为准。

（2）审计标准的适用性——需要考虑审计标准具有时效性和地域性。

（3）审计标准的相关性——与审计事项密切相关。

（4）审计标准的公认性——采用权威的和公认程度高的标准。

【经典真题·单项选择题】下列有关审计人员选择审计标准的做法中，错误的是（　　）。

A. 选择媒体的相关消息和报道作为审计标准
B. 选择行业协会确定的技术规范作为审计标准
C. 选择被审计单位的生产经营计划作为审计标准
D. 选择行业管理部门制定的规章制度作为审计标准

【答案及解析】 A 选用适当的审计标准，应当考虑以下四个方面：客观性——应以正式文件为准，而不得以报纸、杂志等消息报道为依据；适用性——需要考虑审计标准具有时效性和地域性；相关性——应与审计事项密切相关；公认性——采用权威的和公认程度高的标准。

【经典真题·单项选择题】下列有关审计人员选择审计标准的做法，错误的是(　　)。
A. 考虑相关性，应选择与审计事项相关的文件作为审计标准
B. 考虑客观性，应选择报纸、杂事等消息报道作为审计标准
C. 考虑公认性，应选择权威性和公认程度高的法规作为审计标准
D. 考虑适用性，应选择审计事项发生时有效的法规作为审计标准

【答案及解析】 B 审计标准的客观性是指审计人员以法律、法规、规章制度等作为审计标准时，应以正式文件为准，而不得以报纸、杂志等消息报道为依据。

考点五　审计证据的含义及作用

审计证据是指审计人员获取的能够为审计结论提供合理基础的全部事实，包括审计人员调查了解被审计单位及其相关情况和对确定的审计事项进行审查所获取的证据。

审计工作的质量取决于审计证据的质量，审计任务的完成在很大程度上取决于审计取证工作是否成功。

（1）审计证据是评价审计事项的事实根据。
（2）审计证据是形成审计意见或做出审计决定的基础。

【经典真题·多项选择题】下列关于审计证据的说法表述正确的有（　　）。

A. 审计证据是评价审计事项的事实根据
B. 审计工作的质量取决于审计证据的质量
C. 审计证据是行政诉讼的佐证资料
D. 审计任务的完成在很大程度上取决于审计取证工作是否成功
E. 审计意见或审计决定都必须有充分、适当的审计证据来支持

【答案及解析】ABDE 审计工作的质量取决于审计证据的质量，审计任务的完成在很大程度上取决于审计取证工作是否成功。审计证据的作用包括：①审计证据是评价审计事项的事实根据；②审计证据是形成审计意见或做出审计决定的基础。

考点六　审计证据的分类

(一) 审计证据按其形式不同分类

1. 实物证据

实物证据是指以实物存在并以其外部特征和内在本质证明审计事项的证据，如固定资产、存货、有价证券和现金等。它是通过实际观察或盘点取得的，用以确定实物资产的存在性。

2. 书面证据

书面证据是以书面形式存在的，并以其记载内容证明审计事项的证据，如会计资料、函询信件等。它是审计证据中的主要部分，数量多、来源广，应注意其反映内容的真实程度和对证据的归类整理。

3. 口头证据

在取得口头证据时，应将其转换成书面记录，并取得提供证据者的签字盖章。一般情况下，口头证据证明力较差，需要得到其他相应证据的支持。审计人员不能单凭口头证据做出审计结论，但审计人员往往可以通过口头证据发掘出一些重要的线索。

4. 视听或电子证据

例如，与审计事项相关的当事人讲话的录音带、经济业务发生时现场的录像带、计算机中储存的资料等。

5. 鉴定和勘验证据

鉴定和勘验证据是指因特殊需要审计机关指派或聘请专门人员对某些审计事项进行鉴定而产生的证据（如票据真伪）。这种证据实际上是书面证据的特殊形式。

6. 环境证据

环境证据一般不作为主要证据，但它可以帮助审计人员了解被审计单位和审计事项所处的环境（如经济形势、地理位置、管理状况）。

【经典真题·单项选择题】下列各项审计证据中，属于实物证据的是（　　）。

A. 计算机中储存的资料　　　　　B. 与当事人谈话的录音带
C. 被审计单位的库存现金　　　　D. 经济业务发生时现场的录像带

【答案及解析】C　实物证据是通过实际观察或盘点取得的，用以确认实物资产的存在。包括固定资产、存货、有价证券和现金等。视听或电子证据是指以录音带、录像带、磁盘及其他电子计算机储存形式存在的用于证明审计事项的证据。如与审计事项相关的当事人谈话的录音带（B选项）、经济业务发生时现场的录像带（D选项）、计算机中储存的资料（A选项）等。

(二) 审计证据按其来源不同分类

审计证据按其来源不同分为亲历证据、内部证据和外部证据。

1. 亲历证据

亲历证据指审计人员在被审计单位执行审计工作时亲眼目击、亲自参加或亲自动手取得的证据。例如，审计人员监督财产物资盘点。

2. 内部证据

内部证据是指审计人员在被审计单位内部取得的审计证据。例如，被审计单位提供的其他单位填制的书面资料。

3. 外部证据

外部证据是指审计人员从被审计单位以外的其他单位取得的审计证据，包括其他单位陈述和外来资料。

【经典真题·单项选择题】下列审计证据中，属于亲历证据的是（   ）。

A. 审计人员取得的银行对账单

B. 审计人员取得的应收账款账龄分析表

C. 审计人员函证应收账款时收到的回函

D. 审计人员存货实施监盘程序后填制的存货监盘记录表

【答案及解析】D 亲历证据是指审计人员在被审计单位执行审计工作时亲眼目击、亲自参加或亲自动手取得的证据。例如，审计人员监督财产物资盘点。

（三）审计证据按其相互关系分类

基本证据——具有直接证明作用的审计证据。

辅助证据——具有间接证明作用的审计证据。

【经典真题·多项选择题】下列有关审计证据的表述中，正确的有（   ）。

A. 工程质量的鉴定证明属于书面证据

B. 口头证据需要得到其他相应证据的支持

C. 被审计单位管理人员的素质属于环境证据

D. 不同来源或不同形式的审计证据可以与同一审计目标相关

E. 对于期末余额为零的账户没有必要采取外部调查方式审计获取审计证据

【答案及解析】ABCD 本题考查审计证据按其形式不同进行的分类及其分析。

【经典真题·多项选择题】下列关于审计证据的表述，正确的有（   ）。

A. 不同来源或不同形式的审计证据可以与同一审计目标相关

B. 口头证据需要得到其他相应证据的支持

C. 审计人员进行外部调查获取的有关人员提供的说明材料属于实物证据

D. 按形式不同可以将证据划分为亲历证据、内部证据和外部证据

E. 被审计单位的内部控制状况属于环境证据

【答案及解析】ABE　C选项，审计人员进行外部调查获取的有关人员提供的说明材料属于外部证据；D选项，审计证据按其形式不同分类分为实物证据、书面证据、口头证据、视听或电子证据、鉴定和勘验证据、环境证据。

考点七　审计证据的质量特征

审计人员获取的审计证据，应当具有适当性和充分性。

（1）适当性——审计证据质量的衡量。

审计证据在支持审计结论方面具有的相关性和可靠性。

（2）充分性——审计证据数量的衡量。

审计人员在评估存在重要问题的可能性和审计证据质量的基础上，决定应当获取审计证据的数量。

【经典真题·单项选择题】下列有关审计证据的表述中，错误的是（　　）。

A. 审计证据是形成审计意见的基础

B. 审计证据是评价审计事项的事实依据

C. 获取更多的审计证据可以弥补其质量上的缺陷

D. 审计证据质量越高，需要的审计证据数量可能越少

【答案及解析】C　审计证据的数量不能弥补质量上的缺陷。

【经典真题·多项选择题】下列有关审计证据相关性的表述中，正确的是（　　）。

A. 被篡改和伪造机会越少的审计证据越相关

B. 审计证据的相关性取决于获取审计证据的具体环境

C. 针对一项具体审计目标可以获取不同形式的审计证据

D. 针对一项具体审计目标可以从不同来源获取审计证据

E. 一种取证方法获取的审计证据可能与几项具体审计目标相关

【答案及解析】CDE　审计证据的可靠性受其来源和性质的影响，并取决于获取审计证据的具体环境。一般来讲，受个人支配程度越小，被篡改和伪造的机会越少，证据就越可靠，A选项和B选项错误。

考点八　审计证据的决策（中级要求掌握，初级要求了解）

（一）审计证据的收集

审计人员可以通过检查、观察、询问、外部调查、重新计算、重新操作和分析等方法收集审计证据。

(二) 审计证据的分析
审计人员需要对审计证据的相关性、可靠性、充分性进行分析。

【经典真题·单项选择题】 下列审计证据中最可靠的是（   ）。

A. 从税务机关直接获取的纳税证明
B. 被审计单位提供的银行贷款合同副本
C. 被审计单位提供的对未决诉讼预期判决结果的分析
D. 审计人员利用客户提供的数据亲自计算的账务比率

【答案及解析】 A　审计证据的可靠性受其来源和性质的影响，并取决于获取审计证据的具体环境。一般来讲，受个人支配程度越小，被篡改和伪造的机会越少，证据就越可靠。

(三) 审计证据的整理分析（初级要求了解）
审计证据整理分析的方法有：分类、计算、比较、小结、综合。

(四) 影响审计证据决策的因素（初级要求了解）
一般说来，影响审计证据决策的因素包括：风险因素、成本效益因素、重要性因素。

考点九　审计工作底稿

(一) 审计工作底稿的含义
审计工作底稿是指审计人员在实施审计过程中所形成的与审计事项有关的工作记录。其具有以下作用：
(1) 审计工作底稿是编写审计报告、发表审计意见或做出审计决定的依据。
(2) 审计工作底稿是联结整个审计工作的纽带。
(3) 审计工作底稿是控制审计工作质量的手段。
(4) 审计工作底稿是明确审计人员责任和考核审计人员的依据。
(5) 审计工作底稿是行政复议和诉讼的重要佐证资料。
(6) 审计工作底稿是总结审计工作和进行审计理论研究的资料。

【经典真题·单项选择题】 下列关于审计工作底稿作用的表述，错误的是（   ）。

A. 控制审计工作质量的手段　　　　B. 明确被审计单位责任的依据
C. 编写审计报告的依据　　　　　　D. 提供行政诉讼的佐证资料

【答案及解析】 B　审计工作底稿的作用有：①审计工作底稿是编写审计报告、发表审计意见或做出审计决定的依据；②审计工作底稿是联结整个审计工作的纽带；③审计工作底稿是控制审计工作质量的手段；④审计工作底稿是明确审计人员责任和考核审计人员的依据；⑤审计工作底稿是行政复议和诉讼的重要佐证资料；⑥审计工作底稿是总结审计工作和进行审计理论研究的资料。

（二）审计工作底稿的分类（中级要求熟悉，初级要求了解）

按审计工作底稿的内容不同，可以将其分为调查了解记录、执行审计措施记录和重要管理事项记录。

1. 调查了解记录

审计组在编制审计实施方案前，应当对调查了解被审计单位及其相关情况做出记录，包括了解情况、重要问题可能性的评估情况、确定的审计事项及其审计应对措施。

2. 执行审计措施记录

（1）其主要记录审计人员依据审计实施方案执行审计措施的活动。

（2）在国家审计准则中，审计工作底稿专指此处的执行审计措施记录，与调查了解记录、重要管理事项记录统称为审计记录。

3. 重要管理事项记录

重要管理事项记录应当记载与审计事项相关并对审计结论有重要影响的管理事项。

（1）可能损害审计独立性的情况及采取的措施；

（2）所聘请外部审计人员的相关情况；

（3）被审计单位承诺情况；

（4）征求审计对象或者相关单位及人员意见的情况、审计对象或者相关单位及人员反馈的意见及审计组的采纳情况；

（5）审计组对审计发现的重大问题和审计报告讨论的过程及结论；

（6）审计机关业务部门对审计报告、审计决定书等审计项目材料的复核情况和意见；

（7）审理机构对审计项目的审理情况和意见；

（8）审计机关对审计报告的审定过程和结论；

（9）审计人员未能遵守审计准则规定的约束性条款及其原因；

（10）因外部因素使审计任务无法完成的原因及影响；

（11）其他重要管理事项等。

【经典真题·多项选择题】下列项目属于重要管理事项记录审计工作底稿的有(　　)。

A．对被审计单位存在重要问题可能性的评估情况

B．被审计单位承诺情况

C. 审计组对审计发现的重大问题和审计报告讨论的过程及结论
D. 审理机构对审计项目的审理情况和意见
E. 因外部因素使审计任务无法完成的原因及影响

【答案及解析】BCDE 按审计工作底稿的内容不同，可以将其分为调查了解记录、执行审计措施记录和重要管理事项记录。调查了解记录的内容主要包括：①对被审计单位及其相关情况的调查了解情况；②对被审计单位存在重要问题可能性的评估情况；③确定的审计事项及其审计应对措施。执行审计措施记录主要记录审计人员依据审计实施方案执行审计措施的活动。

（三）审计工作底稿的要素和编制

1. 审计工作底稿的要素

①审计项目名称；②审计事项名称；③审计过程和结论；④审计人员姓名及审计工作底稿编制日期并签名；⑤审核人员姓名、审核意见及审核日期并签名；⑥索引号及页码；⑦附件数量。（审计证据材料）

2. 审计工作底稿的编制要求

①内容完整、真实，突出重点；②观点明确，条理清楚，用词恰当，字迹清晰，格式规范；③相关的审计工作底稿之间应当具有清晰的勾稽关系，相互引用时应注明索引号；④编制审计工作底稿所附的重要审计证据材料应当由提供证据的有关人员、单位签名或盖章。

3. 审计工作底稿的审核（中级要求熟悉，初级要求了解）

国家审计准则明确规定：审计组起草审计报告前，审计组组长应当对审计工作底稿，进行审核。

【经典真题·多项选择题】审计工作底稿中的"审计过程和结论"要素主要包括（　　）。

A. 审计认定的事实摘要
B. 取得的审计证据的名称和来源
C. 得出的审计结论
D. 实施审计的主要步骤和方法
E. 审计标准

【答案及解析】ABCDE 审计工作底稿记录的审计过程和结论主要包括：实施审计的主要步骤和方法；取得的审计证据的名称和来源；审计认定的事实摘要；得出的审计结论及其相关标准。

【本章易错题分析】

1.【经典真题·单项选择题（初级）】下列各项中，通常可以作为审计标准的是（　　）。

　　A. 国家审计准则　　　　　　　　　B. 审计工作计划

　　C. 审计工作方案　　　　　　　　　D. 国家有关方针政策

【答案及易错分析】D　本题易错选 A 选项。A 选项属于行为规范，而不是审计标准。

2.【经典真题·多项选择题（初级）】下列有关审计证据充分性的表述中，正确的有（　　）。

　　A. 充分性是审计证据的质量特征之一

　　B. 充分性就是要求审计证据越多越好

　　C. 充分性是指审计证据的数量足以证明审计事项并支持审计意见

　　D. 充分性是指审计证据本身的真实性

　　E. 充分性就是要求审计证据与审计目标之间紧密相关

【答案及易错分析】AC　本题易错选 B 选项。充分性要求审计证据的数量要足以证明被审计事项的真相以及支持审计意见和审计决定，而不是要求审计证据越多越好。

3.【经典真题·多项选择题（中级）】审计人员编制的应收账款账龄分析表属于（　　）。

　　A. 实物证据　　B. 书面证据　　C. 言辞证据　　D. 亲历证据

　　E. 鉴定和勘验证据

【答案及易错分析】BD　本题易错选 A 选项。实物证据是指证明实物资产是否存在的证据，包括固定资产、存货、有价证券和现金等，主要通过实际观察或盘点取得，故审计人员编制的应收账款账龄分析表不属于实物证据。

4.【例题·多项选择题】影响审计证据决策的因素有（　　）。

　　A. 审计人员水平　　　　　　　　　B. 风险

　　C. 成本效益　　　　　　　　　　　D. 被审计单位内部控制健全性

　　E. 重要性

【答案及易错分析】BCE　本题易错选 A 选项和 D 选项。影响审计证据决策的因素包括风险因素、成本效益因素和重要性因素。

5.【例题·多项选择题】审计标准的特征包括（　　）。

　　A. 重要性　　B. 层次性　　C. 时效性　　D. 可靠性

　　E. 地域性

【答案及易错分析】BCE　本题易错选 A 选项。审计标准是进行审计时判断审计事项是非、优劣的准绳，做出审计决定的依据，具有层次性、时效性和地域性。

6.【例题·多项选择题】下列审计证据属于书面证据的有（　　）。

　　A. 被审计单位的地理环境　　　　　B. 被审计单位的账簿

C. 被审计单位的采购合同 D. 被审计单位的支票存根
E. 被审计单位的库存现金

【答案及易错分析】 BCD 本题易错选 E 选项。E 选项为实物证据。书面证据是指以书面形式存在并以其记载内容证明审计事项的证据，例如凭证、账簿、报表、其他核算资料、信件以及有关人员出具的书面证明等。

第六章　审计取证方法

【大纲解读】

（一）审计取证模式

掌握账目基础审计、制度基础审计、风险基础审计的基本含义及演变。（初级要求熟悉）

（二）审计取证的基本方法

掌握审计取证的基本方法：顺查法和逆查法、详查法和抽查法。（初级要求熟悉）

（三）审计取证的具体方法

掌握取证的具体方法：检查、观察、询问、外部调查、重新计算、重新操作及分析。

【考情分析】

本章每年考试都有所涉及。试卷分值一般为5分，题型为单项选择题和多项选择题。

主要考点：审计取证方法是审计人员在审计过程中，收集审计证据采用的技术和手段的总称。由于审计种类不同，审计目的、要求、内容不同，审计取证方法也就有所不同。这些审计方法需要理解和掌握并能够灵活运用，会与审计目标、审计证据结合在具体审计项目案例分析题中出题。

【知识结构图】

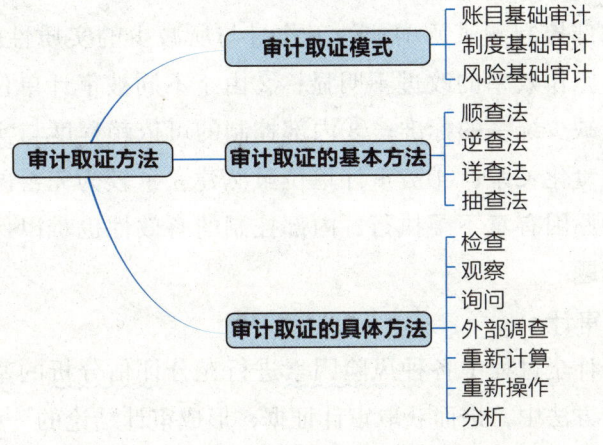

图 2-1-7　"审计取证方法" 知识结构

【考点精编】

考点一 审计取证模式（中级要求掌握，初级要求了解）

审计取证模式的演变大致可分为三个阶段：账目基础审计阶段、制度基础审计阶段和风险基础审计阶段。（需关注每种方法的特点、优缺点）

（一）账目基础审计

是以经济业务、会计事项和账目记录为基础，直接从会计资料的审查入手收集有关审计证据，从而形成审计意见和结论的一种审计取证模式。

审计（工作）目标：查错防弊。（数据的可靠性）

审计方法：运用详细审计方法，对大量的凭证、账目、财务报表等进行逐项审查。

优点：这种取证方式可以直接取得具有实质性意义的审计证据，审计质量较高。

缺点：在审计环境和审计目标发生巨大变化的条件下，账目基础审计已无法兼顾审计质量和审计效率两方面的要求。

（二）制度基础审计

从检查被审计单位内部控制入手，根据对内部控制评审的结果，确定实质性测试的审查范围、数量和重点，根据检查结果形成审计意见和结论。制度基础审计产生的理论根据是：如果产生财务信息的各种技术和方法，以及为防止与揭示差错或不法行为而采取的各种措施是可以依赖的，则由这个系统所产生的结果的可信性水平也会比较高。

审计（工作）目标：财务报表的真实性、合法性和效益性。

审计方法：运用制度基础审计模式需要大量采用抽查方法。

优点：根据内部控制的测评结果确定实质性测试的范围和深度，这种取证模式较好地适应了审计环境和审计目标的变化，提高了审计质量和效率，同时也减少了审计取证的盲目性，降低了审计风险。

缺点：①进行内部控制测试所增加的工作量与所减少的实质性测试工作量相比，有时前者大于后者，工作效率的改进不明显；②由于不同被审计单位的差异，内部控制有效性的整体评价缺少统一的标准；③内部控制的可依赖程度与实质性测试所需要的检查工作之间缺乏量化关系；④被审计单位虽然建立了较为完善的内部控制，如果其管理人员出于种种原因有意不予执行，内部控制的有效性也难以保障；⑤不能直接解决全部审计风险问题。

（三）风险基础审计

审计人员在对审计全过程中各种风险因素进行充分评估分析的基础上，将风险控制方法融入传统审计方法中，进而获取审计证据，形成审计结论的一种审计取证模式。

审计（工作）目标：财务报表的真实性、合法性和效益性。

审计方法：风险基础审计立足于对审计风险进行系统的分析和评价。在审计过程中，审计人员不仅要对控制风险进行评价，还要对审计各个环节的各种风险进行评价，并在评价的基础上运用相应的方法进行实质性测试。

（1）审计风险取决于重大错报风险和检查风险。其关系表现为：

审计风险＝重大错报风险×检查风险

（2）在审计风险已定的情况下，计算检查风险：

检查风险＝审计风险/重大错报风险

评估的重大错报风险越高，可接受的检查风险越低；评估的重大错报风险越低，可接受的检查风险越高。

（3）认定层次的重大错报风险又可进一步细分为固有风险和控制风险。

固有风险是指假设不存在相关的内部控制，某一认定发生重大错报风险的可能性，无论该错报单独考虑，还是连同其他错报构成重大错报。

控制风险是指某项认定发生了重大错报，无论该错报单独考虑，还是连同其他错报构成重大错报，而该错报没有被单位的内部控制及时预防、发现和纠正的可能性。

【经典真题·单项选择题】 下列有关审计取证模式的表述中，正确的是（　　）。

A. 应用制度基础审计模式需要大量采用详查法
B. 制度基础审计模式直接解决了前部审计风险问题
C. 账目基础审计以对内部控制系统的检查和评价为基础
D. 风险基础审计立足于对审计风险进行系统的分析和评价

【答案及解析】 D　账目基础审计下，审计人员需要运用详细审计方法，审计成本非常高；制度基础审计根据对内部控制评审的结果，确定实质性测试的审查范围、数量和重点；风险基础审计是指审计人员在对审计全过程中各种风险因素进行充分评估分析的基础上，将风险控制方法融入传统审计方法中，进而获取审计证据，形成审计结论的一种审计取证模式。

【经典真题·单项选择题】 下列有关审计风险的表述中，正确的是（　　）。

A. 重大错报风险是指审计人员未能发现重大错报的可能性
B. 认定层次的重大错报风险可进一步分为固有风险和检查风险
C. 控制风险是指被审计单位内部控制没有及时防止、发现并纠正重大错报的可

能性

D. 在既定的审计风险水平下，可接受的检查风险水平与重大错报风险的评估结果呈正向关系

【答案及解析】C 检查风险是指某一认定存在错报，该错报单独或连同其他错报是重大的，但审计人员未能发现这种错报的可能性；认定层次的重大错报风险又可进一步细分为固有风险和控制风险；在既定的审计风险水平下，可接受的检查风险水平与认定层次重大错报风险的评估结果呈反向关系。

【经典真题·多项选择题】下列关于审计取证模式的表述，正确的有（   ）。

A. 账目基础审计需要运用详细审计方法对凭证和账目进行逐项审查
B. 制度基础审计只强调审查内部控制系统产生的结果
C. 运用制度基础审计模式需要采用抽查方法
D. 风险基础审计立足于对审计风险进行系统的分析和评价
E. 账目基础审计和制度基础审计不存在审计风险

【答案及解析】ACD B选项，账目基础审计只强调审查内部控制系统所产生的结果，而不深入系统本身进行审查。E选项，风险基础审计是指审计人员在对审计全过程中各种风险因素进行充分评估分析的基础上，将风险控制方法融入传统审计方法中，进而获取审计证据，形成审计结论的一种审计取证模式。

考点二 审计取证的基本方法（中级要求掌握，初级要求了解）

审计取证的基本方法是指与取证的顺序和范围有关的程序性方法。这些方法不是直接取证的具体方法。（需关注不同分类方法的特点、优缺点、适用范围）

（一）顺查法和逆查法

审计取证方法按其取证顺序与记账程序的关系可分为顺查法和逆查法，两种方法的比较见表2-1-4。

表2-1-4 顺查法和逆查法比较

	顺查法	逆查法
特点	取证顺序与反映经济业务的会计资料形成过程相一致	审计取证的顺序与反映经济业务的会计资料形成过程相反
优点	全面细致，审计质量较高；同时由于方法简单，所以易于掌握	总体上把握重点，目的性、针对性比较强；节省人力和时间，提高审计工作效率
缺点	不突出重点，工作量大，不利于提高审计工作效率	可能遗漏重要错弊事项，在技术上比顺查法要复杂，掌握起来难度比较大
适用	业务规模较小、会计资料较少、存在问题较多的被审计单位	业务规模较大、内部控制系统比较健全、管理基础较好的被审计单位

（二）详查法和抽查法

审计取证方法按照审查经济业务和会计资料的范围大小可分为详查法和抽查法，两种方法的比较见表 2-1-5。

表 2-1-5　详查法和抽查法比较

	详查法	抽查法
特点	对被审计的某类经济业务和会计资料的全部内容毫无遗漏地进行全面详细审查（详查法不等于全部审计）	对被审计单位的部分经济业务和会计资料进行检查，并根据检查结果推断总体状况（抽查法不等于局部审计）
优点	不易出现遗漏，一般能够收集到说明审计事项的完整证据，使审计质量有可靠保证	极大地提高审计工作效率，节省审计资源，可以收到事半功倍的效果
缺点	工作量大，费时费力，审计成本相对较高	有可能对审计质量产生影响。尤其是对于那些发生频率不高的错弊行为，该方法的运用具有一定的局限性
适用	经济业务比较简单的被审计单位（若内部控制比较薄弱的被审计单位，以及可能存在重大违反财经法纪行为的被审计单位，可考虑采用详查法）	规模较大、经济业务多、内部控制健全有效、会计基础工作较好、组织机构健全的单位进行审计，都可运用抽查法

【经典真题·单项选择题】取证顺序与反映经济业务的会计资料形成过程相反的审计取证方法是（　　）。

A. 详查法　　　　B. 抽查法　　　　C. 顺查法　　　　D. 逆查法

【答案及解析】D　逆查法是指审计取证的顺序与反映经济业务的会计资料形成过程相反的方法。

考点三　审计取证的具体方法

审计取证具体方法的发展水平也是衡量审计工作水平的重要尺度。审计取证具体方法应用于审计程序的准备阶段和实施阶段。审计取证具体方法与审计目标、审计证据有着密切的内在联系。

（一）检查

检查是指对纸质、电子或者其他介质形式存在的文件、资料进行审查，或者对有形资产进行审查。包括检查记录或文件和检查有形资产两种类型。

（1）检查记录或文件。审计人员在审阅会计资料和其他书面文件时，应注意其真实性、合规性、一致性、完整性。集体内容包括原始凭证的检查、记账凭证的检查、账簿的检查、报表的检查、其他书面资料的检查。

（2）检查有形资产——存在性/真实性。适用范围：存货、现金、有价证券、应收票据和固定资产等。

（二）观察

观察是指察看相关人员正在从事的活动或者执行的程序。通过观察，审计人员可以了解被审计单位的基本情况，获取被审计单位的经营环境、生产状况、业务运行情况及内部控制遵循情况的证据。观察提供的审计证据仅限于观察发生的时点。

（三）询问

询问是指以书面或者口头方式向有关人员了解关于审计事项的信息，常在运用其他方法发现疑点和问题后加以运用。询问必须做出书面记录，并由答询人签字盖章。

（四）外部调查

外部调查是指向与审计事项有关的第三方进行调查。根据调查方式的不同，外部调查可分为现场调查和函证。

现场调查：是审计人员直接到与审计事项有关的第三方注册地或工作地进行实地调查。

函证：是审计人员为证明被审计单位会计资料所载事项而向其他有关单位或个人发函询证。函证过程由审计人员控制。

函证分为积极式和消极式。

积极函证要求收函单位对函询事项无论与事实相符与否，都应给予复函。

消极函证只是在收函单位发现函询事项与事实不符时才予以复函。

（五）重新计算

重新计算是指以手工方式或者使用信息技术对有关数据计算的正确性进行核对。

可用于对以下资料的审查：原始凭证的计算，记账凭证的计算，账簿的计算，报表的计算，其他有关资料的计算。

重新计算的证据通常被认为具有较高的可靠性。

（六）重新操作

重新操作是指对有关业务程序或者控制活动独立进行重新操作验证。审计人员重新操作被审计单位的业务并与审计内容核对。

（七）分析

分析是指研究财务数据之间、财务数据与非财务数据之间可能存在的合理关系，对相关信息做出评价，并关注异常波动和差异。

常用的方法有：比较分析法、比率分析法和趋势分析法。

【经典真题·多项选择题】审计机关在对某国有银行的信贷业务实施审计时，审计人员调阅了某企业信贷档案，与企业负责人、信贷经理座谈，并实地察看了抵押的房产，为跟踪贷款资金的流向，延伸检查了其他相关单位。在这一审计过程中，审计人员采取的取证方法有（　　）。

A. 分析　　　　　　　　　　B. 检查
C. 询问　　　　　　　　　　D. 重新操作
E. 外部调查

【答案及解析】BCE　调阅信贷档案属于检查记录或文件；进行座谈属于询问；延伸检查了其他相关单位属于外部调查。

【经典真题·多项选择题】下列有关审计取证方法的表述中，错误的有（　　）。

A. 询问本身不足以单独测试内部控制运行的有效性
B. 检查有形资产可为其计价认定提供可靠的审计证据
C. 重新计算是指对有关业务程序或者控制活动独立进行重新验证
D. 函证回函来自独立第三方，审计人员无须对函证过程进行控制
E. 分析方法可以运用于审计计划、审计实施以及审计终结的全过程

【答案及解析】BCD　B选项，检查有形资产可为其真实性提供可靠的审计证据；C选项，重新计算是指以手工方式或者使用信息技术对有关数据计算的正确性进行核对；D选项，审计人员必须对整个函证过程进行控制，以保证函证的质量。

【本章易错题分析】

1. 【例题·多项选择题】下列关于审计风险的说法中，正确的是（　　）。

   A. 固有风险与检查风险成正比
   B. 控制风险与固有风险成反比
   C. 审计风险是客观存在的，因此是不可控的
   D. 内部控制越有效，控制风险的评估水平就越低
   E. 可接受的检查风险决定审计人员计划收集证据的数量

   【答案及易错分析】DE　本题易错选A选项和B选项。固有风险与检查风险成反比，控制风险与固有风险无关。

2. 【经典真题·单项选择题（中级）】下列有关审计取证方法的表述，正确的是（　　）。

   A. 详查法即全面详细审查，相当于全部审计
   B. 顺查法的取证顺序与反映经济业务的会计资料形成过程相一致
   C. 抽查法即抽取部分业务和资料进行检查，相当于局部审计
   D. 逆查法主要适用于业务规模小、内部控制薄弱的被审计单位

   【答案及易错分析】B　本题易错选D选项。D选项，逆查法主要适用于业务规模

大，内部控制系统比较健全，管理基础比较好的被审计单位。

3.【经典真题·单项选择题（中级）】下列有关重大错报风险的表述中，正确的是（　　）。

　　A. 财务报表在审计前存在重大错报的可能性

　　B. 财务报表在审计后依然存在重大错报的可能性

　　C. 审计人员未能发现重大错报的可能性

　　D. 被审计单位内部控制未能有效预防发生重大错报的可能性

【答案及易错分析】A　本题易错选 C 选项。重大错报风险是指财务报表在审计前存在错报的可能性，而不是审计人员未能发现重大错报的可能性。

4.【经典真题·多项选择题（初级）】下列关于监盘的说法中正确的是（　　）。

　　A. 监盘是指审计人员亲自盘点被审计单位的各种实物资产

　　B. 监盘的目的是确定被审计单位以实物形态存在的资产是否真实存在

　　C. 监盘可以证实资产的所有权

　　D. 监盘可以证实报表中资产的披露和分类是否正确

　　E. 监盘不能验证资产的完整性

【答案及易错分析】BE　本题易错选 C 选项。监盘不能证实资产的所有权，需要通过审查相关票据和凭证才能证实资产的所有权。

5.【例题·多项选择题】风险基础审计模式下，审计风险取决于（　　）。

　　A. 抽样风险　　　　　　　　　B. 重大错报风险

　　C. 检查风险　　　　　　　　　D. 系统风险

　　E. 制度风险

【答案及易错分析】BC　本题易错选 A 选项。风险基础审计模式下，审计风险取决于重大错报风险和检查风险。

第七章　内部控制及其测评

【大纲解读】

（一）内部控制概述

1. 掌握内部控制的含义、作用和局限性

2. 掌握内部控制的种类

（二）内部控制要素

掌握内部控制的要素：控制环境、风险评估、控制活动、信息与沟通、对控制的监督（初级要求熟悉）

（三）内部控制测评

1. 掌握调查了解内部控制和记录内部控制的方法
2. 掌握内部控制测试的步骤和方法
3. 熟悉对内部控制进行初步评价和再评价的内容
4. 熟悉内部控制测试和实质性审查的关系
5. 熟悉内部控制测评结果的利用（初级要求了解）
6. 了解内部控制测评的作用

【考情分析】

本章为重点考试章节，题型除了单项选择题、多项选择题外，会结合审计项目考案例分析题，试卷分值一般为 10～16 分。初级资格考试侧重第一节、第二节，中级资格考试侧重第二节、第三节。

主要考点：内部控制及其测评是现代审计过程中的重要实施环节，充分体现了风险导向审计模式下的风险识别程序。本章需要掌握内部控制的含义、种类、作用和局限性及其测试的步骤和方法，熟悉内控测试对实质性审查的影响。

【知识结构图】

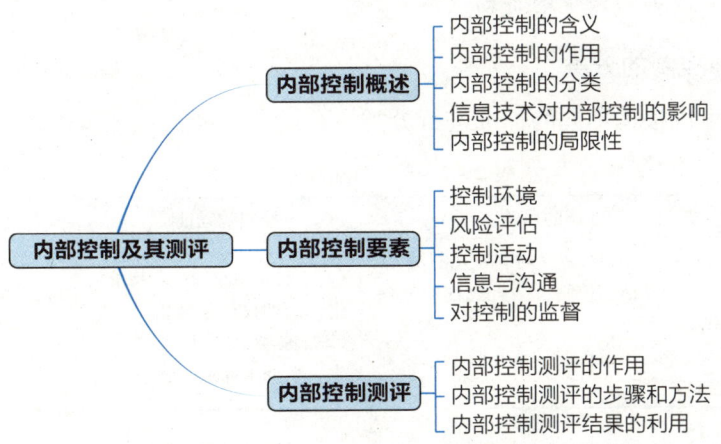

图 2-1-8 "内部控制及其测评"知识结构

【考点精编】

考点一 内部控制的含义和作用

（一）内部控制的含义

所谓内部控制，是指被审计单位为了维护资产的安全、完整，保证会计信息的真实、可靠，保证其管理或者经营活动的经济性、效率性和效果性并遵守有关法规，而制定和实施相关政策、程序和措施的过程。

（二）内部控制的作用（在定义中已经体现）

（1）保护财产物资的安全完整和有效使用。
（2）保证会计及其他信息资料的真实可靠。
（3）促进工作效率的提高和经营目标的实现。
（4）促进国家各项政策、法规的贯彻落实。

【经典真题·单项选择题】下列选项中，不是内部控制作用的是（　　）。

A．保证会计及其他信息资料的真实准确
B．促进工作效率的提高和经营目标的实现
C．保护财产物资的安全完整和有效使用
D．促进国家各项政策、法规的贯彻落实

【答案及解析】A　内部控制的作用：①保护财产物资的安全完整和有效使用；②保证会计及其他信息资料的真实可靠；③促进工作效率的提高和经营目标的实现；④促进国家各项政策、法规的贯彻落实。

考点二　内部控制的分类

内部控制可以根据不同的标准进行分类。

表 2-1-6　内部控制的分类

分类标准	控制的目的	控制的功能	控制的时间
分类结果	（1）财产物资控制（材料领用制度）。 （2）会计信息控制（会计凭证的复核制度）。 （3）经营决策控制（质量控制、计划控制）	（1）预防式控制（未发生，例如授权审批）。 （2）察觉式控制（已发生，如期末盘点、核对）	（1）事前控制。 （2）事中控制。 （3）事后控制。 （根据不同的具体事项选择控制时点）

【经典真题·单项选择题】下列内部控制活动中，属于察觉式控制的是（　　）。

A．银行印鉴和空白支票分由不同的会计人员保管
B．每月的最后一天对仓库中的存货进行全面盘点
C．财务软件自动检查每笔录入系统的凭证是否借贷方金额相等
D．只有经过会计主管复核之后的会计凭证才能在系统中实现过账

【答案及解析】B　察觉式控制是指为了及时查明已发生的错弊所实施的控制。例如实物盘点、会计记录核对等。

考点三　信息技术对内部控制的影响

信息系统对内部控制的影响，取决于被审计单位对信息系统的依赖程度，自动控

制还不能完全取代人工控制。

信息技术在改进被审计单位内部控制的同时，也会带来一些特定的风险。这些风险包括：

（1）信息系统或相关系统程序可能会对数据进行错误处理，也可能会去处理那些本身就错误的数据。

（2）自动信息系统、数据库及操作系统的相关安全控制如果无效，会增加对数据信息非授权访问的风险，这种风险可能导致系统对非授权交易及虚假交易进行处理，系统程序、系统内的数据遭到不适当改变，系统对交易或事项进行不适当的记录，以及信息技术人员获得超过其职责范围的大系统权限等。

（3）数据丢失风险或数据无法访问风险，如系统瘫痪、灾难等。

（4）不恰当的人工干预，或人为绕过自动控制等。

【经典真题·多项选择题】随着信息技术的提升，属于内部控制会产生的新特定风险的有（　　）。

A. 不恰当的人工干预风险　　　　B. 数据丢失风险或数据无法访问风险
C. 系统操作不熟练的风险　　　　D. 数据信息非授权访问的风险
E. 系统程序可能会对数据进行错误处理的风险

【答案及解析】ABDE　在信息技术改进被审计单位内部控制的同时也会产生特定风险，包括：①信息系统或相关系统程序可能会对数据进行错误处理，也可能会去处理那些本身就错误的数据；②安全控制如果无效，会增加对数据信息非授权访问的风险；③数据丢失风险或数据无法访问风险；④不恰当的人工干预，或人为绕过自动控制等。

考点四　内部控制的局限性

（1）内部控制的设置和运行受制于成本效益原则。

（2）内部控制一般仅针对常规业务活动而设置。

（3）即使是设置完善的内部控制，也可能因有关人员的疏忽、误解和判断错误而失效。

（4）内部控制可能因有关人员相互勾结、内外串通而失效。

（5）内部控制可能因执行人员滥用职权或屈从于外部压力而失效。

（6）内部控制可能因经营环境、业务性质的改变而削弱或失效。

审计中总是存在一定的控制风险，即在审计风险模型中，控制风险始终大于零。内部控制测评不能代替实质性审查。

【经典真题·单项选择题】下列有关内部控制固有局限性对审计策略影响的表述

中，错误的是（　　）。

A. 完全不信赖内部控制

B. 不能将控制风险确定为零

C. 在决定信赖内部控制之前实施必要的控制测试

D. 无论内部控制测试结果如何，都要实施实质性审查

【答案及解析】A　在审计中控制风险始终大于零，不论被审计单位内部控制多么健全有效，都应当选择适当方法对被审计单位重要的财政收支、财务收支活动进行实质性审查，即内部控制测评不能代替实质性审查。

考点五　内部控制要素（中级要求掌握，初级要求了解）

内部控制由控制环境、风险评估、控制活动、信息与沟通和对控制的监督五个要素组成。

（一）控制环境

控制环境是指对企业设置和实施内部控制有重大影响的因素的统称。它是实施内部控制的基础，包括以下内容：管理当局的观念和经营风格；组织结构；董事会及其所属审计委员会；责权配置；员工的素质；人力资源制度；外部影响。

【经典真题·单项选择题】下列选项中，不属于控制环境的是（　　）。

A. 人力资源制度　　B. 组织结构　　C. 职责分工　　D. 员工的素质

【答案及解析】C　职责分工属于控制活动要素。

（二）风险评估

风险评估是指企业及时识别、系统分析经营活动中与实现内部控制目标相关的风险，合理确定应对策略。

（三）控制活动

控制活动是企业根据风险评估的结果，采用相应的控制措施，将风险控制在可承受度之内。控制活动贯穿于企业的所有层次和各个职能部门，是内部控制的主要组成部分。

1. 业务授权控制

业务授权控制的目的在于保证每一笔业务都必须经过授权才能产生。分为一般授权和特别授权。

2. 职责分工控制（预防和及时发现错误与舞弊）

职责分工控制要求互不相容的职责不应由一个人兼任，以减少发生错弊的可能性。（不相容职务分离）

主要的职责分工包括：业务的批准与执行相分工；业务的执行与记录相分工；各种会计责任之间相分工；资产的保管与会计相分工；资产的保管与账实核对相分工；计算机信息系统部门内部，以及信息部门与使用部门之间的职责分工。

3. 凭证与记录控制

设置目的：确保所有的资产均能得到恰当的控制，以及所有的经济业务均能得以全面、完整和准确的记录。

凭证与记录控制一般要求：①建立严格的凭证制度。凭证种类要齐全、内容要完整、预先连续编号、空白收据和支票等凭证要由专人负责保管。②建立严格的簿记制度。如对经济业务的会计处理程序实行标准化控制，规定严格的凭证传递程序和记账手续等。③建立严格的定期核对、复核与盘点制度。

4. 实物控制

实物控制是指对接触、使用资产和各种记录，均应当有适当的防范措施，以限制非相关人员接近资产或接近重要的记录，从而保护资产和记录的安全。

5. 独立检查

独立检查是指对已记录的经济交易和事项由具体经办人之外的独立人员进行核对或验证，以及对与该项业务相关的内部控制程序的履行情况进行检查。

【经典真题·单项选择题】空白收据和支票等凭证要由专人负责保管的要求属于（　　）。

A. 凭证与记录控制　　　　　　　　B. 实物控制
C. 职责分工控制　　　　　　　　　D. 业务授权控制

【答案及解析】A　本题属于"凭证与记录控制"一般要求中的"建立严格的凭证制度"的具体要求。

（四）信息与沟通

信息与沟通是企业及时、准确地收集、传递与内部控制相关的信息，确保信息在企业内部、企业与外部之间进行有效沟通。企业必须建立一个良好的信息沟通系统，能确保企业中的每个员工都清楚地知道其在企业中的特定职务或所扮演的控制角色和所担负的责任。

就信息沟通系统的构成而言，它应包括会计系统、信息系统和传导机制等内容。

（五）对控制的监督

对控制的监督是指由被审计单位内部特定人员对各项内部控制设计、职责及其履行情况的监督检查。它包括适当及时地评估内部控制的设置和执行情况，以及采取必要的纠正措施。

考点六 内部控制测评的作用

（1）评价被审计单位内部控制的健全性和有效性，据以确定会计和其他经济信息的可依赖性；

（2）评估控制风险水平，据以确定对实质性审查的性质、范围、时间和重点的影响，为制订和修改审计方案提供科学依据；

（3）减少审计工作量，节约审计成本，保证审计质量；

（4）向被审计单位提出健全和加强内部控制的建议，帮助其提高经济效益。

考点七 内部控制测评的步骤和方法

审计人员进行内部控制测评分为下列四个步骤：

步骤1：调查了解内部控制，并做出相应记录。

1. 调查方法

①询问；②检查；③观察；④追踪有关业务的处理过程（实践）。

【经典真题·单项选择题】下列各项中，不是用以调查了解内部控制的方法是（　　）。

A. 检查　　　　　B. 观察　　　　　C. 函证　　　　　D. 询问

【答案及解析】C 控制调查的方法：询问，检查，观察，追踪有关业务的处理过程。

2. 调查结果记录方式

常用的方法有文字说明法、调查表法和流程图法。

（1）文字说明法。

优点：深入具体，使用范围广泛。

缺点：难以用简明的语言描述内部控制系统的细节；不适用于对规模大、内控系统复杂的企业的评价；对同一结果的描述可能引发歧义。

因此，文字说明法作为调查表法和流程图法的补充加以利用时效果较好。如果单独采用这种方法，则只限于内部控制系统比较简单且易于描述的小型企业。

（2）调查表法。

优点：调查范围明确，问题突出，容易发现问题；标准调查表可广泛适用于同类型单位，从而减少审计工作量；可由若干人分别同时回答，有助于保证调查效果。

缺点：反映问题不全面，仅限于被调查事项的范围；仅做出"是"或"否"的回答，难以反映审计事项的具体情况和存在问题的程度；标准格式的调查表缺乏弹性，难以适用于各类型企业。

因此，调查表比较适合于调查了解被审计单位的控制环境和各主要业务领域的控制点。

（3）流程图法。

优点：形象直观；便于随时根据业务控制程序的变化对流程图做出修改。

缺点：由于缺少文字说明，较复杂的业务不易理解；绘制流程图需要一定的技术，绘制难度大。

【经典真题·单项选择题】适用于内部控制系统简单且易于描述的小型企业的内部控制描述方法是（　　）。

A. 流程图法　　　B. 调查表法　　　C. 文字说明法　　　D. 逻辑模型法

【答案及解析】C　文字说明法作为调查表法和流程图法的补充加以利用时效果较好。如果单独采用这种方法，则只限于内部控制系统比较简单且易于描述的小型企业。

步骤2：对内部控制进行初步评价，评估控制风险。

初步评价的内容包括健全性和合理性两个方面：

（1）健全性评价。主要是评价应有的控制环节是否设置齐全。

（2）合理性评价。主要是分析内部控制的布局是否合理，有无多余的和不必要的控制。

步骤3：如果决定依赖内部控制，实施内部控制测试。

内部控制测试是为了确定内部控制的设计和执行是否有效而实施的审计程序，又被称为遵循性测试。

1. 内部控制测试的方式

业务程序测试、功能测试。

【经典真题·单项选择题】审计人员抽取了同一月份的若干张销货单，检查销售业务处理程序执行情况，该内部控制测试的方式是（　　）。

A. 业务程序测试　　B. 实质性测试　　　C. 了解测试　　　D. 功能测试

【答案及解析】A　业务程序测试（简称业务测试），即选择若干具体的典型业务，沿着业务处理过程检查业务处理程序中的各项内部控制是否得到执行。这种测试常被看成是一种纵向的内部控制测试。

2. 内部控制测试的范围

范围越大，提供的证据就越充分，但受到审计效率和审计成本的制约。

3. 内部控制测试的方法

检查、询问、观察、重新操作。

步骤 4：对内部控制进行<u>再评价</u>。

在初步评价的基础上，根据内部控制测试的结果对控制风险水平做出进一步评价，以确定完成审计工作所需执行的实质性审查的范围和重点。

控制风险的水平，可以用高、中、低的概念来表示，也可以将控制风险量化为百分比来表示。

1. 低控制风险

此种情况表明内部控制健全且执行情况良好。

效果：审计人员可以较多地依赖、利用内部控制，并相应减少实质性审查的数量和范围。

2. 中等控制风险

此种情况表明内部控制比较健全，尚存在一定的薄弱环节或缺陷。

效果：审计人员应有保留地信赖该企业的内部控制。为减少审计风险，应扩大实质性审查的深度和广度，适当增加财务报表项目检查的数量和范围。

3. 高控制风险

此种情况表明内部控制设置极不健全，或虽设计了良好的内部控制，但却未能有效执行，从而导致经济业务和会计资料大部分失控。

效果：审计人员无法信赖该单位的内部控制。通常要对经济业务和财务报表项目实施较为详细的实质性审查，以获得支持审计结论的足够证据。

【经典真题·单项选择题】在财务报表审计中，重大错报风险是指（   ）。

A. 财务报表在审计后存在重大错报的可能性

B. 财务报表在审计前存在重大错报的可能性

C. 固有风险和检查风险的总和

D. 控制风险和检查风险的总和

【答案及解析】B 重大错报风险是指财务报表在审计前存在重大错报的可能性。认定层次的重大错报风险又可进一步细分为固有风险和控制风险。

考点八　内部控制测评结果的利用（初级要求了解）

（一）确定实质性审查的性质、范围、重点和方法

这是审计人员运用内部控制、实施内部控制测试的直接原因，也是制度基础审计模式的要求。

（1）确定实质性审查的性质——确定实质性测试的取证方法和审计证据类型。

（2）确定实质性审查的范围——确定实质性测试的工作量。

（3）确定实质性审查的重点。

确定实质性审查重点领域时应考虑以下三个方面：一是缺少内部控制的重要业务领域；二是内部控制设置不合理、控制目标不能实现的领域；三是内部控制没有发挥作用的领域。

（4）确定实质性审查的方法。

重点的项目，一般应采用详细审计的方法；非重点业务，一般应采用抽样审计方法，选择较大规模的样本进行审查；对于未列入审计重点和审计范围的业务，一般可以选择较小规模的样本进行略查，或者不做检查。

（二）提出改进内部控制的建议

在测试和评价被审计单位内部控制的基础上，审计人员可以根据在内部控制测评中发现的失控环节和控制薄弱环节，提出改进内部控制的建议。

【经典真题·多项选择题】审计人员实施内部控制测评的结果在审计工作的应用主要方面有（　　）。

A. 出具有关内部控制的审计意见
B. 确定审计组人员的构成
C. 评价被审计单位的控制风险水平
D. 确定实质性审查的性质、范围、重点和方法
E. 提出改进内部控制的建议

【答案及解析】DE　内部控制测评的结果是为实质性审查服务的，也是提出改进内部控制的建议的基础。

【本章易错题分析】

1. 【经典真题·多项选择题（初级）】下列内部控制措施中，属于预防式控制的有（　　）。

　　A. 会计与出纳岗位分离　　　　　B. 授权审批
　　C. 会计记录核对　　　　　　　　D. 实物盘点
　　E. 职责分工

【答案及易错分析】ABE　本题易错选 C 选项。C 选项属于察觉式控制。

2. 【例题·多项选择题】对内部控制进行初步评价的目的是确定内部控制的（　　）。

　　A. 健全性　　B. 合法性　　C. 合理性　　D. 有效性
　　E. 可靠性

【答案及易错分析】AC　本题易错选 D 选项。内部控制测评初步评价的目的是确定内部控制的健全性和合理性。

3. 【经典真题·单项选择题（中级）】下列各项中，不属于内部控制调查方法的是（　　）。

A. 查阅被审计单位的各项管理制度和相关文件
B. 询问被审计单位的管理人员和其他相关人员
C. 检查内部控制过程中生成的文件和记录
D. 审查财务报表项目余额

【答案及易错分析】 D 本题易错选 C 选项。C 选项属于内部控制调查方法。

4.【经典真题·多项选择题（中级）】下列有关内部控制测评的表述中，正确的有（　　）。

A. 被审计单位的内部控制十分健全有效时，内部控制测评可以代替实质性审查
B. 内部控制测试后审计人员应根据结果对被审计单位内部控制情况进行再评价
C. 内部控制再评价主要是对被审计单位内部控制的健全性以及合理性进行评价
D. 内部控制测试的范围与审计人员对被审计单位控制风险的估计水平直接相关
E. 审计人员如果决定依赖被审计单位的内部控制，可直接转入实质性审查阶段

【答案及易错分析】 BD 本题易错选 C 选项。对内部控制的再评价是指在初步评价的基础上，根据内部控制测试的结果对控制风险水平做出进一步评价，而不是对内部控制的健全性和合理性进行再评价。

5.【例题·单项选择题】（　　）贯穿于单位的所有层次和各个职能部门，是内部控制的主要组成部分。

A. 控制环境　　　　　　　　B. 风险评估
C. 控制活动　　　　　　　　D. 信息与沟通

【答案及易错分析】 C 本题易错选 D 选项。控制活动是内部控制的主要组成部分，而不是信息与沟通。

第八章　审计抽样（初级不要求）

【大纲解读】

（中级要求）

（一）审计抽样概述

1. 掌握审计抽样的含义、种类和运用
2. 掌握统计抽样方法和非统计抽样方法的特点
3. 掌握审计抽样与专业判断的关系
4. 掌握审计抽样风险的类型、影响和控制措施
5. 熟悉审计抽样的适用范围和抽样方法的选择
6. 了解审计抽样产生和发展的现实基础和理论依据

(二) 审计抽样的基本程序和样本选取方法

1. 熟悉审计抽样的基本程序和样本选取方法
2. 熟悉各种样本选取方法的特点和具体操作步骤

(三) 统计抽样方法在内部控制测试中的具体运用——属性抽样法

1. 熟悉属性抽样法的基本步骤
2. 了解属性抽样法的基本原理

(四) 统计抽样方法在实质性审查中的具体运用——变量抽样法

1. 熟悉变量抽样法的基本方法和基本步骤
2. 了解变量抽样法的基本原理

【考情分析】

该内容只是中级审计师考试的范畴。近三年考试都有所涉及，多为单项选择题，试卷分值为3~4分。

主要考点：审计抽样方法含义、适用条件、相关的风险因素，以及基本程序和样本选取的主要抽样技术方法应用。

【知识结构图】

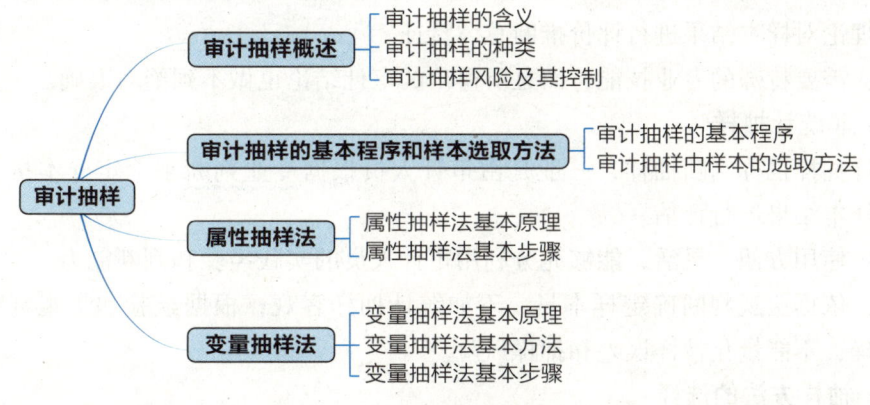

图2-1-9 "审计抽样"知识结构

【考点精编】

考点一 审计抽样的含义

审计抽样是指审计人员从审计对象总体中选取一定数量的样本进行测试，并根据测试结果，推断总体特征的一种审计方法，包括统计抽样方法和非统计抽样方法。

审计抽样可用于内部控制测试和实质性审查，但并不适用于这些测试中的所有程序。比如，审计抽样可在检查和函证中广泛运用，但通常不用于询问、观察和分析。

审计抽样通常不适用于下列情况：检查总体的完整性；抽样单位较少；总体中的每笔业务金额均超过重要性水平；可接受检查风险过低或要求审计检查保证程度过高；

有特殊风险或需要特别关注的事项；使用审计抽样不符合成本效益原则。

审计人员可以在审计事项中选取下列特定项目进行审查：大额或者重要项目；数量或者金额符合设定标准的项目；其他特定项目。

【经典真题·单项选择题】下列取证方法中，不适合进行审计抽样的是（   ）。

A. 重新计算　　　　B. 函证　　　　　C. 分析　　　　　D. 检查实物资产

【答案及解析】C　审计抽样可在检查和函证中广泛运用，但通常不用于询问、观察和分析。

考点二　审计抽样的种类

（一）统计抽样

统计抽样是指同时具备下列特征的抽样方法：①随机选取样本；②运用概率论评价样本结果和计量风险。统计抽样的方法在两种测试中的具体运用：属性抽样——适用于控制测试，变量抽样——适用于实质性审查。

优点：①科学地确定样本量；②随机选样，减少偏见；③量化抽样风险；④运用概率统计理论对样本结果进行评价推断总体特征。

缺点：需要特殊的专业技能，而且所得出的审计结论也做不到绝对准确。

（二）非统计抽样

非统计抽样也称判断抽样，一般是由审计人员根据专业判断来确定样本量、选取样本和对样本结果进行评估。

优点：使用方便、灵活，能够充分利用审计人员的实践经验和判断能力。

缺点：依据主观判断确定样本量，不如统计抽样客观；根据经验和主观判断，结论不够准确；不能量化抽样误差和抽样风险。

（三）抽样方法的选择

选择抽样方法时，主要取决于审计人员对成本效果方面的考虑。这两种技术只要运用得当，都可以获取审计所要求的充分、适当的证据。

（四）统计抽样与专业判断

无论是统计抽样还是非统计抽样，两种方法都要求审计人员在设计、执行抽样计划和评价抽样结果中合理运用专业判断。由于在运用统计抽样时存在许多不确定因素，需要审计人员运用正确的判断来解决，所以统计抽样并不排除专业判断。

【经典真题·多项选择题】下列有关审计抽样方法选用的说法，正确的有（   ）。

A. 统计抽样方法一定能保证审计工作的质量
B. 采取非统计抽样方法易导致审计结论不够准确
C. 非统计抽样的成本一定要比统计抽样的成本小
D. 统计抽样可以取代专业判断
E. 在实际审计中，往往把统计抽样和非统计抽样结合起来运用

【答案及解析】BE 究竟选用哪种抽样方法，主要取决于审计人员对成本效果方面的考虑。无论是统计抽样还是非统计抽样，都要求审计人员在设计、执行抽样计划和评价抽样结果中合理运用专业判断。

考点三 审计抽样风险及其控制

（一）抽样风险及其控制

1. 抽样风险

抽样风险是指审计人员根据样本测试结果形成的审计结论，与审计对象总体实际情况不一致的可能性。抽样风险是抽样技术所固有的，抽样风险与样本量成反比。

表 2-1-7 抽样风险

抽样风险	内部控制测评		实质性审查	
	信赖不足风险	信赖过度风险	误拒风险	误受风险
审计效率	影响效率	—	影响效率	—
审计效果	保证效果	影响效果	保证效果	影响效果

2. 抽样风险的控制

控制抽样风险有两个途径：一是调整样本量，增加样本；二是采用恰当的抽样方法，合理地保证样本的代表性。

（二）非抽样风险及其控制

1. 非抽样风险

非抽样风险是指由于采用抽样审计方法之外的其他原因所造成的风险。例如，采用不恰当的审计程序或方法，或误解审计证据、工作疏忽等而未能发现样本中实际存在的误差的可能性。

2. 非抽样风险的控制

非抽样风险对审计效率和效果都有一定的影响。通过对审计人员有效的训练，对审计程序的精心设计，对审计工作进行适当的指导、监督和复核等，将之控制在较低的水平下（提高专业执业水平）。

【经典真题·多项选择题】审计人员在审计抽样过程中，造成非抽样风险的原因有（　　）。

A. 确定的样本量过少

B. 实施了不恰当的审计程序
C. 实施了不恰当的抽样方法
D. 因工作疏忽未能发现样本中实际存在的误差
E. 对审计证据存在误解未能发现样本中存在的误差

【答案及解析】 BDE 非抽样风险，是指由于采用抽样审计方法之外的其他原因造成的风险，即审计人员因采用不恰当的审计程序或方法，或因误解审计证据、工作疏忽等而未能发现样本中实际存在的误差的可能性。非抽样风险与审计人员采用的抽样方法无关。

考点四　审计抽样的基本程序（4个步骤）

（一）确定审计对象总体

在确定总体时应当注意以下几个方面：相关性和完整性；项目的同质性；项目的可辨性；总体中项目的充分性。

（二）确定样本量

影响样本规模的因素包括：①总体容量（正向关系）；②总体项目差异（正向关系）；③审计结论的精确限度（反向关系）；④审计结论的可靠性程度（正向关系）。

【经典真题·单项选择题】下列因素中，不影响审计抽样样本量的是（　　）。

A. 总体容量　　　　　　　　B. 总体项目差异
C. 样本选取方法　　　　　　D. 审计结论的精确限度

【答案及解析】 C 统计抽样样本量的确定受四个因素影响：总体容量、总体项目差异、审计结论的精确限度和审计结论的可靠性程度。

（三）选取样本并审核

样本项目的选取越遵循随机原则，其样本对总体的代表性就越高。

（四）评价抽样结果形成审计结论

抽样结果评价的具体程序和内容：分析样本误差，推断总体误差，重估抽样风险，形成审计结论。

考点五　审计抽样中样本的选取方法

审计抽样可以分随机选样和非随机选样。统计抽样必须使用随机选样，常用的随机选样方法包括简单随机选样法、系统选样法和分层选样法。

（一）简单随机选样法

步骤：①对总体项目进行编号；②选择起点和选号路线，依次选取样本。
特点：利用计算机取得随机样本可以提高效率，减少人为错误的可能性。

（二）系统选样法

步骤：审计人员首先计算抽样间距，然后从第一个间距中选择一个随机起点，以随机起点作为开端，按照计算的抽样间距等距离地顺序选取样本。

计算公式如下：

抽样间距 = 总体容量 ÷ 样本量

特点：简便易行，但只有在总体的特征随机分布于总体中时，选择的样本才具有代表性。

（三）分层选样法

步骤：按照一定标准将总体划分为若干层次或类型，然后再对各层次或各种类型的项目分别进行随机选样。

特点：选样误差小，对情况复杂、项目之间特征差异较大的总体的样本选择更具优势。它并非一种独立的样本选择方法，必须结合简单随机选样法等方法使用。

【经典真题·单项选择题】如果审计人员采用系统选样法在150笔赊销业务总体中随机抽取15笔时，随机起点为排序第4笔业务，则第5个样本的排序编号是（　　）。

A. 40　　　　　B. 50　　　　　C. 54　　　　　D. 44

【答案及解析】D　第5个样本的排序编号 = 4 + 4 × (150/15) = 44。

考点六　属性抽样法

（一）属性抽样法基本原理

属性抽样法是一种用来推断总体中具有某一特征的项目所占比率的统计抽样方法。属性抽样一般适用于内部控制测试和实质性审查中的业务测试。

（二）属性抽样法基本步骤

（1）根据审计目标确定审查总体，并定义属性（特性）和误差。总体应由被测试的某一类业务或凭证构成，必须与具体审计目标相关，并保持所构成项目的同质性。

（2）确定抽样参数。抽样参数包括：预计总体误差率、可容忍误差率和可靠性程度。

（3）确定样本量。

（4）选取样本并审查。

（5）评价抽样结果推断总体。

评价抽样结果时不仅要考虑误差的次数，还要分析误差的性质和原因。如果发现有欺诈舞弊或逃避内部控制的情况发生，不论误差率高低，均应采取其他审计程序。

样本的误差率并不直接代表总体的错误率，一般由样本误差率加减精确限度形成精确区间，来推断总体属性。

【经典真题·单项选择题】在属性抽样中，如果其他条件不变，审计人员要求更低的可容忍误差率，则样本量（　　）。

A. 增加 　　　　B. 减少 　　　　C. 不变 　　　　D. 无法确定

【答案及解析】A　统计抽样样本量的确定受四个因素影响：总体容量、总体项目差异、审计结论的精确限度和审计结论的可靠性程度。属性抽样中精确限度等于可容忍的误差率与预计总体误差率二者的差额。

【经典真题·多项选择题】下列选项中，审计人员在运用属性抽样进行内部控制测试时可以定义为误差的是（　　）。

A. 高估应收账款

B. 职责分离不充分

C. 没有进行有效业务执行的复核

D. 销货发票上单价与数量的乘积计算错误率

E. 没有授权签字或签字人员在该领域没有权限

【答案及解析】BCDE　属性抽样是对内部控制是否健全、执行是否有效做出推断，其推断的依据是所欲测试的总体中内部控制不健全或没有被有效执行的例外情况的发生率，是对审计对象总体的质量特征进行的定性评价。

考点七　变量抽样法

（一）变量抽样法基本原理

变量抽样法是一种能够对总体的数量余额做出估计的统计抽样方法，广泛运用于实质性审查之中。

（二）变量抽样法基本方法

1. 单位均值估计法

通过样本的单位平均值估计总体平均值和总值。

总体价值估计值＝样本的单位平均值×总体容量

2. 差异估计法

通过样本记录值与审计值的差异来推断总体记录值与审计值差异，进而对总体记录值做出评价的变量抽样方法。

总体差异的估计数＝样本项目差异的平均值×总体容量

3. 比率估计法

通过审计值与样本记录值的比率来推断总体审计值与记录值的比率，进而估计总体审计值并对原记录值的正确性做出评价的变量抽样法。

比率＝样本审定金额÷样本账面金额

总体审计值的估计＝总体记录值×比率

【经典真题·单项选择题】下列方法中，不属于变量抽样法的是（　　）。

A. 单位均值估计法　　　　　　B. 差异估计法

C. 比率估计法　　　　　　　　D. 分层选样法

【答案及解析】D　变量抽样法有三种方法，即单位均值估计法、差异估计法和比率估计法。

（三）变量抽样法基本步骤

（1）根据审计目标确定总体和抽样单位。

（2）确定抽样参数。

（3）确定样本量。

（4）选取样本并对样本进行测试，得出各样本的审计值以及样本审计值的平均值和标准差。

（5）评价抽样结果推断总体。

【经典真题·单项选择题】某企业的存货项目为4000个，账面金额为500万元，审计人员随机选取了200个项目作为样本，样本账面金额为25万元，审定金额为25.75万元，运用比率估计法推算存货总体的金额是（　　）。

A. 505万元　　　　　　　　　B. 515万元

C. 525万元　　　　　　　　　D. 535万元

【答案及解析】B　（25.75÷25）×500＝515（万元）。

【本章易错题分析】

1. 【经典真题·单项选择题（中级）】信赖不足风险影响的是（　　）。

A. 审计效率　　　　　　　　　B. 审计效果

C. 审计结果　　　　　　　　　D. 审计质量

【答案及易错分析】A　本题易错选B选项。信赖不足风险是指抽样结果使审计人员没有信赖实际上予以信赖的内部控制的可能性，结果导致审计成本增加，审计效率下降。

2. 【经典真题·多项选择题（中级）】审计人员在审计抽样过程中，造成非抽样风险的原因有( )。

A. 确定的样本量过少

B. 实施了不恰当的审计程序

C. 实施了不恰当的抽样方法

D. 因工作疏忽未能发现样本中实际存在的误差

E. 对审计证据存在误解未能发现样本中存在的误差

【答案及易错分析】BDE 本题易少选 B 选项。非抽样风险是指由于采用抽样审计方法之外的其他原因所造成的风险,即审计人员因采用不恰当的审计程序或方法,或因误解审计证据、工作疏忽等而未能发现样本中实际存在的误差的可能性。非抽样风险与审计人员采用的抽样方法无关。

3. 【例题·多项选择题】在进行审计抽样时,常用的随机抽样方法主要有( )。

A. 简单随机选样法 B. 系统选样法
C. 排序选样法   D. 分层选样法
E. 专业判断选样法

【答案及易错分析】ABD 本题易错选 C 选项。在进行审计抽样时,常用的随机抽样方法主要有简单随机选样法、系统选样法和分层选样法。

第九章 审计报告

【大纲解读】

(一) 审计报告概述

1. 掌握审计报告的含义和作用
2. 熟悉简式审计报告和详式审计报告的特点

(二) 国家审计的审计报告

1. 掌握国家审计报告的含义、基本要素、主要内容和撰写要求
2. 掌握审计结果公布的主要内容（初级要求熟悉）
3. 掌握审计结果报告和审计工作报告的主要内容（初级要求熟悉）
4. 熟悉审计决定书的运用以及审计处理、处罚的种类
5. 熟悉国家审计报告和审计决定书的编审程序（初级要求了解）

(三) 内部审计的审计报告

1. 熟悉内部审计报告的含义和基本要素
2. 熟悉内部审计报告的编制、复核和分发程序（初级要求了解）

（四）社会审计的审计报告

1. 熟悉社会审计报告的含义和主要内容
2. 熟悉社会审计报告的类型（初级要求了解）

【考情分析】

本章历年考题中均有涉及，通常只出现在单项选择题、多项选择题中，试卷分值为 3~5 分。

主要考点：审计报告是体现审计成果的主要形式，是审计工作的最终结果。本章按照国家审计、内部审计、社会审计分别阐述了各自审计报告的性质、内容、编制方法以及法律效力。

【知识结构图】

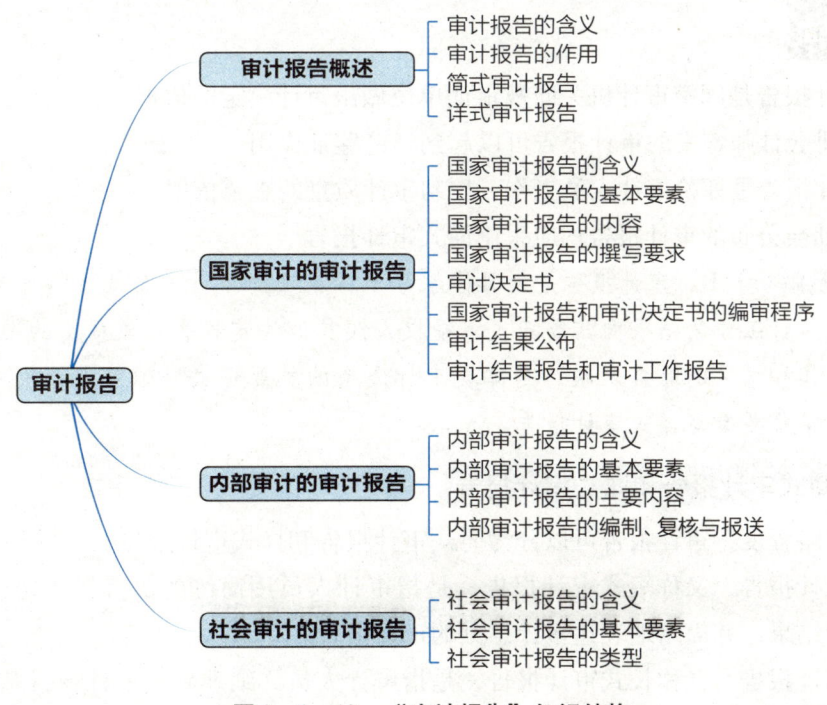

图 2-1-10 "审计报告"知识结构

【考点精编】

考点一 审计报告的含义和作用

审计报告是指具体承办审计事项的审计人员或审计组织在实施审计后，就审计工作的结果向其委托人、授权人或其他法定报告对象提交的书面文件。它是体现审计成果的主要形式。

审计报告有以下作用：

（1）审计报告是审计人员评价被审计人承担和履行经济责任情况、发表审计意见和提出审计建议的载体。

（2）审计报告是国家审计机关向被审计单位做出审计决定的依据。

（3）审计报告是审计机关编制审计信息、为国家宏观经济决策服务的重要信息来源。

（4）注册会计师签发的审计报告是具有法律效力的证明文件，可以起到经济鉴证作用。

（5）审计报告也是总结审计过程和结果，评价审计人员工作、控制审计质量的重要依据。

【经典真题·单项选择题】下列关于审计报告的表述，错误的是（　　）。

A. 审计报告是国家审计机关向被审计单位做出审计决定的依据
B. 注册会计师签发的审计报告可以起到经济鉴证作用
C. 审计报告是评价审计人员工作、控制审计质量的重要依据
D. 向社会公布的审计报告均应采用简式审计报告

【答案及解析】D　审计报告是指具体承办审计事项的审计人员或审计组织在实施审计后，就审计工作的结果向其委托人、授权人或其他法定报告对象提交的书面文件。它是审计工作和结果的综合反映，是体现审计成果的主要形式。国家审计机关和内部审计机构通常都要撰写详式审计报告。

考点二　简式审计报告和详式审计报告

根据详略程度，审计报告可以分为简式审计报告和详式审计报告。

简式审计报告，又称短式审计报告，是指审计人员用简练的语言扼要地说明审计过程、审计结果，并简略地表达审计意见的审计报告。

详式审计报告，又称长式审计报告，是指审计人员详细地叙述审计项目基本情况、审计评价意见、审计发现的主要问题及处理处罚意见、审计建议等的审计报告。

考点三　国家审计的审计报告

（一）含义

我国国家审计的审计报告是审计机关实施审计后，对被审计单位的财政收支、财务收支的真实、合法、效益发表审计意见的书面文件。

根据《审计法》的规定，我国国家审计的审计报告包括审计组的审计报告和审计机关的审计报告两种。

表 2-1-8　国家审计的审计报告分类及内容

内容	审计组的审计报告	审计机关的审计报告
报告主体	审计组	审计机关
报告对象	审计机关	审计机关以外机构或人员
报告格式	(1) 反映的是审计机关的初步意见，落款为审计组，由审计组组长签名 (2) 征求被审计对象意见时，报告要注明"征求意见稿"，不编号	(1) 反映的是审计机关的最终意见，落款为派出审计组的审计机关 (2) 由审计机关按照公文发文字号编制规则编号
法律效力	内部审计文书，并应当征求被审计对象的意见	具有法律效力的审计文书，应当送达被审计单位

（二）基本要素

①标题；②文号；③被审计单位名称；④审计项目名称；⑤内容；⑥审计机关名称；⑦签发日期。

（三）内容

①审计依据；②实施审计的基本情况；③被审计单位基本情况；④审计评价意见；⑤以往审计决定执行情况和审计建议采纳情况；⑥审计发现的被审计单位违反国家规定的财政收支、财务收支行为和其他重要问题的事实、定性、处理处罚意见以及依据的法律法规和标准；⑦审计发现的移送处理事项的事实和移送处理意见；⑧针对审计发现的问题，根据需要提出的改进建议；⑨审计期间被审计单位对审计发现的问题已经整改的，审计报告还应当包括有关整改情况。

【经典真题·多项选择题】下列属于我国国家审计报告内容的有（　　）。

A. 审计评价意见
B. 审计发现的移送处理事项的事实和移送处理意见
C. 以往审计决定的执行情况
D. 被审计单位对审计发现问题的整改情况
E. 审计报告签发日期

【答案及解析】ABCD　国家审计时审计报告签发日期是国家审计报告的基本要素。

（四）撰写要求

（1）在形式结构方面，应格式规范、结构合理、逻辑严谨。
（2）在内容表达方面，应事实清楚、证据确凿、结论正确。
（3）在行文用语方面，应行文简练、概念准确、用词适当。

（五）审计决定书

它既是审计机关向被审计单位传达处理、处罚决定的法律文书，又是要求被审计单位强制执行的依据。

（1）审计决定书的内容。

（2）审计处理处罚措施：①限期缴纳应当上缴的款项；②责令限期退还被侵占的国有资产；③责令限期退还违法所得；④责令按照国家统一的会计制度的有关规定进行处理；⑤其他处理措施。

处罚的种类：警告、通报批评、罚款、没收违法所得；依法采取的其他处罚措施。

（3）审计人员提出处理处罚意见的考虑因素：①法律法规的规定；②审计职权范围；③问题的性质、金额、情节、原因和后果；④对同类问题处理处罚的一致性；⑤需要关注的其他因素。

（4）被审计单位不服审计决定的救济途径：一是被审计单位对审计机关做出的有关财政收支的审计决定不服的，可以提请审计机关的本级人民政府裁决，本级人民政府的裁决为最终决定。二是根据《审计法》规定，上级审计机关认为下级审计机关做出的审计决定违反国家有关规定的，可以责成下级审计机关予以变更或者撤销，必要时也可以直接做出变更或者撤销的决定。

【经典真题·多项选择题】被审计单位对审计机关做出的有关财务收支的审计决定不服，可以采取的救济途径有（　　）。

A. 申请听证　　　　　　　　B. 申请行政复议
C. 提起行政诉讼　　　　　　D. 不执行审计决定
E. 提请人民政府裁决

【答案及解析】BC　被审计单位对审计机关做出的有关财务收支的审计决定不服的，可以依法申请行政复议或者提起行政诉讼。被审计单位对审计机关做出的有关财政收支的审计决定不服的，可以提请审计机关的本级人民政府裁决，本级人民政府的裁决为最终决定。

（六）国家审计报告和审计决定书的编审程序（与第四章相似）（中级要求熟悉，初级要求了解）

编审程序：征求意见→复核→审理→审定→签发→公布。

（七）审计结果公布（中级要求掌握，初级要求熟悉）

（1）审计机关公布审计结果的内容。

（2）不得公布的信息：涉及国家秘密、商业秘密的信息；正在调查、处理过程中的事项；依照法律法规的规定不予公开的其他信息。

涉及商业秘密的信息，经权利人同意或者审计机关认为不公布可能对公共利益造成重大影响的，可以予以公布。

【经典真题·多项选择题】审计机关在公布审计结果时，可以公布的信息有（　　）。
A. 审计评价意见
B. 被审计单位的整改情况
C. 正在处理过程中的事项
D. 涉及商业秘密的信息
E. 处理处罚决定及审计建议

【答案及解析】ABE　审计机关公布审计结果时，不得公布下列信息：①涉及国家秘密、商业秘密的信息；②正在调查、处理过程中的事项；③依照法律法规的规定不予公开的其他信息。

（八）审计结果报告和审计工作报告（中级要求掌握，初级要求熟悉）

1. 审计结果报告

审计结果报告是指审计机关依照法律规定，每年向政府首长和上一级审计机关提出的，关于上一年度审计本级预算执行情况和其他财政收支情况结果的报告。

审计结果报告的主要内容包括：本级预算执行和其他财政收支的基本情况；审计机关对本级预算执行和其他财政收支情况做出的审计评价；本级预算执行和其他财政收支中存在的问题以及审计机关依法采取的措施；审计机关提出的改进本级预算执行和其他财政收支管理工作的建议；本级人民政府要求报告的其他情况。

2. 审计工作报告

审计工作报告是指审计机关依照法律规定，受本级人民政府委托，向本级人大常委会提出的关于审计上一年度本级预算执行和其他财政收支审计工作情况的报告。

审计工作报告的主要内容包括：开展本年度预算执行审计工作的基本情况；对本级预算执行情况的总体评价；本级预算执行中存在的主要问题及纠正和处理情况；审计后政府及各部门（单位）的整改情况；加强预算管理的意见；人大常委会要求报告的其他事项。

考点四　内部审计的审计报告

（一）含义

内部审计时审计报告是指内部审计人员根据审计计划对被审计单位实施必要的审计程序后，就被审计事项做出审计结论，提出审计意见和审计建议的书面文件。

（二）内部审计报告的基本要素

①标题；②收件人；③正文；④附件；⑤签章；⑥报告日期；⑦其他事项。

（三）内部审计报告的主要内容

内部审计报告的主要内容包括审计概况、审计依据、审计发现、审计结论、审计意见和审计建议。

（四）内部审计报告的编制、复核与报送（中级要求熟悉，初级要求了解）

审计组实施必要的审计程序后，编制审计报告；征求被审计单位意见；有异议的，审计项目负责人及相关人员应当核实，必要时修改审计报告。

修改后，应当连同被审计单位的反馈意见及时报送内部审计机构负责人复核。

内部审计机构应当将审计报告提交被审计单位和组织适当管理层，并要求被审计单位在规定的期限内落实纠正措施。

已经出具的审计报告如果存在重要错误或者遗漏，内部审计机构应当及时更正，并将更正后的审计报告提交给原审计报告接收者（再次修订）。

内部审计机构应当将审计报告及时归入审计档案，妥善保存。

【经典真题·单项选择题】下列有关内部审计报告的表述中，错误的是（　　）。

A. 应当在正式出具之前征求被审计单位意见
B. 应当提交被审计单位管理层，并要求在规定的期间内整改
C. 应当包括针对被审计单位经营活动和内部控制权限提出审计建议
D. 应当清楚表达被审计单位财务报表的意见，并向社会公开审计结果

【答案及解析】D　内部审计组应当及时编制审计报告并征求被审计对象的意见。内部审计机构应当将审计报告提交被审计单位和组织适当管理层，并要求被审计单位在规定的期限内落实纠正措施。内部审计报告包括审计建议，是针对审计发现的主要问题提出的改善业务活动、内部控制和风险管理的建议。

【经典真题·单项选择题】下列有关内部审计报告编制、复核和分发程序的表述，正确的是（　　）。

A. 审计组编制审计报告后不需要征求被审计单位的意见
B. 内部审计机构负责人在进行复核时不考虑被审计单位的反馈意见
C. 内部审计机构不要求被审计单位落实纠正措施
D. 已经出具的审计报告如果存在重要错误或者遗漏，内部审计机构应当及时更正

【答案及解析】D　审计组应当在实施必要的审计程序后，及时编制审计报告，并征求被审计对象的意见；修改后，应当连同被审计单位的反馈意见及时报送内部审计机构负责人复核；内部审计机构应当将审计报告提交被审计单位和组织适当管理层，并要求被审计单位在规定的期限内落实纠正措施。已经出具的审计报告如果存在重要

错误或者遗漏，内部审计机构应当及时更正，并将更正后的审计报告提交给原审计报告接收者；内部审计机构应当将审计报告及时归入审计档案，妥善保存。

考点五　社会审计的审计报告

（一）含义

社会审计的审计报告是指注册会计师根据审计准则的规定，在执行审计工作的基础上，对财务报表发表审计意见的书面文件。

（二）社会审计报告的基本要素

①标题；②收件人；③审计意见；④形成审计意见的基础；⑤管理层对财务报表的责任；⑥注册会计师对财务报表审计的责任；⑦按照相关法律法规的要求报告的事项；⑧项目合伙人和另一名负责该项目的注册会计师签名和盖章；⑨会计师事务所的名称、地址，并加盖会计师事务所的公章；⑩报告日期。

【经典真题·单项选择题】不属于社会审计报告的基本要素的是（　　）。

A. 审计依据　　　　　　　　　　B. 审计意见

C. 形成审计意见的基础　　　　　D. 管理层对财务报表的责任

【答案及解析】A　社会审计报告的基本要素应当包括：标题；收件人；审计意见；形成审计意见的基础；管理层对财务报表的责任；注册会计师对财务报表审计的责任；按照相关法律法规的要求报告的事项；项目合伙人和另一名负责该项目的注册会计师签名和盖章；会计师事务所的名称、地址，并加盖会计师事务所的公章；报告日期。

（三）标准审计报告

注册会计师出具的，不含有说明段、强调事项段、其他事项段或其他任何修饰性用语的无保留意见的审计报告。（没有任何重大错误和舞弊且不需要提及任何事项）

此外，包含其他报告责任段，但不含有强调事项段或其他事项段的无保留意见的审计报告，也被称为标准审计报告。

（四）非标准审计报告

带强调事项段或其他事项段的无保留意见的审计报告和非无保留意见的审计报告。

1. 带强调事项段或其他事项段的无保留意见的审计报告

同时满足下列条件时，注册会计师应当在审计报告中增加强调事项段：①该事项不会导致注册会计师发表非无保留意见；②该事项未被确定为在审计报告中沟通的关键审计事项。

强调事项段的报告处理，注册会计师应当采取下列措施：①将强调事项段作为单独的一部分置于审计报告中，并使用包含"强调事项"这一术语的适当标题；②明确提及被强调事项以及相关披露的位置，以便能够在财务报表中找到对该事项的详细描述；③指出审计意见没有因该强调事项而改变。

其他事项段的认定：如果认为有必要沟通虽然未在财务报表中列报或披露，但根据职业判断认为与财务报表使用者理解审计工作、注册会计师的责任或审计报告相关的事项，在同时满足下列条件时，注册会计师应当在审计报告中增加其他事项段：①未被法律法规禁止；②当《中国注册会计师审计准则第1504号——在审计报告中沟通关键审计事项》适用时，该事项未被确定为在审计报告中沟通的关键审计事项。

2. 非无保留意见的审计报告

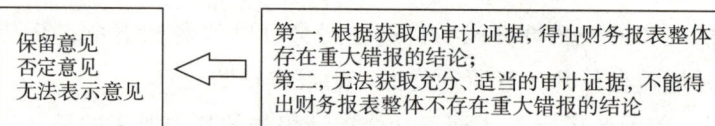

图2-1-11 非无保留意见的审计报告的结论

表2-1-9 不同类型非无保留意见的审计报告比较

意见类型	财务报表整体存在重大错报的状况	获取充分、适当的审计证据的程度
保留意见（条件二选一）	错报单独或汇总起来对财务报表影响重大，但不具有广泛性	未发现的错报对财务报表可能产生的影响重大，但不具有广泛性
否定意见	错报单独或汇总起来对财务报表的影响重大且具有广泛性	—
无法表示意见	—	未发现的错报对财务报表可能产生的影响重大且具有广泛性

在该部分对导致发表非无保留意见的事项进行描述：

情形一：与具体金额相关的重大错报。

注册会计师应当在形成审计意见的基础部分说明并量化该错报的财务影响。如果无法量化财务影响，注册会计师应当在该部分说明这一情况。

情形二：存在与叙述性披露相关的重大错报。

注册会计师应当在形成审计意见的基础部分解释该错报错在何处。

情形三：存在与应披露而未披露信息相关的重大错报。

注册会计师应当：与治理层讨论未披露信息的情况；在形成审计意见的基础部分描述未披露信息的性质；如果可行并且已针对未披露信息获取了充分、适当的审计证据，在形成审计意见的基础部分包含对未披露信息的披露，除非法律法规禁止。

情形四：无法获取充分、适当的审计证据而导致发表非无保留意见。

注册会计师应当在形成审计意见的基础部分说明无法获取审计证据的原因。

【经典真题·单项选择题】注册会计师发现财务报表存在重大错报但被审计单位拒

绝更正，注册会计师应当根据错报的严重程度出具审计报告的意见类型是（　　）。

A. 无法表示意见　　　　　　　　B. 保留意见或否定意见

C. 保留意见或无法表示意见　　　D. 带强调事项段的无保留意见

【答案及解析】B　注册会计师认为错报单独或汇总起来对财务报表影响重大但不具有广泛性出具保留意见，认为错报单独或汇总起来对财务报表的影响重大且具有广泛性应当发表否定意见。

【经典真题·单项选择题】被审计单位做出了不恰当会计估计，但所涉及金额远远低于重要性水平。在不考虑其他因素的情况下，注册会计师应出具的审计报告类型是（　　）。

A. 保留意见的审计报告　　　　　　B. 否定意见的审计报告

C. 无保留意见的审计报告　　　　　D. 带强调事项段的无保留意见的审计报告

【答案及解析】C　当所涉金额远远小于重要性水平时，可以出具无保留意见的审计报告。

【本章易错题分析】

1.【例题·单项选择题】下列关于审计报告的说法中，正确的是（　　）。

A. 审计报告应详细记录审计过程和结果

B. 国家审计、内部审计和社会审计的审计报告具有相同的法律效力

C. 社会审计报告分为标准审计报告和非标准审计报告

D. 审计报告是社会经济信息的客观反映

【答案及易错分析】C　本题易错选 B 选项。国家审计、内部审计和社会审计的审计报告具有不同的法律效力。

2.【经典真题·多项选择题（中级）】下列各项中，注册会计师可能认为需要在审计报告中增加强调事项段的情形有（　　）。

A. 异常诉讼的未来结果存在不确定性

B. 错报汇总起来对财务报表影响重大且具有广泛性

C. 错报汇总起来对财务报表影响重大但不具有广泛性

D. 存在持续对被审计单位财务状况产生重大影响的特大灾难

E. 在允许的情况下提前应用对财务报表有广泛影响的新会计准则

【答案及易错分析】ADE　本题易错选 B 选项和 C 选项。B 选项和 C 选项应当考虑对审计意见的影响，而不是增加强调事项段。注册会计师可能认为需要增加强调事项段的情形如下：①异常诉讼或监管行动的未来结果存在不确定性；②提前应用（在允

许的情况下）对财务报表有广泛影响的新会计准则；③存在已经或持续对被审计单位财务状况产生重大影响的特大灾难。

3. 【经典真题·多项选择题（中级）】根据《中华人民共和国审计法》和《中华人民共和国审计法实施条例》的规定，各级地方审计机关对本级预算执行情况进行审计后，应当将审计结果报告提交给（　　）。

　　A. 本级人民政府　　　　　　　　B. 本级人大
　　C. 本级人大常委会　　　　　　　D. 上一级审计机关
　　E. 全国人大常委会

【答案及易错分析】AD　本题易错选 C 选项。审计结果报告是审计机关依照法律规定，每年向政府首长和上一级审计机关提出的报告。

4. 【经典真题·多项选择题（中级）】下列有关审计报告的表述，正确的有（　　）。

　　A. 内部审计机构在实施审计后通常撰写简式审计报告
　　B. 我国国家审计机关在实施审计后撰写的是简式审计报告
　　C. 审计报告复核是审计质量控制措施之一
　　D. 国家审计报告是国家审计机关向被审计单位做出审计决定的依据
　　E. 注册会计师签发的审计报告是具有法律效力的证明文件

【答案及易错分析】CDE　本题易错选 A 选项。简式审计报告通常用于注册会计师实施的财务报表审计。

5. 【例题·多项选择题】下列属于内部审计报告正文主要内容的有（　　）。

　　A. 审计范围　　B. 审计结论　　C. 审计决定　　D. 审计建议
　　E. 审计整改情况

【答案及易错分析】ABCD　本题易错选 E 选项。内部审计报告正文的主要内容包括审计概况、审计依据、审计结论、审计决定和审计建议。

第十章　绩效审计

【大纲解读】

（一）绩效审计概述

1. 熟悉绩效审计的含义
2. 熟悉绩效审计的特点

（二）绩效审计程序

熟悉绩效审计程序各个阶段的相关内容（初级要求了解）

(三) 绩效审计方法

了解绩效审计中常用的数据（信息）收集方法和数据（信息）分析方法

【考情分析】

本章与其他章节联系不大，考试题型为单项选择题、多项选择题，试卷分值为 2～3 分。

主要考点：本章介绍了绩效审计，绩效审计是在国家审计和内部审计领域越来越普遍开展的审计业务类型。

【知识结构图】

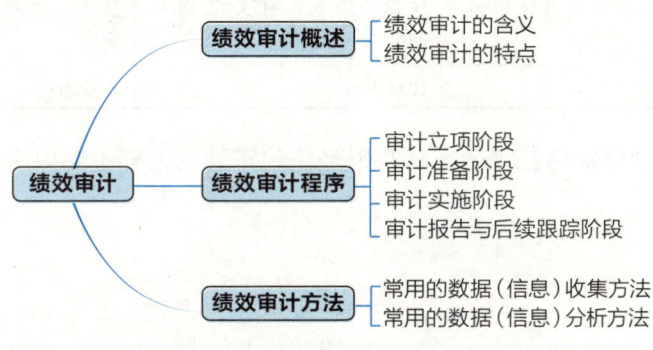

图 2-1-12 "绩效审计"知识结构

【考点精编】

考点一　绩效审计的含义

绩效审计是指对被审计单位（或审计项目）资源管理和使用的有效性进行检查和评价的活动。这里的"有效性"主要包括下列四个方面：

（1）经济性是指投入是否节约。
（2）效率性是指产出与投入之间的关系，即支出是否讲究效率。
（3）效果性是指是否达到目标。
（4）合规性是指对有关政策、规章和制度（合同、协议）的遵循情况。

【经典真题·单项选择题】是否达到目标，是指绩效审计"有效性"的（　　）。

A. 经济性　　　　B. 效率性　　　　C. 效果性　　　　D. 合规性

【答案及解析】C　"有效性"主要包括下列四个方面：①经济性，投入是否节约；②效率性，是指产出与投入之间的关系，即支出是否讲究效率；③效果性，是否达到目标；④合规性，是指对有关政策、规章和制度（合同、协议）的遵循情况。

考点二　绩效审计的特点

表 2-1-10　绩效审计、财政财务审计和财经法纪审计比较

项目	绩效审计	财政财务审计	财经法纪审计
审计目标	对资源管理和使用的有效性发表审计意见，审计目标具有多样性和灵活性	对财政财务收支及有关经济活动的真实性和合法性进行的审计	对严重违反财经法纪的行为所进行的专案审计
审计范围	可能使用对未来情况进行的分析和预测，提出改进建议	对历史的财务信息进行的审查和评价	对历史的财务信息进行的审查和评价
评价标准	与每个项目具体目标相关，各不相同	法律、法规、有关准则和制度	法律、法规、有关准则和制度
审计方法	无法固定	比较固定	比较固定

【经典真题·多项选择题】绩效审计与财经法纪审计的差异主要体现在（　　）。

A. 审计目标　　　　　　　　　B. 审计方法
C. 评价标准　　　　　　　　　D. 审计质量控制要素
E. 审计独立性要求

【答案及解析】ABC　绩效审计与财政财务审计和财经法纪审计相比，其差异和特点主要体现在：审计目标、审计范围、评价标准和审计方法。

考点三　绩效审计程序

绩效审计的过程主要包括审计立项、审计准备、审计实施和审计报告与后续跟踪四个阶段。（主要关注前两项）（中级要求熟悉，初级要求了解）

（一）审计立项阶段

1. 选择绩效审计项目应考虑的因素

①预计的审计效果；②资金规模；③管理风险；④影响力；⑤审计成本和可操作性。

【经典真题·单项选择题】下列关于选择绩效审计项目应考虑因素的表述，正确的是（　　）。

A. 公众关注程度越低的项目，被选作绩效审计项目的机会越大
B. 缺乏统一明确评价标准的项目，被选作绩效审计项目的机会越大
C. 项目的管理风险越小，被选作绩效审计项目的机会越大
D. 项目的资金规模越大，被选作绩效审计项目的机会越大

【答案及解析】 D 预计的审计效果越大，被选择作为审计项目的机会越大。资金规模越大，被选择作为绩效审计项目的机会越大。管理风险越大，被选中作为绩效审计项目的机会越大。影响力强的审计项目容易被选中作为绩效审计项目。审计成本和可操作性强的绩效审计项目，容易被选中作为绩效审计项目。

2. 选择和确定绩效审计项目的步骤

（1）确定可选择的绩效审计项目。

（2）收集有关备选绩效审计项目的相关信息。

（3）根据收集的相关信息，对于每个备选项目进行综合考虑，确定绩效审计项目的优先次序。

（二）审计准备阶段

就单个绩效审计项目而言，审计准备阶段需要做的主要工作有：初步调查了解审计事项；确定审计目标和范围、重点；确定审计评价标准；设计审计方法体系；编制审计方案。

与财政财务审计不同的是，绩效审计的准备阶段需要确定审计目标和审计标准。

确定绩效审计的评价标准是绩效审计的关键问题。适当的评价标准应该具备可靠性、客观性、相关性、代表性、明确性、可比性、可获得性等特征。

【经典真题·多项选择题】下列选项中，属于绩效审计准备阶段工作的有（　　）。

A. 收集有关备选绩效审计项目的相关信息

B. 初步调查了解审计事项

C. 确定可选择的绩效审计项目

D. 确定审计评价标准

E. 设计审计方法体系并编制审计方案

【答案及解析】 BDE 审计准备阶段需要做的主要工作有：初步调查了解审计事项；确定审计目标和范围、重点；确定审计评价标准；设计审计方法体系；编制审计方案。

（三）审计实施阶段

审计实施阶段的主要工作是收集充分可靠的审计证据，并对收集的证据进行分析和归纳整理。

（四）审计报告与后续跟踪阶段

审计报告和后续跟踪阶段的主要工作内容与财政财务审计没有大的差别。

考点四　绩效审计方法

（一）常用的数据（信息）收集方法

（1）审阅——最基本、最直接的方法。

（2）观察——实地观察。

（3）访谈。

结构化访谈——常用的收集数据（信息）的方法，是指利用数据采集工具（DCI）通过电话或面对面访谈的方式收集数据（信息）的方法。

结构化访谈的优点：访谈结果量化方便，可做统计分析；可以自由选择对象；可以询问比较复杂的问题；可选择某些特定问题做深入的调查。

结构化访谈的缺点：对访谈人员要求高；需要较多人力、物力和时间；受访谈者心理因素和环境因素的影响。

（4）问卷调查。

问卷调查主要用于收集其他方式不易获得并且对于证实观点具有重要参考价值的信息。

（5）文献研究——关注资料内容的可靠性。

文献研究的途径包括：历史文献资料、统计资料、网络文献。

（6）准试验法。

【经典真题·单项选择题】在数据收集方法中最基本、最直接的方法是（ ）。

A. 观察法　　　　B. 访谈法　　　　C. 问卷调查法　　　　D. 审阅法

【答案及解析】D　数据的收集方法有：审阅法、观察法、访谈法、问卷调查法、文献研究法、准试验法。其中，审阅法是最基本、最直接的方法。

（二）常用的数据（信息）分析方法

1. 定量分析法

定量分析法也称作数据分析。包括比率分析、比较分析、时间序列分析、描述性统计分析、成本效益分析法、回归分析、成本效果法、价值分析、目标评价、目标成果法、事前事后法、标杆法、评分法。

【经典真题·单项选择题】下列各项中，属于绩效审计中常用的定量分析方法的是（ ）。

A. 内容分析法　　B. 成本效果法　　C. 程序分析法　　D. 逻辑模型法

【答案及解析】B　绩效审计常用的定性分析的方法有内容分析法、程序分析法、案例研究、逻辑模型法。故 A 选项、C 选项、D 选项不选。

2. 定性分析法

定性分析法包括内容分析法、程序分析法、案例研究、逻辑模型法。

【经典真题·单项选择题】下列有关绩效审计方法的表述中，正确的是（ ）。

A. 逻辑模型法可以帮助审计人员了解被审计单位的职责
B. 案例研究法适合获取关于某一具体问题或主题的量化信息
C. 评分法将定性与定量评价相结合可以克服单纯财务评价的某些缺陷
D. 结构化访谈可以包括很多开放式的问题，但是不能自由选择调查对象

【答案及解析】C 结构化访谈可以向很多个体或代表提出相同的问题和相同的答案选项，非结构化访谈则包括很多开放式的问题，其可以自由选择调查对象，也能问一些比较复杂的问题，并选择性地对某些特定问题做深入调查。案例研究是审计人员选择一些或某一个特定案例进行研究，说明审计事项的一般性问题，或者对审计事项中的复杂问题进行深入的理解和说明。逻辑模型法适用于审计准备阶段对审计事项的了解和分析，但无法帮助审计人员了解被审计单位的职责，也无助于审计人员对舞弊和违法行为的审查。评分法是一种综合效益评价方法，将定性评价和定量评价结合起来，可以克服单纯财务评价的某些缺陷；它还可用于单纯的定性评价，关键是要建立评价体系或模型。

【经典真题·多项选择题】下列各项中，属于绩效审计常用定性分析方法的有(   )。
A. 内容分析法   B. 价值分析法
C. 回归分析法   D. 程序分析法
E. 逻辑模型法

【答案及解析】ADE 绩效审计中常见的定性分析方法：内容分析法、程序分析法、案例研究、逻辑模型法。B选项和C选项属于定量分析方法。

【本章易错题分析】

1.【经典真题·多项选择题（初级）】我国绩效审计是对被审计单位资源管理和使用的有效性进行检查和评价的活动，其中"有效性"的含义包括(   )。
A. 经济性   B. 效率性
C. 效果性   D. 合规性
E. 充分性

【答案及易错分析】ABCD 本题易漏选D选项。"有效性"包括经济性、效率性、效果性和合规性。

2.【经典真题·多项选择题（中级）】下列各项中，可用作绩效审计评价标准的有(   )。
A. 国家有关政策   B. 具体行业标准
C. 审计人员的观点   D. 国家法律法规
E. 被审计单位编制的预算

【答案及易错分析】ABDE 本题易漏选E选项。

3.【例题·多项选择题】选择绩效审计项目应考虑的因素有(   )。
A. 预计的审计效果   B. 项目经营成果

C. 审计人员知识结构　　　　D. 项目资金规模
E. 项目影响力

【答案及易错分析】ACDE　本题易漏选 C 选项。选择绩效审计项目应考虑的因素包括预计的审计效果、资金规模、管理风险、影响力、审计成本和可操作性，C 选项属于可操作性范畴。

第十一章　计算机审计

【大纲解读】

（初级只要求学习第一节）

（一）计算机审计概述

1. 熟悉计算机审计的含义、基本过程以及计算机对审计的影响

2. 了解常见的计算机审计软件

（二）电子数据审计（初级不要求）

了解电子数据审计的过程及相关内容

（三）信息系统审计（初级不要求）

1. 了解信息系统审计的概念、目标、开展方式和内容

2. 了解信息系统审计的技术方法

【考情分析】

本章与其他章节联系不大，试卷分值为 2~3 分。

主要考点：计算机审计是在信息技术环境下发展的审计技术方法的总称，是在信息技术迅猛发展的背景下发展起来的，主要介绍电子数据审计和信息系统审计。

【知识结构图】

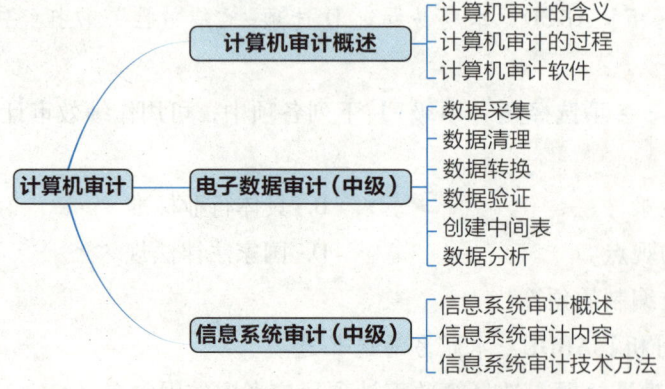

图 2-1-13　"计算机审计"知识结构

【考点精编】

考点一 计算机审计的含义

从广义上来看，计算机审计是在信息技术环境下发展的审计技术方法的总称；从狭义上来看，计算机审计可以包括对计算机产生的电子数据的审计以及对信息系统本身的审计。

计算机对审计的影响可以分为两个方面，既有对审计对象客体的影响，又有对审计自身的影响。

（1）审计对象已不再是纸质的凭证、账簿和报表，而表现为存储在计算机中的电子数据，这些电子数据具有无形性、易修改、不留审计线索的特点。

（2）信息系统由于成为信息处理的主要方式，其本身的合法性、安全性、可靠性变得越来越重要，因此也成为审计对象重要的组成部分。

【经典真题·多项选择题】下列关于计算机审计的表述，正确的有（　　）。

A. 计算机审计不需要审查纸质材料
B. 计算机审计的审计内容与传统审计不完全一致
C. 计算机审计的审计对象既包括电子数据，又包括信息系统
D. 计算机审计不需要进行内部控制测试
E. 计算机审计的基本过程与传统审计是一致的

【答案及解析】BCE　A 选项，计算机审计包括对电子数据和信息系统本身的审计中涉及纸质资料的检查。D 选项，信息系统审计包括对信息系统内部控制的审计。

考点二 计算机审计的过程

计算机审计的基本过程与传统审计是一致的，同样可以分为审计准备阶段、审计实施阶段和审计终结阶段，但是每一个阶段的具体内容有所不同。

【经典真题·单项选择题】下列各项中，属于计算机审计实施阶段工作的是(　　)。

A. 了解计算机系统在组织机构内部的分布和应用
B. 根据审计目标和重要性程度确定应当详细调查的子系统
C. 对被审计单位的电子数据进行清理、转换和验证
D. 基于所创建的审计中间表分析发现问题线索并进行核查取证

【答案及解析】D　A 选项、B 选项、C 选项均属于计算机审计准备阶段的工作。

考点三　计算机审计软件

（1）根据审计适用的专业领域不同，可以划分为通用审计软件和专业审计软件。

（2）根据是否采用联网审计技术，可以划分为传统的非联网审计软件和联网审计软件。

（3）根据是否覆盖了审计全过程，可以划分为一般审计软件和审计全过程管理的审计软件。

考点四　电子数据审计（初级不做要求）

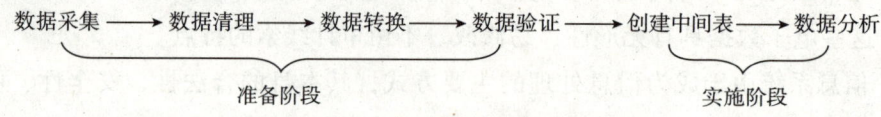

图2-1-14　电子数据审计的过程

（一）数据采集

1. 数据采集的概念

数据采集是指根据审前调查所提出的数据需求，按照审计目标，采取一定的方法和工具对被审计单位数据库中的数据进行采集的工作。

2. 数据采集的特征——选择性和目的性

3. 数据采集的内容

4. 数据采集的方式

①直接复制和直接读取；②利用嵌入审计模块采集数据；③利用财务软件标准接口采集数据；④网上采集；⑤文件传输；⑥开放数据库互连（ODBC）。

5. 数据采集的过程

①发出数据需求说明书；②采集数据；③数据验证。审计人员应对被采集数据的真实性和完整性进行验证。

【经典真题·单项选择题】下列各项中，属于数据采集工作内容的是（　　）。

A. 数据转换　　　　　　　　　　B. 数据清理
C. 数据验证　　　　　　　　　　D. 递交数据需求通知书

【答案及解析】C　数据采集过程包括：发出数据需求说明书、采集数据、数据验证。

（二）数据清理

1. 数据清理的概念和作用

数据清理是对所采集到的被审计单位的源数据，进行一系列的操作，使之规范化的过程。

2. 数据不规范的情形

①数据值缺失；②数据值为空；③冗余数据；④数据值明显错误；⑤其他不规范的地方。

3. 数据清理的方法

①利用通用软件提供的功能进行清理；②通过 SQL 语句进行清理；③利用审计及办公软件提供的功能进行清理。

4. 数据清理的过程

（三）数据转换

1. 数据转换的概念

数据转换是指对数据清理后得到的数据进行语法和语义上的转换，得到适合审计分析数据的过程。

2. 数据转换的情形

①数据类型不一致；②数据格式不一致；③字段名和字段不能一一对应；④事先设定的代码；⑤数据库加密措施。

3. 数据转换的方法

①使用数据转换工具；②使用 SQL 语句；③使用程序语句。

4. 数据转换的过程

（四）数据验证

1. 数据验证的概念

数据验证是指在数据的采集、清理、转换等过程中，对数据进行检查，验证其真实性、准确性和完整性等目标的过程。

2. 数据验证的方法

①通过核对总记录数和总金额数来验证；②通过观察顺序码的断号和重号来进行验证；③通过会计的勾稽关系来进行验证。

（五）创建中间表

中间表是将被审计单位的电子数据，在进行清理、转换和验证后，进一步进行投影、连接等操作，创建的适合审计人员进行数据分析的表。

中间表的特点：一是"面向主题"；二是"面向历史"。

中间表的分类：中间表可以分为基础性中间表和分析性中间表。

中间表创建步骤：准备工作，创建中间表，验证。

（六）数据分析

1. 数据分析的概念

数据分析是指通过建立审计分析模型对数据进行核对、检查、复算、判断等操作，将被审计单位数据的现实状态与理想状态进行比较，从而发现审计线索，搜集审计证据的过程。

2. 数据分析的类型

根据分析对象的不同，可以分为总体分析和具体分析。

3. 建立审计分析模型的依据

①根据业务数据的勾稽关系进行建模；②根据业务逻辑进行建模；③根据法律法规进行建模；④根据审计人员自身经验来进行建模。

4. 审计取证

数据分析完成后，应针对分析得到的问题和线索，进行审计取证。审计取证可以采取直接和间接两种方式。

考点五 信息系统审计（初级不做要求）

（一）信息系统审计概述

1. 信息系统审计的概念

信息系统审计指的是对用于经营决策、业务管理和财务核算的（组成部分）信息系统及其内部控制措施以及信息系统生命周期进行的审计。

2. 信息系统审计的目标

总目标：通过对信息系统本身的安全性、可靠性、有效性和效率性等进行评价，从而合理保证信息系统所产生数据的准确性、完整性，最终促进企业资产安全、完整以及企业总目标的实现。

3. 信息系统审计在国家审计中的开展方式

一种是纳入传统审计的框架，另一种是独立的信息系统审计。

（二）信息系统审计内容

信息系统审计的内容主要由信息系统内部控制审计、信息系统组成部分审计以及信息系统生命周期审计所组成。

1. 信息系统内部控制审计

（1）一般控制审计：组织控制审计、信息系统的开发维护控制审计、安全控制审计、软硬件控制审计。

（2）应用控制审计：输入控制审计、处理控制审计、输出控制审计。

【经典真题·单项选择题】下列各项中，属于信息系统应用控制审计的是（　　）。

A. 对输入数据的准确性检验　　　　B. 对程序变更的规范、授权与跟踪

C. 对系统数据的定期备份　　　　　D. 对程序和数据访问的控制

【答案及解析】A　应用控制审计包括：输入控制审计、处理控制审计、输出控制审计。

2. 信息系统组成部分的审计

从信息系统的组成来看，信息系统是由人、计算机硬件、系统软件和应用软件所组成的计算机系统。

应用程序（软件）审计是主要内容，包括：应用程序的控制措施是否健全有效，应用程序的合法性，应用程序的正确性，应用程序的效率性。

3. 信息系统生命周期的审计

信息系统的生命周期包括信息系统的规划、开发、设计、编码、测试等全过程。

（三）信息系统审计技术方法

信息系统审计过程与一般的审计过程一样，分为审计准备、审计实施和审计终结阶段。

【经典真题·单项选择题】下列有关信息系统测试方法的表述中，错误的是（   ）。

A. 虚拟实体法是对测试数据法的改良
B. 受控处理法测试的数据都是虚拟的数据
C. 平行模拟法的优点是不会干扰被审计单位信息系统的运行
D. 嵌入模块法只能审查事先考虑到的程序处理和控制功能有关的情况

【答案及解析】B 测试数据法是指审计人员设计一套虚拟的业务数据，将其输入到计算机中，观察比较输出是否与预期相符，可以测试计算机某个时点的数据；虚拟实体法是对测试数据法的改良，一般做法是在信息系统中建立虚拟的实体，然后将虚拟实体的有关数据与真实的运行数据一起输入信息系统进行处理；受控处理法是指审计人员对被审计单位的真实业务数据在处理之前先进行核实，核实之后在被审计单位的信息系统上监督处理或亲自处理；程序代码检查法是检查源程序代码的内部运行逻辑来发现所存在的问题。

【本章易错题分析】

1. 【经典真题·单项选择题（中级）】审计人员对所采集到的被审计单位的源数据，进行一系列的操作以使之规范化的过程称为（   ）。

   A. 数据清理   B. 数据转换   C. 数据验证   D. 数据分析

   【答案及易错分析】A 本题易错选 B 选项。数据清理是指审计人员对所采集到的被审计单位的源数据，进行一系列的操作以使之规范化的过程。而数据转换是指对被审计单位的源数据存在类型不一致、格式不一致的情况进行数据转换，使之形成适合审计分析的数据。

2. 【经典真题·单项选择题（中级）】下列有关信息系统审计技术方法的表述，正确的是（   ）。

   A. 调查了解信息系统不能采用询问、检查、观察等传统方法
   B. 描述信息系统的方法与常规审计中描述内部控制的方法不同
   C. 信息系统测试的方法是信息系统审计独有的
   D. 信息系统审计与常规审计在终结阶段有很大区别

【答案及易错分析】C 本题易错选 B 选项。信息系统了解和描述的方法在传统审计中同样有，但信息系统测试的方法是信息系统审计独有的。

3.【例题·单项选择题】审计人员设计一套虚拟的业务数据，将其输入被审计单位的信息系统中，观察比较运行结果是否与预期相符，这种测试方法是（　　）。

A. 嵌入审计模块法　　　　　　B. 平行模拟法
C. 测试数据法　　　　　　　　D. 虚拟实体法

【答案及易错分析】C 本题易错选 D 选项。虚拟实体法是对测试数据的改良，是在信息系统中建立虚拟实体，将虚拟实体的有关数据与真实的运行数据一起输入信息系统进行处理。

4.【经典真题·多项选择题（中级）】下列各项中，属于以电子数据为审计对象的审计准备阶段的工作的有（　　）。

A. 了解计算机系统在组织机构内部的分布和应用
B. 根据审计目标和重要性程度确定应当详细调查的子系统
C. 对被审计单位的电子数据进行清理、转换和验证
D. 通过一定的技术手段采集所需要的会计和业务数据
E. 基于所创建的审计中间表分析、发现问题线索并进行核查取证

【答案及易错分析】ABCD 本题易错选 E 选项。E 选项应当属于以电子数据为审计对象的审计实施阶段的工作。

5.【例题·多项选择题】下列各项中，属于信息系统一般控制审计的有（　　）。

A. 处理控制审计　　　　　　　B. 组织控制审计
C. 安全控制审计　　　　　　　D. 信息系统的开发维护控制审计
E. 软硬件控制审计

【答案及易错分析】BCDE 本题易错选 A 选项。A 选项属于信息系统中的应用控制审计。

第十二章　审计管理

【大纲解读】

（一）审计管理概述
掌握审计管理的含义、内容、特征和主客体

（二）审计计划管理
1. 掌握审计计划管理的含义
2. 熟悉审计计划的种类

3. 了解审计计划管理的内容

（三）审计质量管理

1. 掌握审计质量管理的含义和意义
2. 熟悉审计质量管理的内容与方式
3. 熟悉审计质量管理的方法（初级要求了解）

（四）审计风险管理

1. 掌握审计风险的含义和种类
2. 掌握审计风险的控制方法（初级要求熟悉）

（五）审计档案管理

熟悉审计档案管理的含义、职责和内容（初级要求了解）

（六）审计管理的基础工作

了解审计管理的基础工作

【考情分析】

本章试题主要以客观题形式出现，试卷分值为 3 分。

主要考点：本章简要介绍审计管理的四方面内容，规定性条款比较多。本章内容与第三章、第四章、第六章有一定联系。

【知识结构图】

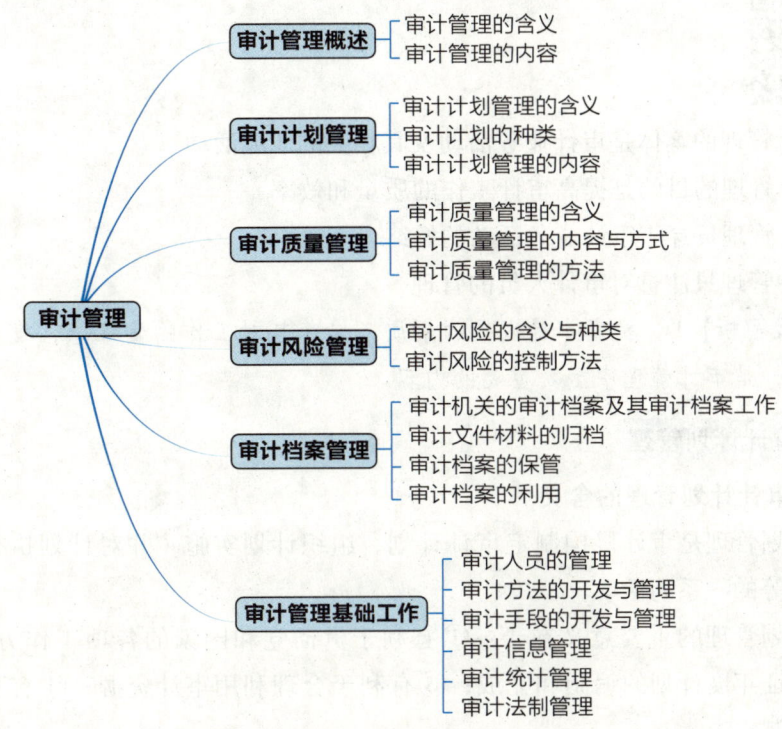

图 2-1-15 "审计管理"知识结构

【考点精编】

考点一　审计管理概述

（一）审计管理的含义

1. 审计管理的概念

所谓审计管理，是指审计机构为了实现既定的审计目标而进行的计划、决策、组织、指挥、协调和控制活动。它包括审计业务管理、审计行政管理、审计组织管理等。

2. 审计管理的主体和客体

审计管理的主体是国家审计机关、内部审计机构和社会审计组织。对于每一类审计组织而言，其管理主体是指它的决策机构或领导机构。审计管理的客体，即审计管理的对象，是指审计业务活动及其相关的职能活动。

3. 审计管理的特征

服从审计目标；注重对审计人员的管理；贯穿于审计业务活动的始终；其目的是提高审计工作的质量和效率。

（二）审计管理的内容

审计管理的内容包括：①审计计划管理；②审计质量管理；③审计风险管理；④审计档案管理。

【经典真题·单项选择题】下列关于审计管理的表述，错误的是（　　）。

A. 审计管理的客体是审计业务活动及其相关的职能活动

B. 审计管理的目的是提高审计工作的质量和效率

C. 审计管理贯穿于审计业务活动的始终

D. 审计管理只注重对审计人员的管理

【答案及解析】D　提高审计人员的素质，培养其对工作的责任感，发挥审计人员主观能动性，是审计管理中至关重要的内容。

考点二　审计计划管理

（一）审计计划管理的含义

审计计划管理是审计机构制定审计计划，组织计划实施，并对计划执行情况进行检查、考核等的一系列活动。

审计计划管理的重要意义在于：①有利于贯彻党和国家的各项工作方针、政策；②有利于保证年度计划的编制和完成；③有利于合理利用审计资源；④有利于落实审计工作责任制。

（二）审计计划的种类

按审计计划编制机构划分，可分为国家审计计划、内部审计计划和社会审计计划。

按计划期的长短划分，可分为长期审计计划（5年以上的审计计划）、中期审计计划（2~5年的审计计划）、短期审计计划（年度审计计划）。

按审计计划的作用不同，可分为审计项目计划（年度总计划）和审计方案。

（三）审计计划管理的内容

以审计机关年度审计项目计划为例，审计计划管理的内容包括：审计计划编制工作的管理、审计计划执行过程的控制，以及审计计划执行结果的检查和考核。

1. 审计计划编制工作的管理

（1）审计项目计划。

审计项目计划一般包含上级审计机关统一组织项目、授权项目、领导交办项目和自行安排项目等。

（2）审计项目计划编制的工作步骤与项目选择考虑因素。

审计机关按照下列步骤编制年度审计项目计划（与第四章相同）：

第一步，调查审计需求，初步选择审计项目；

第二步，对初选审计项目进行可行性研究，确定备选审计项目及其优先顺序；

第三步，评估审计机关可用审计资源，确定审计项目，编制年度审计项目计划。

（3）审计项目计划的内容与形式。

2. 审计计划执行过程的控制

审计项目计划执行的管理应是组织和控制计划的落实及对原计划的修改和补充。组织实施审计项目计划还应编制计划执行进度表。

（1）审计机关应当将年度审计项目计划下达审计项目组织和实施单位执行。

（2）年度审计项目计划一经下达，审计项目组织和实施单位应当确保完成，不得擅自变更。

（3）为了加强对审计计划执行的管理，审计机关实行审计项目计划执行报告制度。

3. 审计计划执行结果的检查和考核

对审计项目计划的检查和考核应按责任制分级进行。

（1）审计项目的审计小组自查；

（2）审计机构各部门的检查、考核，并做出总结；

（3）审计机关负责计划管理的部门加以总考核。

【经典真题·单项选择题】下列各项中，不应该调整审计机关年度审计项目计划的情形是（　　）。

A. 审计机关更换审计项目实施单位
B. 突发重大公共事件需要进行审计
C. 被审计单位要求调整审计目标和审计范围
D. 被审计单位发生重大变化导致原计划无法实施

【答案及解析】C 年度审计项目计划执行过程中，遇有下列情形之一的，应当按照原审批程序调整：本级政府行政首长和相关领导机关临时交办审计项目的；上级审计机关临时安排或者授权审计项目的；突发重大公共事件需要进行审计的；原定审计项目的被审计单位发生重大变化，导致原计划无法实施的；需要更换审计项目实施单位的；审计目标、审计范围等发生重大变化需要调整的等。

【经典真题·单项选择题】下列关于审计项目计划的表述，错误的是（　　）。
A. 审计项目计划是检查、评价审计机关工作任务完成情况的依据
B. 审计项目计划是审计机关按年度对审计项目和专项审计调查项目预先做出的统一安排
C. 审计项目计划应报本级政府行政首长和上一级审计机关批准
D. 审计项目计划应包括本级政府行政首长和相关领导机关要求审计的项目

【答案及解析】C 审计机关应当将年度审计项目计划报经本级政府行政首长批准并向上一级审计机关报告。

考点三　审计质量管理

（一）审计质量管理的含义

审计质量有两方面内容：一是指作为审计最终成果的审计报告的质量，二是指审计工作的质量。

审计工作质量是基础，它决定着审计报告的质量，而审计工作质量的优劣又要通过审计报告加以反映。

审计质量管理是审计管理的核心，加强审计质量管理的意义：①可以提高审计监督的权威性；②可以降低审计风险；③可以提高审计信息的质量，为国家宏观经济管理提供可靠的信息。

（二）审计质量管理的内容与方式

审计机关应当针对审计质量责任、审计职业道德、审计人力资源、审计业务执行、审计质量监控五方面（要素）开展质量管理。

审计质量管理的方式：①全面管理；②全过程管理；③外部管理和内部管理；④多层次管理。

（三）审计质量管理的方法（中级要求熟悉，初级要求了解）

1. 分层次分阶段质量控制法
2. 关键点质量控制法

所谓关键点是指对审计质量具有重大和直接影响的审计业务环节。关键点质量控

制法就是对列作关键点的环节和要素采取必要措施，对其进行重点监督和控制，通过确保关键点的审计质量来达到保证整个项目审计质量的目的。

3. 质量检查控制法

质量检查控制法就是专职或专门的检查小组（或人员）对正在进行的审计活动或已经结束的审计活动中的重要问题进行有目的的或例行的检查和评价。

考点四　审计风险管理

（一）审计风险的含义与种类

1. 审计风险的含义

广义的审计风险是指审计人员因做出错误审计结论和表达错误审计意见，从而导致审计组织和审计人员承担法律责任和相应经济损失的可能性。

审计风险的基本特征是：审计风险是客观存在的，不以审计人员的意志为转移；审计活动自始至终存在着审计风险；审计风险具有潜在性；审计风险是可以控制的。

2. 审计风险的分类

审计风险可分为固有风险、控制风险和检查风险，前两种风险也可合并称为被审计单位的重大错报风险。

从审计风险管理的角度还可将审计风险分为可控风险和不可控风险。

（1）可控风险——是指由审计机构或审计人员可控制的因素导致的审计风险。

（2）不可控风险——是指由审计机构或审计人员不能直接加以控制的不确定性因素所引发的审计风险。

（二）审计风险的控制方法（中级要求掌握，初级要求熟悉）

审计风险管理的目的在于控制审计风险，而控制审计风险关键在于采取一些行之有效的控制方法。

1. 自我保护法

提高审计人员的业务水平；遵守审计准则；深入了解被审计单位的基本情况和财务状况；签订业务约定书，取得管理当局说明书；保持审计的独立性；加强审计质量控制。

2. 风险回避法

审计人员应尽量回避风险大而自身又无法加以控制的审计项目。

3. 风险转移法

尽量分解引发风险的责任，将审计机构、被审计单位及其他相关单位应负的责任划分清楚。

4. 风险承受法

对于不可控的审计风险，审计人员应提高风险承受能力。比如建立风险基金制度，办理职业保险。

【经典真题·多项选择题】下列各项控制审计风险的方法中，属于自我保护法的有（　　）。

A. 保持审计独立性　　　　　　B. 充分分解引发风险的责任
C. 提高审计人员的业务水平　　D. 加强审计质量控制
E. 深入了解被审计单位基本情况和财务状况

【答案及解析】ACDE　风险转移法是指审计人员尽量分解引发风险的责任，将审计机构、被审计单位及其他相关单位应负的责任划分清楚。如分清审计人员与被审计单位管理部门的责任。

考点五　审计档案管理（中级要求熟悉，初级要求了解）

审计档案是指审计机关进行审计（含专项审计调查）活动中直接形成的对国家和社会具有保存价值的各种文字、图表等不同形式的历史记录。

审计档案是国家档案的组成部分。审计机关的审计档案管理工作，接受同级档案行政管理部门的监督和指导。

审计文件材料归档工作实行审计组组长负责制，组长应当确定立卷人。审计文件材料按审计项目立卷。审计项目案卷内，审计文件材料按照结论类、证明类、立项类、备查类四个单元进行排列。

【经典真题·单项选择题】下列有关审计机关审计档案的表述中，正确的是（　　）。
A. 删除审计项目组在项目最终完成时的合并交卷
B. 审计文件材料归档工作实行审计组组长负责制
C. 统一审计组当年完成的不同类型的审计项目可合并立卷
D. 审计复议案件的资料应并入审计项目档案中统一管理

【答案及解析】B　A选项，不能随便删除审计文件。C选项，审计文件材料按审计项目立卷，不同审计项目不得合并立卷。D选项，审计复议档案的文件材料由复议机构转单独立卷归档。

考点六　审计管理基础工作

审计管理的基础工作一般应包括：审计人员的管理、审计方法的开发与管理、审计手段的开发与管理、审计信息管理、审计统计管理、审计法制管理。

【本章易错题分析】

1. 【经典真题·多项选择题（初级）】下列关于审计管理的表述中，正确的有（　　）。
A. 审计管理是对审计活动进行的计划、组织、指挥、协调和控制
B. 审计管理的主体是国家审计机关
C. 审计管理贯穿审计业务活动的始终

D. 审计管理的内容因审计管理对象的不同而不同

E. 审计管理包括审计业务管理、审计行政管理、审计组织管理等

【答案及易错分析】ACDE 本题易错选 B 选项。审计管理主体包括国家审计机关、内部审计机构和社会审计组织。

2. 【经典真题·多项选择题（中级）】下列有关审计风险的表述，正确的有（ ）。

A. 审计风险仅存在于审计活动的计划和证据收集阶段

B. 固有风险和检查风险合并称为被审计单位的重大错报风险

C. 审计风险是客观存在的，但具有潜在性

D. 审计风险可以控制，但不能完全消除

E. 对于不可控的审计风险，审计人员应该提高风险承受能力

【答案及易错分析】CDE 本题易错选 B 选项。审计风险贯穿整个审计活动，固有风险和控制风险合并称为被审计单位的重大错报风险。

3. 【经典真题·单项选择题（中级）】下列有关国家审计计划管理的表述，正确的是（ ）。

A. 审计项目计划仅包括上级审计机关统一组织项目和授权项目

B. 审计署负责管理本级审计项目计划和县级以上地方审计机关审计项目计划

C. 本级政府行政首长和相关领导机关要求审计的项目应该纳入审计项目计划

D. 审计机关应将年度审计计划报经本级政府行政首长和上级审计机关批准

【答案及易错分析】C 本题易错选 D 选项。审计机关应将年度审计计划报经本级政府行政首长批准，并向上一级审计机关报告。

4. 【经典真题·多项选择题（初级）】下列各项中，属于国家审计机关编制年度审计项目计划时应作为必选项目的有（ ）。

A. 群众举报的项目   B. 被审计单位要求进行审计的项目

C. 法律法规规定每年应当审计的项目   D. 上级审计机关安排或授权的审计项目

E. 本级政府行政首长要求审计的项目

【答案及易错分析】CDE 本题易错选 A 选项。法律法规规定每年应当审计的项目、上级审计机关安排或授权的审计项目和本级政府行政首长要求审计的项目为必选审计项目，但 A 选项不是必选项目。

5. 【例题·多项选择题】审计质量管理的主要方面包括（ ）。

A. 审计质量责任   B. 审计职业道德   C. 审计人力资源   D. 审计业务执行

E. 审计质量监控

【答案及易错分析】ABCDE 本题易少选 C 选项。审计质量责任、审计职业道德、审计人力资源、审计业务执行和审计质量监控是审计质量管理的主要方面。

第二部分　企业财务审计

第一章　销售与收款循环审计

【大纲解读】

（一）业务循环的性质

1. 掌握销售与收款循环中的主要内部控制措施
2. 熟悉销售与收款循环的业务流程
3. 了解销售与收款循环中的主要文件

（二）业务循环内部控制测评和审计目标

1. 掌握销售与收款循环内部控制测评的步骤与方法
2. 掌握销售与收款循环的审计目标（初级要求熟悉）

（三）营业收入审计

掌握营业收入审计的方法与内容

（四）应收款项和其他相关账户审计

1. 掌握应收账款审计的方法与内容
2. 熟悉销售与收款循环中应收票据、应交税费等其他相关账户审计的方法与内容

【考情分析】

本章除了单项选择题、多项选择题外，容易在案例分析题中出现。

主要考点：销售与收款业务循环审计的总目标是评价与该业务循环相关的各账户余额、发生额，报表项目披露是否真实、完整，以及金额的恰当性等。销售与收款循环审计是企业财务审计实务工作中非常重要的内容，也是每次考试中的重点难点章节，历年考试中分值较高。

【知识结构图】

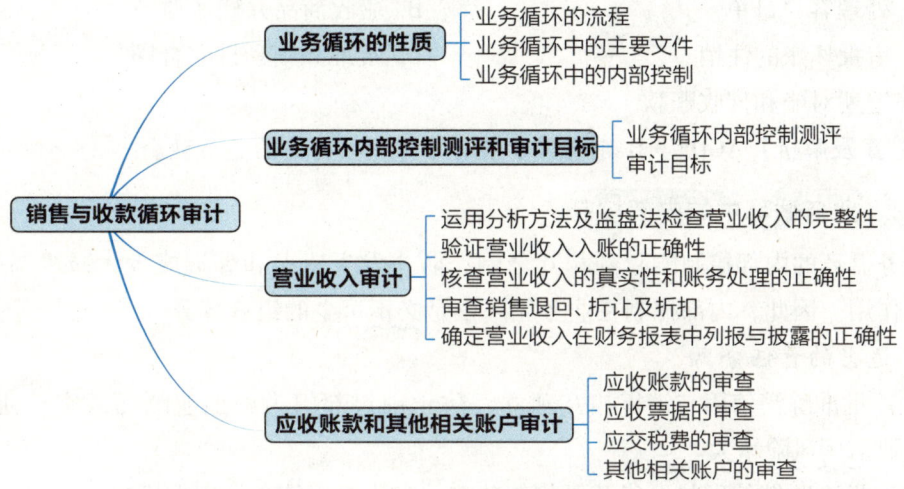

图 2-2-1 "销售与收款循环审计"知识结构

【考点精编】

考点一 业务循环的流程

业务循环的流程

销售可以分为现销和赊销两种基本方式。在赊销方式下，销售与收款业务流程主要有：处理客户订单、批准赊销、订立合同、发送货物、开具销售发票并登记销售业务、定期对账和催收账款、办理和记录现金、银行存款收入、审批销售退回与折让、提取坏账准备和核销坏账。

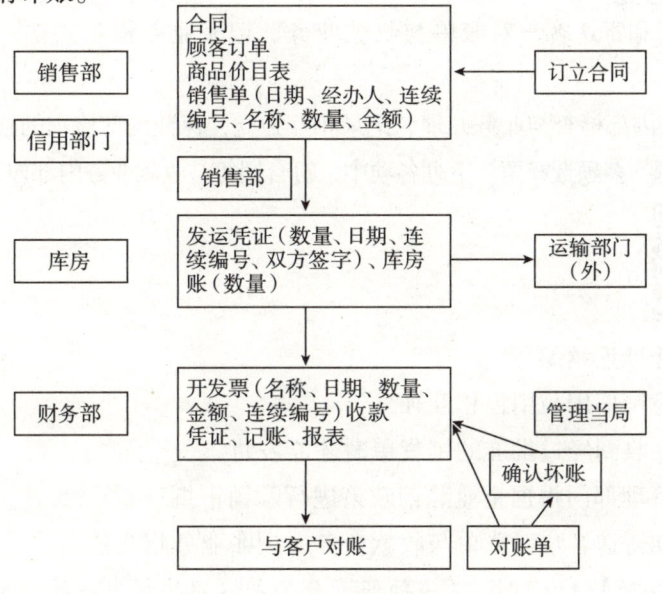

图 2-2-2 业务循环流程

【经典真题·多项选择题】在赊销方式下，销售与收款循环包括的业务活动有（   ）。

A. 处理客户订单　　　　　　　　B. 验收商品并确认债务

C. 审批坏账的注销　　　　　　　D. 批准赊销和订立合同

E. 定期对账和催收账款

【答案及解析】ACDE　B选项属于采购与付款循环的业务活动。

考点二　业务循环中的内部控制

业务循环的内部控制能起到相互牵制、防止发生错误和弊端或大大减少错弊发生概率的作用。因此，内部控制在业务循环中是必不可少的组成部分。

1. 适当的责任分离

（1）批准赊销信用与销售相互独立，防止销售部门为增加业绩而放宽信用标准，导致企业信用风险增大。

（2）批准赊销信用与发货开票相互独立，防止向不符合信用标准的客户进行赊销，增加坏账风险。

（3）发送货物与开票相互独立，防止发货未经批准，销售业务没有被记录或商品被盗窃。

（4）发送货物与记账相互独立，防止商品被盗窃并通过篡改记录加以掩饰。

（5）收取货款与销售收入、应收账款记录相互独立，防止客户所付款项被贪污并篡改加以掩饰。

（6）批准销售退回与折让业务、记账业务相互独立，防止收到的货款被贪污。

（7）批准坏账与收款业务、记账业务相互独立，防止不符合规定的坏账被批准，收到的款项被贪污。

（8）编制和寄送客户对账单与收款业务、记账业务相互独立，以检查销售收款业务中的错弊。

（9）执行内部检查与业务办理、记录相互独立，保证内部检查的独立性和有效性等。

【经典真题·多项选择题】下列各项中，符合销售与收款业务内部控制要求的有（   ）。

A. 发运凭证连续编号

B. 批准赊销信用与销售相互独立

C. 仓库在收到经过批准的销货单时才能发货

D. 信用管理部门根据企业赊销政策进行赊销审批

E. 编制和寄送客户对账单与收款业务、记账业务相互独立

【答案及解析】ABCDE　适当的职责分工是内部控制中一项重要的控制措施。关键

性的销货单、销售发票、发运凭证等都应事前按顺序编号使用。

2. 信息传递程序控制

（1）授权程序——销售与收款业务各环节要经过适当的授权批准，以预防与控制风险。

（2）文件和记录的使用——健全业务审批、财产保管和便于记录。

（3）独立检查——防止各环节发生差错和舞弊。

3. 实物控制

一方面，限制非授权人员接近存货，货物的发出必须有经批准的销货单；对于退货也要加强实物控制，由收货部门进行验收并填写验收报告和入库单。

另一方面，限制非授权人员接近各种记录和文件，防止伪造和篡改记录。

4. 定期寄出对账单

由出纳、销售及应收账款记录以外的人员按月向客户寄发对账单，督促客户履行合约。

主要风险：①虚设收入或提前确认收入；②少计收入或延后确认收入；③收入复杂性可能导致的错误；④期末收入交易和收款交易可能未计入正确的期间；⑤收款未及时入账或记入不正确的账单；⑥坏账准备的计提不准确。

考点三　业务循环内部控制测评

1. 了解并描述该循环的内部控制
2. 检查不相容职责的划分

（1）走访、观察信用部门与销售部门是否独立，或分别由不同的人员负责。

（2）抽取销售退回或折让发票，审查其是否由业务记录以外的人员批准。

（3）验证坏账冲销是否经过收款业务、记账业务以外的人员批准。

（4）了解应收款项账簿记录人员与出纳员的职责分工。

3. 检查信息系统的运行
4. 对可能发生错报的环节测试内控制度执行情况
5. 评价销售与收款循环内部控制

【经典真题·单项选择题】下列各项测试程序中，不属于销售与收款循环内部控制测评的是（　　）。

A. 验证坏账冲销是否经过收款业务、记账业务以外的人员批准

B. 了解应收款项账簿记录人员与出纳员的职责分工

C. 审核坏账损失的账簿记录及相应的手续

D. 分析、计算折让、折扣比例的合理性

【答案及解析】D　D选项属于实质性测试程序。

考点四　审计目标

1. 营业收入的审计目标

①证实营业收入的真实性；②证实营业收入计价与分类的正确性；③证实营业收入的完整性；④确定营业收入在财务报表中的列示及披露。

2. 应收款项的审计目标

①证实应收款项的真实性；②证实应收款项计价与分类的正确性；③证实销售退回、折让与折扣的合法性；④证实应收款项记录截止期的正确性；⑤确认坏账损失的真实性；⑥证实应收款项过账和汇总的正确性。

【经典真题·多项选择题】下列各项中，属于营业收入审计目标的有（　　）。

A. 计价与分类的正确性　　　　　　B. 业务的真实性
C. 在财务报表中列示及披露的恰当性　D. 过账和汇总的正确性
E. 完整性

【答案及解析】ABCE　营业收入的审计目标：①证实营业收入的真实性；②证实营业收入计价与分类的正确性；③证实营业收入的完整性；④确定营业收入已按照企业会计准则的规定在财务报表中做恰当的列示及披露。

考点五　营业收入审计

（一）运用分析方法及监盘法检查营业收入的完整性

分析方法——是否存在异常变化：

（1）比率分析。将企业年度内各期主营业务收入的实际数与计划数进行比较、分析，了解完成计划情况；比较本期各月主营业务收入的波动情况，了解有无异常；将行业平均毛利和以前年度平均值进行比较；分析年末最后一个月销售额占总销售额的比例、销售折扣占赊销收入的比例、销售退回及折让占销售的比例等。

（2）趋势分析。将被审计单位的营业收入趋势与经济状况、行业趋势相比较；毛利率是否高于行业平均毛利率；与上年同期的实际数相比较，了解变动趋势；计算本期重要产品和重要客户的销售额和毛利率，分析本期与上期有无明显变化；月销售分析与以前年度及同期预算相比，是否存在季度末或年末销售激增的现象；是否超出经验及行业平均趋势给予客户折扣等。

（3）合理性测试。审计人员通过审查账户与某些因素的相关关系，收集关于这一账户的相关信息。

（4）监盘法。

（二）验证营业收入入账的正确性（发生和入账合规性的审查）

审计人员应分析所有接近年末发生的大额销售或异常销售，核对原始凭证或直接向顾客确认交易条件。

（1）索取产品出库存根、销售发票副本和各种收入明细账，相互核对，检查有无混淆主营业务收入与其他业务收入、营业外收入界限的现象。

（2）抽取一定数量的合同，检查一定数量的产品发运单、销售发票副本、各种结算单据、有关明细账以及大型产品的生产进度表，核实企业是否履行了合同中的履约义务，即在客户取得相关商品控制权时确认收入；核实企业是否遵循了权责发生制原则，并根据生产经营与结算方式的不同特点，真实完整地计入营业收入、结转营业成本。

（三）核查营业收入的真实性和账务处理的正确性——真实性、入账完整性

1. 发票和销货合同的审查

审查发票的真伪、发票开具是否规范、发票开具是否与销售合同相符、发票与发货记录是否相符等。

审查重点：分期收款销售、以旧换新销售、委托代销、售后回购、出口销货合同及其履行情况。

2. 主营业务收入计账正确性的审查

对主营业务收入账目进行检查时，可按结算方式的不同选用不同的方法与相关账户进行对比、核查。

由于主营业务收入发生数取决于销售数量和销售单价两个因素，应进一步审查销售数量与发货数量的一致性，查明有无退货；审查销售单价是否符合有关规定，取得产品价格目录，抽查销售价格是否符合价格政策，并且注意售给关联单位的产品价格是否合理，有无高价或低价结算以转移利润的问题。

3. 核实主营业务收入交易的截止期

方法：检查决算日前后一周或十天的有关收入记录，核对、比较有关的发票、运单以及收据，确认收入的截止期是否正确。

审计中注意关键日期：发票开具日期、记账日期、发货日期（服务业则是提供劳务的日期），这三个日期在同一会计期间则表明记录是正确的。

（1）如果发货运单显示货物是在本报告期发运的，而相应的收入是在下一报告期计入的，就属于低估收入。

（2）如果已计入本期的收入是"应收账款"账户的日期，而相应的产品出库单存根与运单或提货单日期在下一会计期间，表明是高估了收入。

审查时可以明细账为起点追查决算日前后的会计凭证，也可以以结算日前后销售发票为起点追查发运单和明细账,或者以发运单为起点追查销售发票和明细账。

【经典真题·单项选择题】下列各项中,最有助于审计人员证实被审计单位销售业务是否真实发生的是（   ）。

A. 检查销货发票是否事先连续编号

B. 检查销售记录与收款职责是否相互分离

C. 检查销货发票是否经过适当的授权审批

D. 检查销售记录是否附有相应的销货发票、发运凭证和销货单

【答案及解析】D　A选项、B选项、C选项均为内部控制测试程序。

【经典真题·单项选择题】审计人员发现被审计单位多笔销售业务的记账日期为2016年12月末,但相关销货发票和发运凭证日期为2017年1月初,该情况将导致被审计单位（   ）。

A. 2016年的营业成本被低估　　　　B. 2016年的营业收入被高估

C. 2017年的营业成本被低估　　　　D. 2017年的营业收入被高估

【答案及解析】B　发票开具日期、记账日期、发货日期这三个日期在同一会计期间,则表明记录是正确的。由于相关销货发票和发运凭证日期为2017年1月初,说明业务应该属于2017年,故2017年的营业成本正确,但营业收入被提前计入2016年。

（四）审查销售退回、折让及折扣

特别关注:企业在第四季度记录大量销售,但年度结束后,接踵而来的是大量销售退回。如果企业把退回的商品重新作为新商品销售,表明存在舞弊可能。

1. 销货退回的审查

（1）审查销售退回原因的合理性。

（2）审查销售退回账务处理的正确性。

发生并确认销售退回,无论是本年度还是所属以前年度销售的,都应冲减本期营业收入,同时冲减营业成本,增加库存产成品。发生的销售退回费用,应作为期间费用处理,通过营业收入明细账与退货凭证、退货入库凭证核对。

①如果存在退货凭证,而营业收入明细账中未予以记录——虚增营业收入。

②如果营业收入明细账中有销货退回的记录,而无相关退货的原始凭证——隐匿营业收入。

通过"营业收入明细账""主营业务成本明细账""产成品明细账"等有关账目进行核对。

2. 销售折让与折扣的审查

审计人员应首先取得或编制折让与折扣明细表，复核加计其正确性，并与报表、总账、明细账核对相符。

在此基础上进一步审查：①销售折让、折扣业务的真实性；②折让、折扣比例的合理性；③折让、折扣业务账务处理的及时性和正确性。

（五）确定营业收入在财务报表中列报与披露的正确性

审计人员不仅应检查营业收入的真实性、账务处理的正确性，还需要检查有无将主营业务收入与其他业务收入不做划分、划分不合理以及混同列报与披露的情况。

考点六 应收账款的审查

应收款项审计，主要是审查应收款项的真实性、正确性以及财务报表上余额的公允性。

1. 取得应收账款明细表——核对会计处理的正确性
2. 运用分析方法进行审查——合理性分析

审计人员应运用分析程序，分析应收账款、营业收入的变动，验证其是否合理。

（1）分析应收账款周转率（赊销额与平均应收账款净额的比率）或应收账款周转天数、每个主要客户的平均余额、应收账款占流动资产的百分比、应收账款账龄、坏账准备占应收账款的百分比、坏账费用占赊销净额的百分比。

（2）将本期应收账款的余额与上年度相比，了解其变动趋势。

（3）将本期期末应收账款占本期销售额的比例，与上年该比率比较。

（4）将本期赊销收入净额占平均应收账款金额的比率与上年比较。

3. 函证应收账款

（1）函证目的：函证是对客户是否存在，以及应收账款资产是否存在的最好证实。

（2）函证过程的控制：向债务单位的函证过程均由审计人员控制。

（3）函证的范围和对象：函证的范围和对象视应收账款内部控制的可靠性、函证方式、以前函证结果、应收账款的重要性而定。

对于金额较大，拖欠时间较长的应收账款要作为必须函证的项目。

如果内部控制有缺陷，以前函证发现重大差异或采用否定式函证，则增大函证范围和数量。

【经典真题·多项选择题】审计人员在确定应收账款函证的范围和对象时，需要考虑的因素有（   ）。

A. 应收账款的重要性　　　　　　B. 拟采取的函证方式
C. 以前年度函证的结果　　　　　D. 被审计单位管理层意愿

E. 应收账款内部控制的可靠性

【答案及解析】ABCE　函证的范围和对象视应收账款内部控制的可靠性、函证方式、以前函证结果、应收账款的重要性而定。

（4）函证方式。

①肯定式（积极式）函证：向债务单位发函后，请债务单位必须向审计人员回函，答复询证函上所列示的金额是否正确。

②否定式（消极式）函证：向债务单位发函后，请债务单位仅在结欠金额有错误的情况下回函审计人员。

在审计工作中，两种方式可以结合使用。比如对应收账款金额较大的和有理由相信欠款可能会存在争议、差错等问题的可采用肯定式；对于应收账款金额较小、有关内部控制有效、预计差错较低、有理由相信函证人能认真处理询证函的可采用否定式。

【经典真题·多项选择题】在对应收账款进行函证时，不适合采用否定式函证的情况有（　　）。

A. 应收账款金额较大　　　　　　B. 应收账款金额较小
C. 有关内部控制有效　　　　　　D. 有理由相信欠款可能存在争议
E. 预计债务单位认真处理询证函的可能性较小

【答案及解析】ADE　对应收账款金额较大的和有理由相信欠款可能会存在争议、差错等问题的可采用肯定式。对应收账款金额较小、有关内部控制有效、预计差错率较低、审计人员认为被函证人能认真处理询证函的可采用否定式。

（5）对回函的整理。当审计人员收到所有调查回函后，应编制应收账款调查汇总表，将表中数字与应收账款明细账、总账核对，以查明应收账款余额的真实性和正确性。

（6）函证的替代程序。对于有些债务单位，由于其单位性质、地点或其他原因不宜发函询证的，也可以采取其他验证方式。

【经典真题·单项选择题】下列审计程序中，最能有效证明应收账款真实性的是（　　）。

A. 向债务人寄发询证函
B. 观察赊销信用审批流程
C. 编制应收账款账龄分析表
D. 对应收账款变动进行趋势分析

【答案及解析】A　函证应收账款是对客户是否存在，以及应收账款资产是否存的最好证实。

4. 分析询证函及应收账款余额

分析不同函证结果并做相应处理：

（1）函证回函认可函证金额，将函证回函编入工作底稿，作为审计证据。

（2）函证回函认可的金额与函证金额有差异。

函证回函认可的金额与函证金额有差异的，审计人员应对此进行分析，并查明产生差异的原因：

①由于购销双方登记入账的时间不同。

②一方或双方记账错误。

③存在弄虚作假或舞弊行为。

（3）肯定式询证函若未能在规定时期内回复，应再寄出第二次询证函。二次发出后仍一直不回复，可能有几种情况：账款已还，不愿再回复；坏账损失发生；根本不存在该顾客；询证函邮寄丢。

询证函多次发出后均未收到回复时采取替代程序，如审查相关合同、订单、销售发票副本、发运单、现金收入，以及客户与其顾客之间的书信往来，证实应收账款真实性。

5. 取得或编制应收账款账龄分析表，确定应收账款的可实现价值

6. 审查坏账准备的提取与使用

审计人员必须了解管理层估计和注销坏账的方法，评价管理层坏账估计的合理性；复核并测试管理层做出估计所运用的过程。

严格审查坏账的注销，特别是金额巨大的坏账，应加以验证核实，防止以此盗用资金的情况。检查坏账准备提取方法是否符合一致性原则。

7. 审查应收账款账务处理的正确性

重点审查应收账款与其他应收款分类是否正确，有无将其他应收款混淆记入应收账款，并对其他应收款进行检查。

8. 审查应收账款在财务报表上披露的正确性

【经典真题·单项选择题】下列情形中，审计人员应扩大应收账款函证范围和数量的是（　　）。

　　A. 采用肯定式函证　　　　　　　　B. 相关内部控制有缺陷

　　C. 应收账款占资产总额比重较低　　D. 以前年度函证结果良好

【答案及解析】B　对票据贴现的审查，审计人员在审查时注意：①票据贴现的款项是否及时足额入账；②票据贴现的计算是否正确；③票据拒付是否及时转账。

考点七　应收票据的审查

商业汇票包括银行承兑汇票与商业承兑汇票两种。它们与货币资金一样，具有流

动性强、风险性大的特点，是审计中的重要内容。

1. 取得应收票据明细表
2. 监盘库存应收票据

库存应收票据的清点工作与库存现金的监盘工作基本相同，应同时进行。监盘后，应将监盘结果填入"应收票据监盘表"，并与应收票据明细账核对是否相符。对于存放在其他处所的应收票据，如作为抵押、提交银行贴现、交由律师代收的也应查实。

3. 函证应收票据

应收票据是一种债权凭证。确认其真实价值，须得到出票人或称债务人的确认，所以在清点的基础上，应采用询证的方法进行核实。

4. 对应收票据发生和收回的审查

审计人员应将备查簿与应收票据账户核对，检查收到的票据是否及时入账。

5. 对票据贴现的审查

审计人员在审查时注意：票据贴现的款项是否及时足额入账；票据贴现的计算是否正确；票据拒付是否及时转账。

6. 分析评价应收票据可兑现程度——可回收性
7. 应收票据在财务报表中披露正确性的审查

考点八　应交税费的审查

1. 取得或编制应交税费明细表——综合性审查

复核应交税费明细表加计数是否正确，并与报表数、总账数、明细账合计数核对相符。

2. 纳税范围、计税依据的审查——共性审查

审查征收范围、税目、税率、纳税环节和纳税义务发生时间、计税依据、计算结果等的合规性和正确性。

3. 增值税的审查

（1）将应交增值税、未交增值税、预交增值税、增值税留抵税额、简易计税等明细科目的相关记录与"增值税纳税申报表"核对，审查进项税额、销项税额、减免税款、出口退税、已交税金等记录与申报期间的一致性，其金额是否相符。（增值税的会计核算应与企业增税申报表的填写一致）

（2）进项税额的审查。①准予从当期销项税额中抵扣的增值税额是否按规定进行了账务处理；②不应从销项税额中抵扣的进项税额转出数是否正确。

（3）销项税额的审查。审查存货销售、视同销售处理的销项税额计算问题。发生将存货对外投资、捐赠他人、分配给投资者或将自产、委托加工的产品用于非应税项目等视同销售行为时，应计的销项税额计算、记录是否正确。

(4) 应纳税额的审查。

①按一般计税方法计算并应交纳的增值税额。

当期应纳税额＝销项税额－[(进项税额＋上期留抵税额)－减免、抵、退应退税额－进项税额转出]＋简易计税办法计算的应纳税额

②对小规模纳税人，检查其是否按主管税务机关核定的征收率计算应纳税额，复核其计算的正确性及账务处理的正确性。

③审查其计算是否正确。应注意有无将应交增值税错误纳入"税金及附加"账户核算的问题。

4. 消费税的审查——金额和分录

根据审定的应税消费品销售额或销售量，审查消费税的计税依据是否正确。适用税率或单位税额是否符合税法规定，并分项复核本期应交消费税税额。

审查账务处理的正确性。须注意并非所有交纳的消费税都记入"税金及附加"账户。只有企业销售、视同销售或自用了所生产的应税消费品，应交消费税才记入"税金及附加"账户。

5. 城市维护建设税的审查

审查的重点在于企业计税依据的真实性、税率的合规性和应纳税额计算的正确性，并通过对有关明细账户、记账凭证的检查，验证入账的及时性和正确性，以及减免税的合法性。

6. 其他应交税费的审查

(1) 了解被审计单位其他应交税费的种类、计算基础与税率，审查与前期的一致性。

(2) 结合被审计单位实际缴纳的增值税、消费税等税额，审查教育费附加等应交款项的计算是否正确。

(3) 抽查已交款项与付款凭证、税务机关缴款单或其他收款单位收据的一致性，检查相关账务处理是否正确。

【经典真题·多项选择题】审计人员对"税金及附加"进行实质性审查时，可采取的审计程序有（　　）。

A. 审查确定所列税种和计税依据是否符合税法规定

B. 根据审定的营业收入计算本期应纳各项税额，并与账面记录相核对

C. 复核各项税费与对应的应交税费各项目间勾稽关系是否正常

D. 审查企业印花税的计算及账务处理是否正确

E. 确定税金及附加在利润表上列示的正确性

【答案及解析】ABCDE "税金及附加"科目可以核算消费税、印花税、城市维护建设税和教育费附加等，不包括增值税以及计入资产成本的税金。

考点九 其他相关账户的审查

1. 预收账款的审查

（1）取得或编制预收账款明细表——核对期末余额合计数与报表数、总账数、明细账合计数是否相符。

（2）检查已转销的预收账款——核对记账凭证、发运凭证和销售发票等，注意凭证的日期和相应记录的合理性。

（3）抽查有关凭证——抽查和预收账款有关的销售合同、发运凭证、收款凭证，查明已实现销售的商品是否及时冲销预收账款。

（4）函证预收账款。

（5）检查长期挂账的预收账款。

（6）审查预收账款在会计报表上反映的正确性。

2. 营业成本与销售费用的审查

通过审查确定营业成本与销售费用的内容是否完整，确定销售费用分类、归属和账务处理是否正确。

（1）取得或编制营业成本与销售费用明细表。

（2）运用分析方法进行审查。有些账户的余额或发生额与其业务量直接相关，例如销货成本和销售收入之间的关系，如果二者之间有矛盾，通过分析可以发现异常差异。与销售收入相关的费用包括销售佣金等费用。

（3）分类正确性的审查。销售费用与营业成本的界限；销售费用与应收账款的界限；销售费用与其他业务收支的界限；销售费用与营业外收支的界限；销售费用与制造费用、管理费用的界限。

（4）营业成本审查。

（5）费用开支合法性的审查。

3. 其他业务收支的审查

其他业务收入和支出的审查是对企业除商品销售以外的其他业务收入和支出，如材料销售、技术转让、让渡资产使用权收入（利息收入、使用费收入等）、运输等非工业性劳务收入、支出等真实性、合法性进行的审查。

重点关注实质性测试程序内容：

（1）抽查金额较大的其他业务收入和支出项目，审查其原始凭证及相关审批授权手续，查明入账会计期间和账务处理的正确性。重点审查其他业务收入是否真实、合法，是否按照收入确认原则进行账务处理；其他业务支出是否真实，是否符合配比原则。

（2）审查异常收支项目，查明其真实性与合法性。

（3）其他业务收支业务量较大时，要实施截止期审查。对决算日前后的销售发票、收据等进行审查，确定截止期划分的正确性。

【本章案例分析题】

（一）资料

2018年3月，某审计组对甲公司2017年度财务收支情况进行了审计。有关销售与收款业务循环审计的情况和资料如下：

1. 审计人员在对销售与收款业务循环内部控制调查中了解到：销售人员接到客户订货单并调查客户信用后，编制一式多联的销货单报本部门负责人审批，经同意后与客户签订销售合同；销货单、销售发票、发运凭证事先按顺序编号使用；该公司很少编制和寄发客户对账单与客户进行对账；销售人员负责登记销售收入明细账。

2. 审计人员对应收账款采取了以下审计程序：

（1）抽查有关文件资料，检查不相容职责的划分情况；

（2）检查按期编制账龄分析表的情况；

（3）函证了金额较大的应收账款，以确定其真实性；

（4）检查坏账核销有无经过正式的授权批准。

3. 审计人员对应收账款及其坏账进行审查时，发现甲公司核销了丁公司100万元应收账款，甲公司相关人员解释说丁公司已经不存在。经进一步审查，审计人员发现丁公司于2015年12月经有关部门批准变更了企业名称，目前经营状况良好，且始终保持着与甲公司的业务往来。

4. 审计人员在对2017年各月主营业务收入的波动情况分析时了解到，甲公司账面反映A产品各月的生产数量、存货数量和销售数量基本持平，但2017年1月生产部门统计报表反映A产品的主要原材料成本比其他月份高出10%。

（二）要求：根据上述资料，为下列问题从备选答案中选出正确答案

1. "资料1"中，违反内部控制要求的为（　　）。

A. 销售部门负责调查与审批赊销信用

B. 销货单、销售发票、发运凭证事先按顺序编号

C. 很少编制与寄发客户对账单进行对账

D. 销售人员负责登记销售收入明细账

【答案及解析】ACD　A选项中批准赊销信用与销售相互独立，防止销售部门为增加业绩而放宽信用标准，导致企业信用风险增大。C选项中编制和寄送客户对账单与

收款业务、记账业务相互独立,以防止销售收款业务中的错弊。D 选项中批准坏账与收款业务、记账业务相互独立,防止不符合规定的坏账被批准,收到的款项被贪污。

2. "资料 2"中,属于应收账款实质性审查测评程序的为（　　）。

A. 抽查有关文件资料,检查不相容职责的划分情况

B. 检查是否按期编制账龄分析表

C. 函证了金额较大的应收账款,以确定其真实性

D. 检查坏账核销有无经过正式的授权批准

【答案及解析】C　A 选项、B 选项、D 选项属于内部控制测试。

3. "资料 3"中,为查明核销丁公司 100 万元应收账款的事实,审计人员可以采取的审计程序为（　　）。

A. 审查核销坏账的批准文件

B. 检查坏账准备计提方法的恰当性

C. 派人到原丁公司进行实地调查

D. 向原丁公司所在地工商行政管理部门进行调查

【答案及解析】ACD　各项坏账的处理有无申请核销坏账的申请报告和领导的审批文件,如有疑问,应派人到债务人处调查,以查明坏账注销的正确性。特别是金额巨大的坏账,应加以验证核实,防止以此盗用资金的情况发生。

4. "资料 3"中,甲公司将应收丁公司的 100 万元账款作为坏账核销的账务处理造成的影响为（　　）。

A. 少计应收账款　　　　　　　　B. 多计应付账款

C. 少计营业成本　　　　　　　　D. 多计营业收入

【答案及解析】A　由于企业采用备抵法进行坏账核算,所以坏账核销的账务处理只涉及应收账款的金额高低。

5. 针对"资料 4",审计人员分析可能存在的情况为（　　）。

A. A 产品的单位产品原材料消耗量增加　　B. A 产品生产过程中的废品数量增加

C. A 产品原材料价格上升　　　　　　　　D. A 产品部分产成品没有入账

【答案及解析】AC　由于 A 产品各月的生产数量、存货数量和销售数量基本持平,造成 A 产品的原材料成本上升的原因应该是原材料的单位产品消耗量和单价的变动。

【本章易错题分析】

1. 【例题·多项选择题】典型的销售与收款循环包括的业务活动有（　　）。

A. 处理客户订单　　　　　　　　B. 验收商品并确认债务

C. 批准赊销　　　　　　　　　　D. 发运商品

E. 定期对账和催收款项

【答案及易错分析】ACDE　本题易错选 B 选项。B 选项属于采购与收款循环活动。

2. 【经典真题·多项选择题（中级）】销售与收款业务循环所使用的凭证和记录有（　　）。

A. 客户订货单　　　　　　　　B. 销货单
C. 销售合同　　　　　　　　　D. 销售发票
E. 付款凭单

【答案及易错分析】ABCD　本题易错选 E 选项。付款凭单属于采购与付款循环业务凭证。销售与收款循环业务的凭证和记录一定与"销售或收款"有联系。

3. 【经典真题·多项选择题（初级）】营业收入的审计目标有（　　）。

A. 证实营业收入的真实性　　　B. 证实营业收入计价与分类正确性
C. 证实营业收入的完整性　　　D. 证实应收账款计价与分类正确性
E. 证实坏账损失的真实性

【答案及易错分析】ABC　本题易错选 D 选项和 E 选项。营业收入审计目标不涉及应收账款和坏账损失问题，一定与"营业收入"有关。

4. 【经典真题·多项选择题（初级）】下列各项中，属于对应收账款实施的分析性复核程序的有（　　）。

A. 分析应收账款周转率并与上年进行比较

B. 分析应收账款账龄

C. 分析向客户寄发对账单的及时性

D. 分析应收账款占流动资产的比例并与上年进行比较

E. 分析本期期末应收账款占本期销售金额的比例并与上年进行比较

【答案及易错分析】ABDE　本题易错选 C 选项。对应收账款实施的分析性复核程序属于实质性审查内容，不涉及内部控制测试，因此，凡是属于内部控制测试的选项一定不符合题意。

5. 【经典真题·单项选择题（初级）】审查应收账款账户余额是否真实，下列审计方法中最有效的是（　　）。

A. 向债务单位函证

B. 重新计算应收账款账户余额

C. 询问会计人员

D. 对应收账款账户余额进行分析性复核

【答案及易错分析】A　本题易错选 D 选项。对应收账款真实性的审查方法最有效的应是向债务单位函证。分析方法主要是用于审查总体合理性。

6. 【例题·多项选择题】审计人员在对某企业应交税金进行审计时发现该企业有如下行为，其中正确的有（　　）。

A. 用于在建工程的购进货物增值税未计入进项税额

B. 以存货捐赠他人视作销售处理，并以产品成本为计税依据计算销项税额

C. 印花税未通过"应交税金"核算

D. 将自产的货物用于集体福利未作为销售处理，未计销项税额

E. 外购原材料所支付的运费未取得增值税专用发票，按运费的7%计算进项税额

【答案及易错分析】ACE　本题易错选B选项。以存货捐赠他人视作销售处理，应以同期销售价格作为计税依据计算销项税额，没有价格的以组成计税价作为计税依据计算销项税额。

7.【经典真题·单项选择题（中级）】下列销售与收款循环的内部控制中，不能用于防止贪污客户货款的措施是（　　）。

A. 批准坏账与记账相互独立　　　　B. 开具发票与记账相互独立

C. 收取货款与记账相互独立　　　　D. 批准销售退回与记账相互独立

【答案及易错分析】B　本题易错选C选项。开具发票与记账可以是同一人，其相互独立不能防止贪污货款。

第二章　采购与付款循环审计

【大纲解读】

（一）本业务循环的性质

1. 掌握采购与付款循环中的主要内部控制措施
2. 熟悉采购与付款循环的业务流程
3. 了解采购与付款循环中的主要文件

（二）业务循环内部控制测评和审计目标

1. 掌握采购与付款循环内部控制测评的步骤与方法
2. 掌握采购与付款循环的审计目标（初级要求熟悉）

（三）应付款项审计

掌握应付款项审计的方法与内容

（四）固定资产审计

掌握固定资产审计的方法与内容

【考情分析】

本章除了单项选择题、多项选择题外，还会在案例分析题中出现。

主要考点：采购与付款业务循环是外部商品和劳务的购置及付款过程。采购与付款业务循环审计是非常重要的企业财务审计内容，每年必考且历年考分相对较高，突出对业务环节的内部控制设置和测试、重要账项的审计目标及实质性测试程序。

【知识结构图】

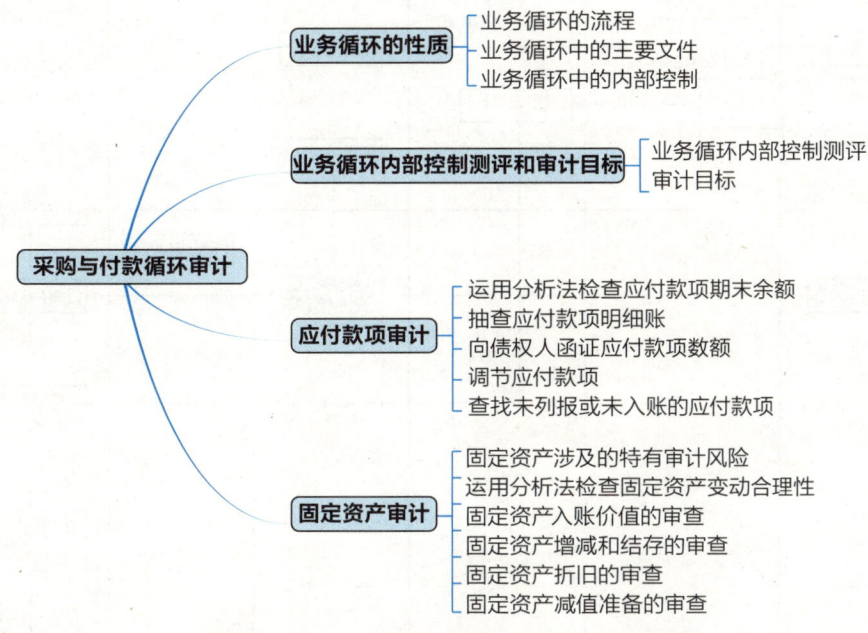

图 2-2-3 "采购与付款循环审计"知识结构

【考点精编】

考点一 采购与付款循环的业务流程

采购与付款循环主要过程：①制订采购计划；②供应商认证及信息维护；③请购商品和劳务；④编制订购单；⑤验收商品和劳务——本循环关键点；⑥储存已验收的商品；⑦编制付款凭证；⑧确认债务；⑨处理和记录价款的支付。

【经典真题·单项选择题】采购与付款环节的下列单据中，可能不需要连续编号的是（　　）。

A. 请购单　　　　B. 订购单　　　　C. 验收单　　　　D. 付款凭单

【答案及解析】A　关键性凭证要预先编号，订购单、验收单、付款凭单均采用预先连续编号。

考点二 业务循环中的内部控制

（一）职责分工

（1）提出采购申请与批准采购申请相互独立，以便加强对采购的控制。

（2）批准请购与采购部门相互独立，以防止采购部门购入过量或不必要物资而对

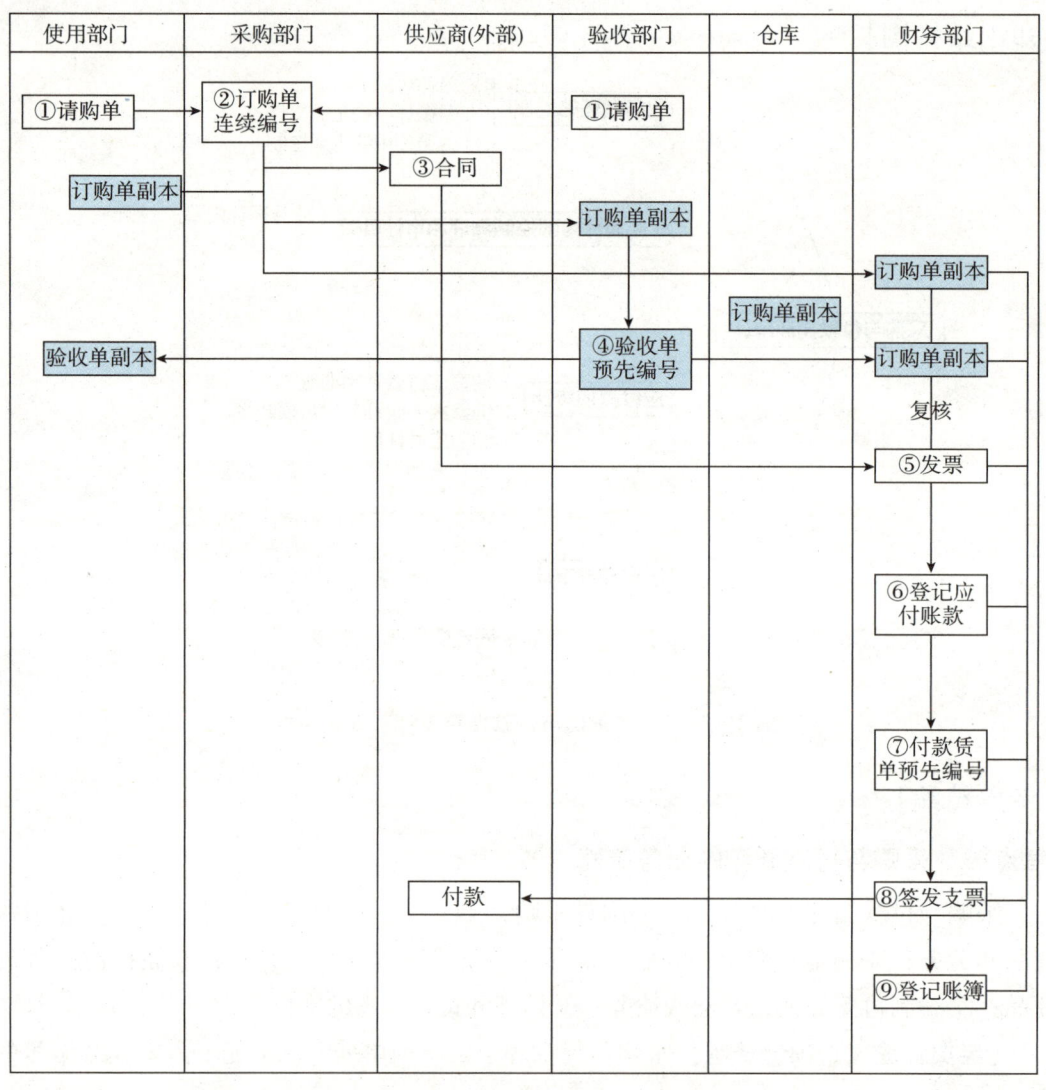

图 2-2-4 处理和记录价款的支付流程

企业整体利益产生损害。

（3）采购审批，合同签订与合同审批相互独立，防止虚列支出。

（4）验收部门与财会部门相互独立，保证按真实收到的商品数额登记入账。

（5）应付款项记账员不能接触现金、有价证券和其他资产，以保证应付款项记录的真实性、正确性。

（6）内部检查与有关执行和记录工作相互独立，以保证内部检查的独立性和有效性。

【经典真题·多项选择题】下列各项中，属于采购与付款循环职责分工控制要求的有（　　）。

A. 出纳员不负责登记应付账款明细账 B. 签发支票要经过被授权人的签字批准
C. 企业内部建立采购审批制度 D. 限制未经授权的人员接近存货
E. 货物的验收由验收部门独立完成

【答案及解析】AE　B选项和C选项均属于"控制活动"中的业务授权控制；D选项属于实物控制。

（二）信息传递程序控制

授权程序，文件和记录的使用，独立检查。

（三）实物控制

采购与付款业务中的实物控制包括两个方面：

（1）加强对已验收入库的商品的实物控制，限制非授权人员接近存货。

（2）限制非授权人员接近各种记录和文件，防止伪造和篡改会计资料。特别应注意对支票的实物控制，不得让核准或处理付款的人接触；未签发的支票应予以安全保管；作废的支票予以注销或另加控制，防止重复开具支票。

【经典真题·单项选择题】下列选项中，属于采购与付款业务循环信息传递程序控制的是（　　）。

A. 内部检查与有关执行和记录工作相互独立
B. 只有经过授权的人员才能提出采购申请
C. 应付款项记账员不能接触现金、有价证券和其他资产
D. 限制非授权人员接近各种记录和文件

【答案及解析】B　A选项和C选项属于职责分工，D选项属于实物控制。

主要风险：

（1）低估负债或相关准备；
（2）管理层错报负债费用支出的偏好和动因；
（3）费用支出的复杂性；
（4）不正确地记录外币交易；
（5）舞弊和盗窃的固有风险；
（6）存在未记录的权利和义务。

考点三 业务循环内部控制测评

审计人员对内部控制健全性、有效性做出评价，确定审计目标，围绕审计目标收集充分可靠的审计证据。

（一）了解并描述采购与付款业务的内部控制

经过调查了解，结合文字描述、内部控制调查表或流程图方式，将内部控制情况记录在审计工作底稿中。

（二）抽查部分采购业务（会计分录的借方科目）

检查本循环控制环节的设置与执行情况。抽查的范围根据重要性原则确定。

抽查的方法是从采购部门的业务档案中抽取订货单样本，可对采购物品较重要或金额较大的采购业务重点审查。索取其采购业务的各种文件资料，沿着采购业务的正常程序加以追踪，进行相关的检查与验证。检查与验证包括以下内容：

（1）核对请购单与订购单是否一致，请购单是否经过适当的授权人批准，订购单是否连续编号。

（2）核对采购合同上确定的价格、付款日期与财会部门核准的支付条件是否一致。

（3）检查合同是否经过有关部门审查，核对卖方发票上所购物品的数量、规格、品种与合同是否一致。

（4）抽验部分付款凭单，检查其是否附有请购单、订购单、验收单，付款凭单和验收单是否连续编号，验证验收环节的有效性和计算的正确性。

（5）核对采购合同、卖方发票、验收单与入库单是否一致。

（6）检查购入材料计价正确与否，被审计单位采用永续盘存制核算时，复核计价正确性。

（三）付款环节测试（会计分录的贷方科目）

（1）了解应付款项记录与付款业务是否分开，记录人员与出纳员的职责是否分开；应付账款总账与明细账是否由不同人员记录。

（2）抽查应付款项明细账，检查应付款项各明细账向银行存款（或现金）日记账和向总分类账的过账情况，证实应付款项会计记录内部控制的有效性；检查抽取的明细账过账时所附的原始凭证，例如订货单、供货方发票、验收单和已付支票，验证原始凭证的合法性、正确性以及核对原始凭证记载的金额与相关明细账的一致性，证实各有关部门内部控制的有效性。

（3）审核货款结算手续，检查应付款项明细账上金额与订购单、验收单、卖方发票是否完全一致。

（4）抽取部分支票，检查签发的支票是否有被授权人的签字，支票中各个项目与卖方发票是否一致。

（5）追查材料采购明细账、原材料账与银行存款日记账或应付款项账户的过账是否正确。

（6）审查现金折扣的合理性。计算当期获得的现金折扣与进货总额的比率，将该比率与以前各期相比较，确定现金折扣的合理性。

（7）检查应付票据内部控制。

（四）固定资产内部控制测评（区分实质性测试程序）

（1）了解固定资产的内部控制。

（2）验证固定资产的新增手续。

（3）验证固定资产退废手续。

（4）抽验固定资产验收报告。

（5）检查固定资产账、卡的设置情况。

（五）评价采购与付款业务内部控制

通过了解控制环境、控制程序、会计准则，并实施内部控制测试，确定内部控制是否符合各项要求，有无薄弱环节和失控点，评价控制风险，明确账户余额、发生额审查的范围和重点。审计人员还应就薄弱环节提出改进建议。

【经典真题·单项选择题】下列测试程序中，不属于采购与付款循环内部控制测评程序的是（　　）。

A．检查购入材料的发票、货运单据等原始凭证的金额是否与材料计价一致

B．核对请购单与订购单是否一致

C．检查签发的支票是否有被授权人的签字

D．追查材料采购明细账、原材料账与应付款项账户的过账是否正确

【答案及解析】A　A选项属于核对采购业务核算的计价是否正确。

考点四　审计目标（明确测试程序与审计目标的相关性）

（1）证实应付款项和预付账款总体合理性。

（2）证实采购业务形成的负债的真实性和完整性。

（3）证实分类正确性。

（4）证实采购与付款截止期的正确性。

（5）固定资产审计目标。

（6）确定采购物资和相关负债在财务报表上披露的正确性。

考点五　应付款项审计

应付款项审计与应收款项审计有所不同，它主要是为了查明债务入账的完整性，审查有无隐匿负债或利用应付款项隐匿利润的情况。

（一）运用分析方法检查应付款项期末余额（分析变动的合理性）

（1）将本期各主要应付款项账户与上年比较，分析其波动原因。

（2）将本期外购商品、材料物资或劳务的有关成本费用账户金额与上年比较，判断应付款项增减变动的合理性。

（3）对应付款项占采购金额的比率、应付款项占当年流动负债的比率进行对比分析，评价应付款项整体合理性。经过比较发现应付款项期末余额变动的不合理，应在其他环节加强审核。

（4）检查长期挂账的应付款项，分析原因，判断被审计单位偿债能力，特别注意是否利用应付款项隐匿收入。

（二）抽查应付款项明细账

为了进一步查明应付款项期末余额的真实性，可运用抽样方法进行核实。应用抽样审计技术时，测试的样本量在很大程度上取决于应付款项的重要性、未清偿账户数量、以前年度的审计结果以及内部控制的健全性和有效性。

出现以下情形之一，应审查总体所有项目：①应付款项账户数较少；②抽样结果表明误差很大，无法接受总体；③应付款项明细账余额加总与总账余额不符，或者发现有其他重大错误。

以下应付款项明细账作为重点进行审查：①应付款项明细账贷方发生数额较大或账面余额累计数较大的账户；②应付款项明细账余额长期未能结清的账户；③积欠已久而突然全部结清的账户；④同一账户应付已付业务发生频繁的账户；⑤应付款项明细账未标明欠款单位或欠款单位不明确的账户；⑥应付款项明细账账面余额很小，而又长期没有变动的账户；⑦无月结单可供核对的账户；⑧具有特殊交易的账户；⑨提供资产担保的账户；⑩关联单位的账户。

将抽取的或重点审查的应付款项明细账与其原始凭证及有关附件进行核对，查明应付款项的真实性、正确性。

（三）向债权人函证应付款项数额

（1）函证的审计目的：证实应付款项的实有数额。（真实性）

（2）不函证的条件：内部控制健全有效，卖方对账单齐备。

（3）函证条件：如果付款内部控制有缺陷，又无卖方对账单可供审核。

（4）函证对象：应付款项金额较大、欠账时间较长，核对时发现账证不符、余额为零、往来频繁、变动很大的账户以及其他有代表性的账户，例如与被审计单位正常业务无关的异常项目等。

（5）回函处理：审计人员应将其反映在审计工作底稿上，并与企业应付款项数额核对，如果不相等应查明原因。如审计人员应审查有无凭证和相关资料，做进一步核实。

函证应付款项时，被审计单位无法提供债权人确切的单位和地址，则可能存在舞弊问题，诸如为逃税或截留利润而将收入转到应付款项账户等。

【经典真题·单项选择题】 下列情形中，不需要函证应付账款的是（   ）。

A. 与应付账款有关的内部控制有缺陷　　B. 应付账款往来频繁，但余额为零
C. 应付账款余额大，但欠账时间较长　　D. 应付账款明细账有借方余额

【答案及解析】 D　对内控有缺陷、无卖方对账单、应付账款金额较大、欠账时间较长、核对时发现账证不符、余额为零、往来频繁、变动很大的账户以及其他有代表性的账户进行函证。

（四）调节应付款项

被审计单位应每月从各供应商处取得对账单，与应付款项各明细账进行调节。如果企业未进行调节，审计人员应执行这一程序，亲自进行调节。

调节供应商对账单时，常见的差异是供应商已经入账并发出的货物，但企业没有收到，也没有入账。审计人员应将这些在途货物单独列表反映，不得同那些已验收入库而为了低估负债未作记录的货物相混淆。

审查应付款项与其他应付款划分是否正确，有无将其他应付款记入应付款项，同时对其他应付款进行审查。

（五）查找未列报或未入账的应付款项

审计人员必须执行这一程序，因为应付款项审查的主要目的是防止企业低估负债。

（1）审查决算日以后货币资金支出的主要凭证。

（2）追踪决算日后若干天的购货发票，关注购货发票的日期，审查相应的收货记录，查明其入账时间是否正确，有无推后截止期的情况。

（3）追踪决算日之前发出的验收单，查明该项负债是否反映在应付款项中。

（4）审核卖方对账单，追查应付款项明细表；函证那些余额为零的应付款项项目，查明有无未入账的负债。

（5）审核决算日后数周内应付款项账单及原始凭证，查明是否属于本期应计负债。

（6）结合材料、物资和劳务费用业务进行审查，确定有无未入账负债。

【经典真题·多项选择题】 审计人员在核对被审计单位年末的卖方对账单时，发现有一批货物，供应商已于年末发出并记账，但被审计单位在年末并未入账，被审计单位可能存在的情况有（   ）。

A. 未收到货物 B. 少计应付账款
C. 多计生产成本 D. 多计应收账款
E. 少计存货

【答案及解析】ABE 这种情况属于采购业务入账不完整。

考点六 固定资产审计

（一）固定资产涉及的特有审计风险

（1）管理层利用固定资产账户采取多种方法操纵利润，如通过改变预计使用年限和净残值调整折旧额。

（2）将费用支出资本化。（虚增资产）

（3）将融资租赁记为经营租赁。（虚减资产和负债）

（4）资产处置的记录不完整。（虚减收益）

（5）资产过时或减损。（计价不合理）

（6）隐藏资产或负债，形成表外资产或负债。（虚减资产和负债）

（7）折旧方法不能反映资产的实物损耗或经济损耗等。（计价不合理）

（二）运用分析法检查固定资产变动合理性

常用的比率和变动项目分析如下：

（1）固定资产总值除以全年总产量，将该比率与以前年度相比较，目的在于查明有无已减少的固定资产未在账面上注销或查明有无闲置的固定资产等问题。

（2）比较本年度与以前各年度固定资产增加额和减少额。

（3）比较本年度各个月份、本年度与以前各年度的修理费用，目的在于确定资本性支出和收益性支出的区分是否正确，有无混淆这两类支出的错误。

（4）本年度计提折旧额除以固定资产总值，将该比率与上年计算数比较，目的在于确定本年度折旧额的计算有无错误。

（5）分析比较各年度固定资产保险费，查明变动有无异常。

【经典真题·单项选择题】下列各项中，用以判断被审计单位固定资产折旧计提合理性的分析方法是（　　）。

A. 将本年度的折旧费用与上年度的折旧费用相比较
B. 计算固定资产总值除以全年总产量，将该比率与以前年度相比较

C. 计算本年度计提折旧额占固定资产原值的比例,并与上年度相比较
D. 将应计提折旧的固定资产原值乘以折旧率,并与本年度计提的折旧额相比较

【答案及解析】 B 固定资产总值除以全年总产量,将该比率与以前年度相比较,目的在于查明有无已减少的固定资产未在账面上注销或查明有无闲置的固定资产等问题。

(三)固定资产入账价值的审查

对固定资产入账价值的审查,就是对固定资产取得的实际成本是否真实、正确的审查。

1. 对于购入的固定资产入账价值的审查

(1) 对于购入的固定资产,审计人员应审查其入账价值是否按实际支付的买价、相关税费(不包括购买固定资产的进项税——小规模纳税人购买不动产取得增值税专用发票上注明的增值税仍应计入相关资产成本)、使固定资产达到预定可使用状态前所发生的可归属于该项资产的运输费、装卸费、安装费和专业人员服务费等记账。(税、费)

(2) 有无将包装费、运杂费或安装成本计入生产成本或管理费用中,混淆固定资产成本与生产成本界限的情况。(分类)

2. 对于自行建造的固定资产入账价值的审查

审计人员应审查其入账价值是否按照建造过程中实际发生的全部支出记账,有无将固定资产建造过程中发生的料、工、费计入生产成本,或者相反,将日常生产中发生的料、工、费计入固定资产价值中,混淆费用界限,造成固定资产价值不正确以及当期损益不真实的情况。

(1) 建造固定资产物资的审查。

(2) 预付工程价款的审查。

(3) 自行建造固定资产成本的审查。审查要点:建造固定资产各项支出的合法性;建造固定资产借款利息处理的合规性;建造固定资产试运转过程中收入处理的完整性。

(4) 建造固定资产期末余额的审查。审计人员应按照固定资产各明细科目所反映的内容分别加以审查,证实其真实性、正确性。

确定建造固定资产减值准备是否适当,计提依据是否充分,账务处理是否正确。

(5) 工程项目决算的审查。

(6) 借款费用的审查。审计人员应注意企业借款费用处理是否正确,已经计入固定资产价值的借款费用是否符合资本化的条件,资本化的借款费用金额是否正确。

3. 对于其他单位投资转入的固定资产

审查其入账的价值是否按评估确认或者合同、协议约定的价格记账,合同、协议约定价值有无不公允的情况。

4. 对于融资租入的固定资产

审计人员应审查其入账价值是否按租赁协议确定的设备价款、运输费、途中保险费、安装调试等支出记账。

5. 对于改建、扩建的固定资产入账价值的审查

对于在原有固定资产基础上进行改建、扩建的固定资产，审计人员应审查其入账价值是否按原有固定资产账面原值，减去改建、扩建过程中发生的变价收入，加上由于改建、扩建而增加的支出记账，有无将改建、扩建期间发生的料、工、费与生产成本或管理费用相混，或将改建、扩建中发生的固定资产变价收入不入账的情况。

6. 对于接受捐赠的固定资产

审计人员应审查其入账价值是否按照同类资产的公允价值或根据所提供的有关凭证记账，同时包括在接受固定资产时发生的各项费用，有无未按同类资产的市场价格或所提供的有关凭证记账，而是人为估计，同时将接受固定资产时发生的一些费用计入管理费用中，或反之，把企业的一些其他开支也混入到接受捐赠的该固定资产价值中的情况。

7. 对于盘盈的固定资产

审计人员应审查其入账价值是否合理估价，有无随意估计价值的情况。

8. 对于企业为取得固定资产而发生的借款利息支出和有关费用，以及外币借款的折合差额

审计人员应该注意审查，在固定资产达到预定可使用状态之前发生的，是否计入了固定资产的价值，在此之后发生的，是否计入了当期损益。

（四）固定资产增减和结存的审查

（1）核查固定资产的真实性——先核对固定资产明细与固定资产卡片，再监盘。

（2）查验固定资产的所有权——审查固定资产相关凭证：产权、合同、发票、财产税单等。

（3）新增固定资产的审查。

是否按照企业会计准则的规定进行了业务处理。购入、自建、投资者投入、接受捐赠、盘盈（通过"以前年度损益调整"科目）不同方式下的科目使用。

（4）固定资产减少的审查——报废、出售、盘亏固定资产的审查。

（5）融资租赁固定资产的审查。

（6）核实期末固定资产的价值——对企业列示于财务报表上的固定资产价值的真实性、正确性加以核实。

（7）审查固定资产披露正确性。

（五）固定资产折旧的审查

1. 运用分析方法进行审查

（1）将当年的折旧费用与以前年度折旧费用比较。

（2）将应计提折旧的固定资产乘以本期的折旧率，分析折旧计提的总体合理性。

（3）计算本期计提折旧额占固定资产原值的比例，并与上期比较，分析本期计提折旧额的合理性。

（4）计算本期计提折旧额占固定资产原值的比例，评价固定资产新旧程度，并估计可能发生的固定资产损失、使用年限的变更或折旧政策的变化。

（5）将成本费用中的折旧费用明细账记录与"累计折旧"账户贷方的本期折旧计提额比较，查明计提折旧是否计入本期生产成本或期间费用，如发现差异，必须查明原因，差异数额较大时需作出调整。

2. 确定企业所使用折旧方法的适当性（是否遵循一贯性原则）

3. 审查计提折旧的范围

计提折旧的期间：以月初固定资产原值为基础进行，即算尾不算头。

不计提：已提足折旧继续使用的，按规定估价单独入账的土地等不计提折旧。

4. 审查折旧额的计算

（1）不考虑固定资产减值准备前提下。

固定资产的月初原值的确定是否正确，有无将本月新增的固定资产计提折旧、本月减少的固定资产未提取折旧；折旧率是否正确，是否符合各类固定资产使用年限的规定，审计人员应该核实年限平均法的折旧率以及其他的折旧率，并复核折旧额的计算。

（2）对已计提减值准备的固定资产。

按照该固定资产的账面价值以及尚可使用寿命重新计算确定折旧率和折旧额，应结合固定资产减值准备账户，确认其折旧额计算的正确性。

（固定资产原值 – 减值准备 – 已经计提折旧 – 残值）÷尚可使用年限

【经典真题·多项选择题】审计人员发现的下列情况中，可能表明被审计单位固定资产折旧计提不足的有（　　）。

A. 经常发生大额固定资产清理损失

B. 固定资产保险额大于其账面价值

C. 提取折旧的固定资产账面原值较大

D. 本月新增的固定资产从下月起计提折旧

E. 本月减少的固定资产从本月起停止计提折旧

【答案及解析】AE　A选项，大额固定资产清理损失往往是由固定资产账面价值过高而造成的；E选项，本月减少的固定资产本月仍然计提折旧。

（六）固定资产减值准备的审查

固定资产减值准备审查要点：①确定减值准备计提方法及比例的适当性和计提额是否充分；②确定减值准备增减变动完整记录情况；③确定固定资产减值准备账户期末余额的正确性；④结合累计折旧账户，确认已计提减值准备的固定资产是否按照账面价值和尚可使用寿命调整折旧计提金额；⑤审查固定资产减值准备是否按照企业会计准则进行正确披露。

【经典真题·多项选择题】 审计人员在审查被审计单位固定资产减值准备时，应关注的内容有（   ）。

A. 减值准备转回的充分性　　　　B. 减值准备计提方法的适当性
C. 减值准备账户期末余额的正确性　　D. 减值准备增减变动记录的完整性
E. 减值准备披露的正确性

【答案及解析】 BCDE　固定资产减值准备的审查要点主要有：①确定减值准备计提方法及比例的适当性和计提额是否充分；②确定减值准备增减变动完整记录情况；③确定固定资产减值准备账户期末余额的正确性；④结合累计折旧账户，确认已计提减值准备的固定资产是否按照账面价值和尚可使用寿命调整折旧计提金额；⑤审查固定资产减值准备是否按照企业会计准则进行正确披露。

【本章案例分析题】

（一）资料

2018年4月，某审计组对乙公司2017年度财务收支情况进行了审计。有关采购与付款业务循环审计的情况和资料如下：

1. 审计人员在对采购与付款业务内部控制进行调查的过程中了解到：
（1）仓储部门根据库存原材料变化情况提出采购申请，填写请购单；
（2）采购部门依据经批准的请购单签发一式两联的订购单，送交供应商一张；
（3）仓库保管人员对采购材料的数量和质量进行验收；
（4）出纳人员只根据收到的发票签发支票支付采购货款，并登记银行存款日记账。

2. 审计人员在审核应付账款明细表时，发现一笔账龄已达4年，金额150万元的应付账款。审计人员向该公司相关人员了解情况和查阅凭证，均未能取得充分证据证明该笔应付账款的真实性。

3. 该公司应付账款总账余额为3 700万元。应付账款明细表反映有贷方余额的明细科目数量为30个，贷方余额合计为4 000万元；有借方余额的明细科目数量为4个，借方余额合计为300万元。该公司财务报表中列示的应付账款期末余额为

3 700万元。

4. 2017年7月，公司购入不需要安装的生产用设备一台。审计人员检查相关原始凭证时发现，增值税专用发票上注明的设备价款为200万元，增值税进项税额为34万元，发生包装费2万元，款项已全部付清，乙公司确认的该设备入账价值为200万元。乙公司为增值税一般纳税人。

5. 审计人员在进行折旧审查过程中，发现公司2017年固定资产折旧额的计提不够合理，存在以下情况：

（1）2017年7月购置的生产用设备当年未计提折旧；

（2）一台大型设备因2016年已提足折旧，2017年未计提折旧；

（3）2017年12月报废的一台固定资产12月未计提折旧；

（4）单独入账的土地未计提折旧。

（二）要求：根据上述资料，为下列问题从备选答案中选出正确的答案

1. "资料1"中，违反内部控制要求的为（　　）。

A. 仓储部门根据库存原材料变化情况提出采购申请，填写请购单

B. 采购部门根据经批准的请购单签发一式两联的订购单，送交供应商一张

C. 仓库保管人员对采购材料的数量和质量进行验收

D. 出纳人员只根据收到的发票签发支票支付采购货款，并登记银行存款日记账

【答案及解析】BCD　B选项和D选项违反了内控的文件和记录的使用要求；C选项违反了内控的职责分工要求。

2. 针对"资料2"，审计人员应当进一步采取的措施为（　　）。

A. 向债权人函证

B. 直接认定账实不符

C. 要求该公司将该笔应付账款转为营业外收入

D. 要求该公司将该笔应付账款转为资本公积

【答案及解析】A　对应付款项金额较大、欠账时间较长，核对时发现账证不符、余额为零、往来频繁、变动很大的账户以及其他有代表性的账户，有必要进行函证，以证实应付款项的实有数额。

3. 针对"资料3"，如果不考虑其他情况，审计人员认为该公司的做法对财务报表造成的影响为（　　）。

A. 少列报应付账款300万元　　　　B. 少列报预付款项300万元

C. 少列报预收款项300万元　　　　D. 少列报应收账款300万元

【答案及解析】AB 财务报表中列示的应付账款项目的金额应该根据"应付账款"和"预付账款"明细账贷方金额之和列示，而"应付账款"明细账借方金额应列入预付账款项目。

4. "资料4"中，审计人员认为乙公司新购生产用设备的入账价值应该为（ ）。

　　A. 200万元　　　　B. 202万元　　　　C. 234万元　　　　D. 236万元

【答案及解析】B 公司为增值税一般纳税人，购入时发生的增值税进项税额不应计入固定资产原价。购入设备入账价值＝设备价款200万元＋包装费2万元＝202万元。

5. "资料5"中审计人员认为乙公司对下列固定资产折旧计提的处理正确的为（ ）。

　　A. 2017年7月购置的生产用设备当年未计提折旧

　　B. 一台大型设备因2016年已提足折旧，2017年未计提折旧

　　C. 2017年12月报废的一台固定资产12月未计提折旧

　　D. 单独入账的土地未计提折旧

【答案及解析】BD A选项，设备应在2017年8月开始计提折旧；C选项，2017年12月报废的固定资产当期仍应计提折旧。按照会计准则规定，自有固定资产不需要计提折旧的只有两种情况：已提足折旧继续使用的固定资产；单独估价作为固定资产入账的土地。

【本章易错题分析】

1.【经典真题·单项选择题（初级）】对企业的固定资产进行监盘，主要是为了核实固定资产的（ ）。

　　A. 所有权　　　　　　　　　　　B. 存在性

　　C. 变动的合理性　　　　　　　　D. 计价

【答案及易错分析】B 本题易错选A选项。监盘主要是核实资产的存在性或真实性。核实所有权需要查阅相关票据或凭证。

2.【经典真题·单项选择题（初级）】在采购与付款业务循环中，可以由生产或使用部门填写的文件是（ ）。

　　A. 订购单　　B. 验收单　　C. 请购单　　D. 付款凭单

【答案及易错分析】C 本题易错选B选项。验收单应由验收部门填写。

3.【经典真题·多项选择题（初级）】被审计单位采购与付款业务循环中涉及的主要凭证有(　　)。

　　A. 请购单　　　　　　　　B. 验收单

　　C. 生产通知单　　　　　　D. 卖方发票

　　E. 客户订货单

【答案及易错分析】ABD 本题易错选 E 选项。客户订货单是销售与付款循环业务涉及的凭证。

4. 【例题·多项选择题】在固定资产循环审计中，通过计算本年度计提折旧额占固定资产原值的比例并与上年相比较，无法帮助审计人员判断的事项有（　　）。

   A. 本年度计提折旧额的合理性
   B. 累计折旧核算的正确性
   C. 资本性支出和收益性支出区分的正确性
   D. 固定资产变动的合理性
   E. 折旧方法的适当性

【答案及易错分析】BCDE 本题易漏选 D 选项。通过计算本年度计提折旧额除以固定资产总值，将该比率与上年计算数比较，可以用来检查本年度固定资产变动的合理性。而通过计算本年度计提折旧额占固定资产原值的比例并与上年相比较，用来检查本年度计提折旧额的合理性。

5. 【例题·多项选择题】应用分析方法审查应付账款期末余额变动合理性时，审计人员可采用的具体措施有（　　）。

   A. 将本期各主要应付账款项账户与上年比较
   B. 检查应收账款明细表上有无贷方余额
   C. 计算本期获得的现金折扣占采购金额比率，并与前期相比较
   D. 计算并对比分析应付账款占当年流动负债的比率
   E. 计算并对比分析应付账款占采购金额的比率

【答案及易错分析】ADE 本题易错选 C 选项。应计算本期应付账款占采购金额比率，并与前期相比较，才能用于审查应付账款期末余额变动合理性。

6. 【经典真题·多项选择题（初级）】下列各项中，属于固定资产业务内部控制测评程序的有（　　）。

   A. 验证固定资产的退废手续　　　B. 验证固定资产的新增手续
   C. 审查固定资产的计价方法　　　D. 查验固定资产的所有权
   E. 检查固定资产账、卡的设置情况

【答案及易错分析】ABE 本题易错选 C 选项和 D 选项。固定资产业务内部控制测评程序一定是针对固定资产内部控制的，因此，凡是不涉及内部控制内容的选项一定不属于内部控制测评程序，C 选项和 D 选项属于实质性审查内容。

7. 【例题·单项选择题】为发现未列报或未入账的应付账款，除了审查决算日后货币资金支出凭证、应付账款账单、卖方对账单之外，还需检查的凭证是（　　）。

   A. 决算日之前的领料单　　　　　B. 决算日之前的验收单
   C. 决算日之前的订购单　　　　　D. 决算日之前的请购单

【答案及易错分析】 B　本题易错选 C 选项。验收单是购进货物是否入库的重要依据，结合审查决算日后货币资金支出凭证、应付账款账单和卖方对账单，检查决算日之前的验收单，对发现未列报或未入账的应付账款有很大的帮助。

8.【例题·多项选择题】为判断固定资产的总体合理性，审计人员通常可以采用的分析程序有（　　）。

A. 分析本期与以前各期固定资产增减变动情况
B. 计算固定资产总值与本期产品产量的比率，并与前期比较
C. 复算各类固定资产本期计提折旧额的正确性
D. 比较本期与以前各期固定资产修理和维护费用
E. 审查本期新增固定资产计价的合理性

【答案及易错分析】 ABD　本题易错选 C 选项和 E 选项。C 选项和 E 选项不属于判断固定资产的总体合理性分析。

第三章　生产与存货循环审计

【大纲解读】

（一）本业务循环的性质
1. 掌握生产与存货循环中的主要内部控制措施
2. 熟悉生产与存货循环的业务流程
3. 了解生产与存货循环中的主要文件

（二）业务循环内部控制测评和审计目标
1. 掌握生产与存货循环内部控制测评的步骤与方法
2. 掌握生产与存货循环的审计目标（初级要求熟悉）

（三）产品成本审计
掌握产品成本审计的方法与内容

（四）存货审计
掌握存货审计的方法与内容

【考情分析】

本章除了单项选择题、多项选择题外，也会涉及案例分析题。

主要考点：生产与存货循环是企业处理有关生产成本计算和存货管理等业务的工作程序的总称。本业务循环审计也是每年必考的内容，会结合业务环节的内部控制设置和测试、存货的实质性测试程序及相关审计目标出题。

【知识结构图】

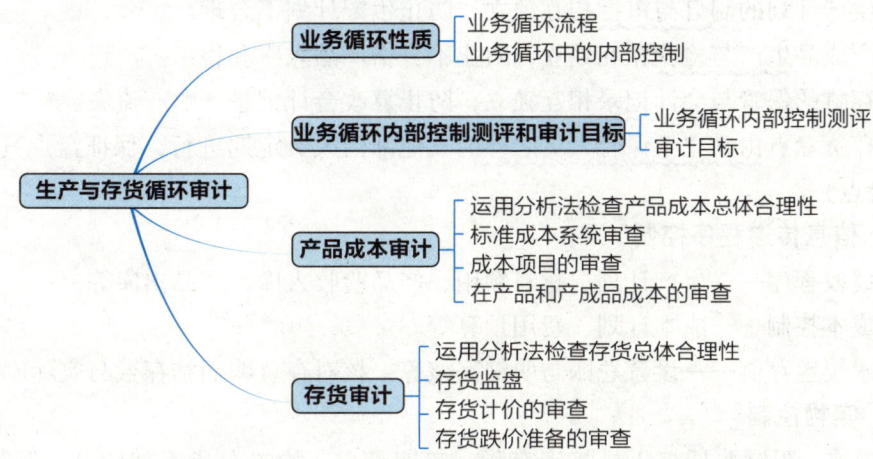

图 2-2-5 "生产与存货循环审计"知识结构

【考点精编】

考点一 生产与存货循环的业务流程

生产与存货业务循环涉及计划部门、仓库、财会部门、生产部门、销售部门、人力资源管理部门等，相关账户多，审计人员需要安排较多的时间。

典型的生产与存货业务循环包括以下主要过程：①制订和批准生产计划；②申请和发出材料；③生产加工产品；④产品成本核算；⑤存货管理；⑥产成品销售出库；⑦存货盘点；⑧计提存货跌价准备；⑨存货的报废核销。

【经典真题·多项选择题】在生产与存货业务循环中领料单通常一式三联，持有的部门有（　　）。

A. 生产计划部门　　　　　　B. 生产部门
C. 财会部门　　　　　　　　D. 仓库
E. 技术部门

【答案及解析】BCD　领料单通常一式三联，仓库发料后登记材料明细账留用一联，领料单位保存一联，财会部门进行材料收发核算、成本计算使用一联。

考点二 业务循环中的内部控制（结合第七章的控制活动）

（一）职责分工

（1）采购部门与验收、保管部门相互独立，防止购入不合格材料。

(2) 存储部门与生产或使用部门相互独立，防止多领材料或存货被盗。

(3) 生产计划的制订与审批相互独立，防止生产计划不合理。

(4) 产成品生产与检验相互独立，防止不合格产品入库和售出。

(5) 存货的保管与会计记录相互独立，防止篡改会计记录、财产流失。

(6) 存货盘点由独立于保管人员之外的其他部门人员定期进行，保证盘点真实性。（保管与盘点）

（二）信息传递程序控制

(1) 授权程序——生产计划、材料领用、产品验收入库、产品出库等。

(2) 成本控制——成本计划、费用预算等。

(3) 永续盘存制——设置总账与明细账核算，核对存货账面结存数与实际库存数。

（三）实物控制

主要措施：限制非授权人员接近存货，定期盘点、检查存货管理情况，保管与记录严格分工等。

【经典真题·单项选择题】在生产与存货业务循环中，对存货进行定期盘点属于该业务循环内部控制的（　　）。

A. 成本控制　　　B. 实物控制　　　C. 授权控制　　　D. 永续盘存制

【答案及解析】B　生产与存货循环中实物控制主要措施有：限制非授权人员接近存货，定期盘点、检查存货管理情况，保管与记录严格分工等。

考点三　业务循环内部控制测评

(1) 调查了解生产与存货内部控制——查阅企业关于存货保管、存货领用、成本会计等制度文件，走访并实地考察生产和存货部门。

(2) 检查不相容职责的分离情况——职责分工情况。

(3) 抽查部分存货入库、出库业务，追踪其业务处理。

(4) 抽查盘点记录。

(5) 审查产品生产、成本管理制度执行情况。

(6) 审查成本核算和会计入账环节。

(7) 评价生产与存货业务内部控制。

【经典真题·多项选择题】下列各项中，属于对生产与存货业务循环内部控制测试的有（　　）。

A. 观察存货保管与盘点职责是否分离
B. 追踪原材料入库业务各项控制的执行情况
C. 计算存货周转率并与上年进行比较
D. 存货盘点记录，检查盘点范围、组织方式等
E. 抽查产品成本计算单，审查成本项目计算的正确性

【答案及解析】 ABD　C 选项和 E 选项均属于实质性测试。

考点四　审计目标

（一）产品成本审计目标

①证实产品成本的真实性；②证实成本形成的合规性；③证实截止期的正确性；④证实计价的正确性；⑤证实成本会计处理的正确性。

（二）存货业务审计目标

①证实存货的真实性、所有权与完整性；②证实存货计价的正确性；③证实存货采购和销售业务的合法性；④证实存货账务处理和存货记录截止期的正确性；⑤证实财务报表中存货披露的正确性。

【经典真题·单项选择题】下列各项中，不属于生产业务审计目标的是（　　）。

A. 计价的正确性　　　　　　　　B. 会计处理的正确性
C. 业务的合法性　　　　　　　　D. 截止期的正确性

【答案及解析】 C　生产业务审计目标有：①证实产品成本的真实性；②证实成本形成的合规性；③证实截止期的正确性；④证实计价的正确性；⑤证实成本会计处理的正确性。

考点五　产品成本审计

（一）运用分析方法检查产品成本总体合理性

通过分析被审计单位重要的比率和成本变动趋势，查明有无异常变动，实际数与预算或计划数的差异有无异常情况等。分析比较的内容主要有：

（1）分析比较近期各年度和本年各个月份主要产品生产成本和存货余额及其构成的变动情况，以评价生产成本和期末存货余额及其构成的总体合理性。

（2）分析比较各月材料和产品成本差异率，判断是否存在人为调节生产成本和存货余额的可能。

（3）分析比较近期各年度和本年度各个月份产品生产成本总额及单位生产成本，以判断本期生产成本的总体合理性。

（4）分析比较近期各年度待处理财产损溢，判断其总体合理性。

（5）分析比较近期各年度和本年度各个月份制造费用总额及其构成，判断制造费用及其构成的总体合理性。

（6）分析比较近期各年度和本年度各个月份直接材料费，判断直接材料费的总体合理性。

（7）分析比较近期各年度和本年度各个月份直接人工费用，以判断本期直接人工费用的总体合理性。

（8）分析比较近期各年度和本年度各个月份营业成本总额及单位成本，判断营业成本的总体合理性。

（9）计算分析毛利率：毛利率＝（销售收入－销售成本）÷销售收入，分析其变动合理性。毛利率变动可能存在的原因有：售价变动、产品单位成本变动、产品总体结构变动、产品销售结构变动等。

（10）对关联企业与非关联企业的产品成本、价格、交易量、结算方式进行比较分析，判断有无虚构业务情况。

【经典真题·多项选择题】当计算发现被审计单位本期综合毛利率较前期变动较大时，审计人员认为可能存在的原因有（　　）。

A．产品销售价格变动　　　　　　B．产品单位成本变动
C．产品营销费用变动　　　　　　D．产品销售结构变动
E．产品研发费用变动

【答案及解析】ABD　毛利率变动可能存在的原因有：售价变动、产品单位成本变动、产品总体结构变动、产品销售结构变动等。

（二）标准成本系统审查

企业成本系统直接影响期末存货的计价，审计人员应该通过询问以便了解：制定标准成本的方法，包括是否对产品使用和人工投入进行工艺研究；识别制造费用的构成和将制造费用分配到产品中的方法。

（三）成本项目的审查

存货的加工成本——直接材料、直接人工以及按照一定方法分配的制造费用等。

1．直接材料费的审查——真实性、正确性

（1）直接材料耗用量的审查，通常是以审查材料用途的方式进行的。

（2）直接材料计价的审查，包括计划成本计价法下材料成本差异的计算和分配。

（3）直接材料费分配的审查。

（4）常见弊端。（当期费用不准确）

2. 审查直接人工费

（1）抽查产品成本计算单，审查直接人工费计算的正确性，查明人工费分配标准与计算方法的适当性，核对是否与工薪费用分配表中该产品分配的直接人工费相一致。

（2）分析比较各期人工费变动有无异常，如发现有异常波动须查明原因。

（3）结合对工薪业务循环的审查，抽查直接人工费会计记录及处理的正确性。

（4）采用定额成本或标准成本的企业，抽查直接人工费差异的计算、分配及账务处理的正确性，同时审查直接人工标准成本在年度内有无变更。

3. 制造费用的审查

（1）制造费用真实性的审查。

（2）制造费用项目合规性的审查。

通过检查"制造费用明细账"和相应记账凭证，查明有无非本部门、单位的制造费用混入，有无属于管理费用等期间费用、福利性支出、其他业务支出、营业外支出的费用混入。

（3）制造费用会计处理正确性及合理性的审查。（归集业务的核算与费用分配的计算）

（4）制造费用分配账务处理正确性的审查。

4. 辅助生产费用的审查

（1）辅助生产费用归集的审查。

（2）辅助生产费用分配的审查。

此外，审查时还应注意是否存在将辅助生产车间为福利部门、基建部门提供的产品和劳务混入基本生产车间和管理部门，或者不参加分配，而直接冲减辅助生产费用的问题。

【经典真题·多项选择题】审计人员在审查生产成本时，发现被审计单位存在下列做法，其中错误的有（   ）。

A. 任意改变材料费的分配方法
B. 将某项委托加工合同违约金计入生产成本
C. 将为基建部门提供的辅助生产费用计入生产成本
D. 期末已领未用材料办理退库或作"假退库"处理
E. 将某项经营性租入的生产使用固定资产折旧费用计入生产成本

【答案及解析】ABCE 严格区分应计入产品成本的费用与不应计入产品成本的费用的界限，保证前后期产品成本可比性。

（四）在产品和产成品成本的审查

生产周期较长，且期初、期末在产品数量不均衡或在产品成本变动较大的企业，在产品成本的真实性和正确性对产品成本的真实、正确有着直接影响。

决定在产品成本的主要因素是在产品数量及其计价，故对在产品成本的审查应从以下三方面进行：

（1）在产品结存量的审查。在产品在"生产成本"科目的借方反映，审查在产品的真实性和正确性。

常见弊端：以估计数作为盘存数；多计或少计在产品数量；以期末账面结存数作为实际结存数。

（2）在产品计价方法的审查。审查计价方法的合理性。

（3）产成品成本的审查。盘点产成品数量，审查成本计算方法的合理性。

考点六　存货审计

（一）运用分析方法检查存货总体合理性

1. 存货周转率

审计人员通常运用存货周转率（周转天数）衡量销售能力、存货有无积压，分析存货余额存在错弊的可能性。

$$存货周转率 = 销售成本 \div 平均存货$$

2. 分析存货周转率变动

将被审计单位不同会计期间存货周转率比较并与同行业其他企业比较，分析存货周转率变动是否存在以下情况：①存货成本项目发生变动；②存货核算方法变动；③存货储备变动；④存货控制程序变动；⑤存货跌价准备计提基础变动；⑥销售变动。

【经典真题·单项选择题】可以通过分析存货周转率变动了解到的情况是（　　）。

A. 销售收款变动　　　　　　　　B. 销售单价变动

C. 存货仓储费用变动　　　　　　D. 存货成本项目发生变动

【答案及解析】D　分析存货周转率变动是否存在以下情况：存货成本项目发生变动、存货核算方法变动、存货储备变动、存货控制程序变动、存货跌价准备计提基础变动、销售变动。

（二）存货监盘

尽管按照内部控制的要求，企业应定期进行材料的盘点，但审计人员仍需在年终进行必要的核实。

监盘时间——安排在决算日附近。

监盘范围——视企业内部控制评价结果而定，一般是有针对性地抽查盘点。

工作要点：①要求企业成立材料盘点小组，审计人员参与制订盘点计划；②监督盘点工作的进行；③抽查材料盘点记录；④鉴定材料的所有权；⑤验证材料明细账余额的正确性；⑥将盘点结果与材料明细账余额核对；⑦查验存货质量。

【经典真题·多项选择题】 下列有关存货审计的表述中，正确的有（   ）。

A. 存货监盘的范围取决于被审计单位的意见
B. 可运用存货周转率分析存货跌价准备计提的合理性
C. 审计人员在监盘过程中随时抽查盘点记录，必要时直接复点
D. 被审计单位经营环境发生重大变化时，应关注存货是否发生了减值
E. 审查发出存货计价时，应关注选用的计价方法是否遵循了一贯性原则

【答案及解析】 BCDE　监盘时间可安排在决算日附近，监盘范围视企业内部控制评价结果而定，一般是有针对性地抽查盘点。

（三）存货计价的审查（关注采购、发出、截止期三个方面）

1. 材料采购的审查

审查内容：①材料计价的审查——实际成本，计价方法；②材料采购成本的审查——材料采购成本的构成项目是否完整，材料采购费用分配比例是否合理，材料采购成本是否合规、正确，材料采购成本的计算方法是否符合有关规定；③在途材料的审查——审计人员应通过有关账、证的核对，确定在途材料的真实性；④材料采购账务处理的审查——会计核算问题。

2. 存货发出的审查

审查内容：①生产领用材料的审查——数量上的弄虚作假，计价正确；②核实产成品出库的成本结转——结合产成品销售与销售收入的变动趋势分析结转的数量；③材料销售的审查——是否经过企业领导批准，出售的价格是否合理；④低值易耗品的审查——摊销是否合理。

3. 存货截止期的审查

外购业务：检查截止到12月31日所购入并已包括在12月31日存货盘点范围内的存货。

生产存货：审计人员必须审查决算日前后若干日的产成品入库单与验收单和产成品的销货发票副联与提货单，以验证决算日产成品截止数的正确性，揭露截止期业务处理不当，人为调剂库存产成品的情况。例如决算日虚报入库和销售，决算日后再转出，或做相反处理，以调节利润。

【经典真题·单项选择题】审计人员审查材料采购成本时，不应审查的内容是（　　）。

A．材料采购成本的构成是否完整
B．材料采购费用分配比例是否合理
C．未收到采购发票的入库存货是否单独存放并暂估入账
D．材料采购成本的计算方法是否符合有关规定
【答案及解析】C　C选项为存货截止期的审查内容。

（四）存货跌价准备的审查

存货成本高于其可变现净值的，应当计提存货跌价准备，计入当期损益。

通过对存货跌价准备进行审查，查明存货跌价准备的真实性、转销的合理性、会计记录的完整性、期末跌价准备余额的正确性及披露的正确性。

1．取得或编制存货跌价准备及跌价损失明细表
2．存货跌价准备计提合理性的审查
审计人员应予以重点关注（与跌价相关的迹象）：
（1）存货的市价当期大幅度下跌，其跌幅明显高于因时间的推移或者正常使用而预计的下跌。
（2）企业经营所处的经济、技术或者法律等环境以及资产所处的市场在当期或者将在近期发生重大变化，从而对企业产生不利影响。
（3）有证据表明存货已经陈旧过时或者其实体已经损坏。
（4）存货已经或者将被闲置、终止使用或者计划提前处置。
（5）其他表明存货可能已经发生减值的迹象。
3．期后售价的审查（计提合理性的审查）
4．对存货跌价准备进行分析
审查前后各期存货跌价准备有无异常变动，是否存在利用跌价准备人为调节成本费用的情况。
5．核对相关会计科目（账务处理是否正确）
6．审查存货在财务会计报表中披露的正确性

【本章案例分析题】

（一）资料
2018年3月，某审计机关对丙公司2017年度财务收支情况进行了审计。有关生产与存货业务循环的审计情况和资料如下：

1. 审计人员在调查了解生产与存货内部控制中发现以下情况：
（1）企业生产部门根据销售部门反馈的市场信息制订各季度生产计划；
（2）产成品生产结束后直接送至仓库准备销售；
（3）库管定期将存货收发原始凭证报送给财务部进行明细账计算；
（4）各月末，库管自行盘点存货并编制盘点表。

2. 审计人员对丙公司的存货实施了监盘，具体工作要点包括：
（1）审计人员参与制订盘点计划；
（2）审计人员自始至终在现场监督盘点的进行；
（3）在监盘过程中，对过期、毁损的存货单独做记录；
（4）将盘点结果与明细账余额核对。

3. 审计人员审查丙公司2017年末存货盘点记录后发现，A材料的盘点结果为1000公斤，而该材料账面记录为800公斤。据丙公司相关人员解释，差额的200公斤公司是在12月30日收到货物并验收入库，2018年1月才收到购货发票，2月支付货款。

4. 审计人员重点抽查了B产品的明细记录，2017年12月B产品的相关明细记录反映：
（1）12月1日，结存5 000件，总成本为350万元；
（2）12月15日，入库3 000件，单位产品成本为750元；
（3）12月20日，销售6 000件，结转营业成本435万元；
（4）12月31日，结存2 000件，总成本为140万元。

丙公司产成品按照实际生产成本入账，发出时采用先进先出法核算。

5. 审计人员对产成品进行审查时，采取了如下审计程序：
（1）审查产成品计价方法的合理性。
（2）审查是否按规定计提存货跌价准备。
（3）审查资产负债表日前后若干天产成品的入库单和验收单。
（4）审查资产负债表日前后若干天产成品的销售发票副本和提货单。

（二）要求：根据上述资料，为下列问题从备选答案中选出正确的答案

1. 针对"资料1"，审计人员发现该企业生产与存货内部控制存在问题的有（　　）。

A. 企业生产部门根据销售部门反馈的市场信息制订各季度生产计划

B. 产成品生产结束后直接送至仓库准备销售

C. 库管定期将存货收发原始凭证报送给财务部进行明细账核算

D. 各月末，库管自行盘点存货并编制盘点表

【答案及解析】ABD 在生产与存货内部控制中应当存在以下职责分工：①采购部门与验收、保管部门相互独立，防止购入不合格材料；②存储部门与生产或使用部门相互独立，防止多领材料或存货被盗；③生产计划的制订与审批相互独立，防止生产计划不合理；④产成品生产与检验相互独立，防止不合格产品入库和售出；⑤存货的保管与会计记录相互独立，防止篡改会计记录、财产流失；⑥存货盘点由独立于保管人员之外的其他部门人员定期进行，保证盘点真实性。

2．"资料2"中，审计人员实施监盘工作的要点中正确的为（　　）。

A．审计人员参与制订盘点计划

B．审计人员自始至终在现场监督盘点的进行

C．在监盘过程中，对过期、毁损的存货单独做记录

D．将盘点结果与明细账余额核对

【答案及解析】ABCD 存货监盘的具体工作要点为：①要求企业成立材料盘点小组，审计人员参与制订盘点计划；②监督盘点工作的进行；③抽查材料盘点记录；④鉴定材料的所有权；⑤验证材料明细账余额的正确性；⑥将盘点结果与材料明细账余额核对；⑦查验存货质量。

3．"资料3"中，盘盈的200公斤材料会导致该企业（　　）。

A．2017年末货币资金被高估　　B．2017年末存货被低估

C．2017年末负债被低估　　　　D．2017年度营业收入被高估

E．2017年度营业利润被低估

【答案及解析】BC 年末购入物资在没有收到发票的情况下，应该暂估入账。

4．针对"资料4"，审计人员核查后应要求丙公司进行的调整为（　　）。

A．调增产成品10万元，调减营业成本10万元

B．调减产成品10万元，调增营业成本10万元

C．调增产成品5万元，调减营业成本5万元

D．调减产成品5万元，调增营业成本5万元

【答案及解析】A 被审计单位采取先进先出法结转产品成品，以目前发出情况来看，剩余产成品应该是本期入库的产品——单位产品成本为750元，结存2 000件，结存成本总额为150万元。

5．"资料5"中，审计人员对产成品所采取的审计程序中，可用于截止期测试的程序为（　　）。

A．审查产成品计价方法的合理性

B．审查是否按规定计提存货跌价准备

C．审查资产负债表日前后若干天产成品的入库单和验收单

D．审查资产负债表日前后若干天产成品的销售发票副本和提货单

【答案及解析】CD 审计人员必须审查决算日前后若干日的产成品入库单与验收单和产成品的销货发票副联与提货单，以验证决算日产成品截止数的正确性，揭露截止期业务处理不当，人为调剂库存产成品的情况。

【本章易错题分析】

1. 【例题·单项选择题】下列职责分工中，符合生产与存货业务循环内部控制要求的是（　　）。

    A. 采购部门负责验收原材料
    B. 计划部门负责制订生产计划
    C. 存储部门负责对存货进行定期盘点
    D. 生产车间负责产成品的检验

    【答案及易错分析】B 本题易错选 C 选项。存货盘点由独立于保管人员之外的其他部门人员定期进行。

2. 【经典真题·多项选择题（初级）】下列情况中，审计人员判断被审计单位存货可能发生减值的有（　　）。

    A. 存货长期闲置
    B. 存货实体已经部分损坏
    C. 存货的市价大幅度下跌
    D. 当期存货发出的计价方法发生了变动
    E. 经济、技术或者法律等环境发生变化，对企业产生有利影响

    【答案及易错分析】ABC 本题易错选 D 选项和 E 选项。是否计提存货跌价准备，取决于存货的可变现净值是否低于其成本，由于 D 选项不影响存货的可变现净值，审计人员无法判断被审计单位存货发生减值的可能性，E 选项对存货的可变现净值有影响，由于是有利的影响，往往使得可变现净值高于成本，故不会发生减值的可能性。

3. 【经典真题·多项选择题（初级）】审计人员对被审计单位存货实施监盘时，下列做法中正确的有（　　）。

    A. 参与制订盘点计划　　　　　　　B. 作为盘点小组成员进行盘点
    C. 指挥盘点工作的进行　　　　　　D. 根据情况抽查盘点记录
    E. 自始至终监督盘点的进行

    【答案及易错分析】ADE 本题易错选 B 选项。审计人员应参与制订盘点计划，自始至终监督盘点进行，抽查盘点记录，但不作为盘点小组成员，也无须亲自盘点。

4. 【经典真题·单项选择题（初级）】下列审计程序中，属于对成本进行实质性测试的是（　　）。

    A. 对成本进行分析性复核
    B. 审查有关支出是否经过授权

C. 审查被审计单位是否制订了成本计划

D. 观察存货的盘点

【答案及易错分析】A 本题易错选 D 选项。观察属于内部控制测试方法。观察存货的盘点，并不是监督存货的盘点，因此 D 选项属于内部控制测试程序，而不属于实质性测试程序。

5.【经典真题·多项选择题（中级）】审计人员对被审计单位的材料采购业务进行实质性测试，审查的内容有（　　）。

A. 材料采购费用的分配比例是否合理

B. 材料采购成本的构成项目是否完整

C. 材料计价方法是否保持前后期一致

D. 材料采购的业务处理流程是否合理

E. 是否制定了材料采购管理制度

【答案及易错分析】ABC 本题易错选 D 选项和 E 选项。进行实质性测试主要审查的是具体业务，而不是针对内部控制，因此，凡是涉及内部控制内容的选项一定不属于实质性测试内容或程序，D 选项和 E 选项属于内部控制测试程序。

6.【例题·多项选择题】下列属于存货控制措施的有（　　）。

A. 限制非授权人员接近存货

B. 请购单必须经过适当的授权批准

C. 定期盘点

D. 生产计划的制订与审批相互独立

E. 存货保管与会计记录相互独立

【答案及易错分析】ACE 本题易错选 B 选项和 D 选项。B 选项属于采购与付款循环业务内部控制，D 选项属于生产循环内部控制。

7.【例题·多项选择题】下列各审计程序中，属于对生产与存货业务循环实质性测试程序的有（　　）。

A. 实地观察仓库验收原材料的情况

B. 抽查部分销售合同上反映的手续是否齐备

C. 编制存货跌价准备明细表，并与报表、总账和明细账核对

D. 计算毛利率并分析本期与上期有无明显变化

E. 抽查被审计单位若干月份盘点记录，检查盘点程序的合规性

【答案及易错分析】CD 本题易错选 A 选项、E 选项。A 选项、B 选项、E 选项属于生产与存货业务循环符合性测试程序。

8.【例题·多项选择题】下列有关材料采购内部控制的表述，存在内部控制设计缺陷的有（　　）。

A. 请购单既可由仓库人员填制，也可由车间、管理部门人员填制
B. 订购单未连续编号
C. 验收人员出差期间，验收业务由采购人员代为执行
D. 财会人员收到采购发票后，直接根据发票记录的单价和数量登记相关账簿
E. 收到采购发票前，将材料在仓库临时存放，暂不办理验收手续

【答案及易错分析】 BCDE　本题易错选 A 选项。订购单应连续编号，B 选项不正确；采购与验收应相互独立，C 选项不正确；财会人员收到采购发票后，应根据发票记录和验收单、请购单等登记账簿，D 选项不正确；E 选项不正确，材料购进时，应及时办理入库。

第四章　货币资金审计

【大纲解读】

（一）本业务的性质

1. 掌握货币资金业务中的主要内部控制措施
2. 熟悉货币资金的业务流程
3. 了解货币资金业务中的主要文件

（二）货币资金内部控制测评和审计目标

1. 掌握货币资金业务内部控制测评的步骤与方法
2. 掌握货币资金业务的审计目标（初级要求熟悉）

（三）现金与银行存款审计

掌握现金与银行存款审计的方法与内容

（四）外币业务与其他货币资金审计（中级要求熟悉，初级要求了解）

1. 熟悉其他外币资金审计的方法与内容
2. 熟悉审查外币金额折算及汇兑损益账务处理正确性的内容
3. 了解审查外币交易事项的内容

【考情分析】

本章属于重点章节，题型除了单项选择题、多项选择题外，容易在案例分析题中出现。

主要考点：货币资金审计所涉及的资产负债表项目主要包括库存现金、银行存款和其他货币资金。货币资金是企业流动性最强的资产，具有被盗窃、贪污和挪用的高风险性，而且收付频繁、业务量大，与货币资金业务相联系的项目多。由于上述特点，货币资金审计构成财务审计的重要组成部分。

【知识结构图】

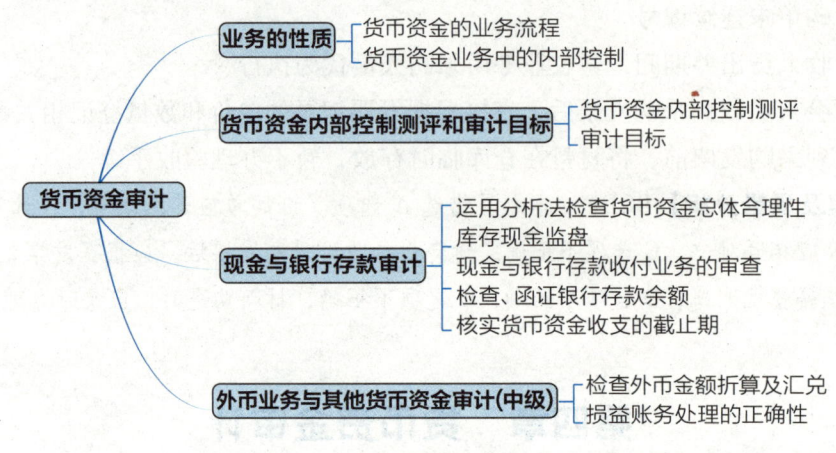

图 2-2-6 "货币资金审计"知识结构

【考点精编】

考点一 货币资金的业务流程

处理单据、受理结算凭证、办理结算、收款与付款、账务处理、银行存款余额调节。

考点二 货币资金业务中的内部控制

（一）职责分工——不相容职务分离

（1）采购、销售、劳动工资、其他零星收支与财会部门相互独立，防止作弊。

（2）收入单据的开具与审核相互独立，防止贪污或挪用。

（3）支出和报销单据的编制、审批、审核相互独立，防止虚列支出。

（4）收付款结算办理与审核相互独立，防止差错和舞弊。

（5）支票的签发与出纳相互独立，防止虚列支出、贪污或挪用。

（6）出纳与会计相互独立分管货币资金收支和记录，防止收入不入账、虚列支出、贪污或挪用。

（7）记账凭证的编制与审核相互独立，以保证业务处理正确无误。

（8）现金、银行存款日记账的登记与总账相互独立，便于核对账面记录的一致性，避免发生错弊。

（9）由出纳员以外人员编制银行存款余额调节表和对现金进行稽核，防止差错和舞弊。

（10）支票与印章应由不同的人保管，防止管理失控。

（二）信息传递控制

建立健全货币资金业务循环内部控制，要求管理当局对与此循环有关的信息传递程序实施严格有效的控制，包括：必要的审批授权程序、使用文件和记录、业务独立监督检查。

(三) 实物控制

限制接近货币资金以进行实物控制，出纳员主管现金和银行单据的收付与保管，要限制其他人的接近。在企业内部，现金的收取和支付要尽可能集中办理，收到的现金要及时解缴银行，防止坐支现金。

【经典真题·多项选择题】下列职务或工作出纳员不能同时兼任的有（　　）。

A. 每日现金清点　　　　　　　　　B. 保管空白支票
C. 保管财务专用章　　　　　　　　D. 登记现金、银行存款日记账
E. 登记应付账款明细账

【答案及解析】CE　出纳员主管现金和银行单据的收付与保管，应及时按顺序登记现金与银行存款日记账。

主要风险：①银行存款余额的存在性或交易的发生存在重大错报；②外币交易或余额未被准确记录；③银行存款的期末收支存在大额的截止性错误；④未能按准则规定对货币资金做出恰当的披露。

考点三　货币资金内部控制测评

（1）调查了解货币资金内部控制。

（2）抽查收款凭证——核对账证情况，分析收款业务的执行是否符合内部控制的要求。

（3）抽验付款凭证——审核是否经过适当的审批、授权与审核。

（4）抽查一定期间现金、银行存款日记账并与总账核对。

（5）抽查银行存款余额调节表与库存现金盘点表。

（6）现金监盘。

（7）查阅制度——实地观察、检查账簿凭证，检查不相容职务的划分。

（8）检查货币资金收付凭证的管理情况——重点检查存款单、现金支票、转账支票、付款委托书、银行结算凭证。

（9）评价货币资金业务内部控制。

考点四　审计目标

（1）证实货币资金余额的真实性和所有权。

（2）证实货币资金余额的完整性。

（3）证实货币资金收付业务的合法性。

(4) 证实货币资金分类的正确性、过账和汇总的正确性。

【经典真题·单项选择题】下列各项中，属于货币资金完整性审计目标的是（　　）。

A. 已收到的货币资金确实为被审计单位所有

B. 与货币资金有关的经济业务已全部登记入账

C. 货币资金在财务报表中的列示符合会计准则要求

D. 已入账的货币资金确实为被审计单位实际收到的货币资金

【答案及解析】B　A选项属于资产所有权的审计目标；C选项属于报表披露正确性的审计目标；D选项属于真实性的审计目标。

考点五　现金与银行存款审计

（一）运用分析方法检查货币资金总体合理性

（1）审计人员对不同期间的现金与银行存款余额进行趋势分析。

（2）检查所有的运营报告和内部审计报告，以此为基础了解现金与银行存款可能发生的潜在变化和风险。

（3）了解贷款或债券协议是否对现金使用和营运资金比率有一定的限制，分析这些限制及其对审计计划的意义。

现金与银行存款错报的形式一般包括：交易入账的会计期间错误；在调节银行存款时，遗漏或少计未兑现支票，从而挪用资金；或者将一笔资金同时记录于两个支票账户中；等等。

现金和银行存款审计包括年末银行存款余额调节表测试、现金截止和银行转账测试、高风险情况下的银行存款测试等。

（二）库存现金监盘

对库存现金一般采用监盘方式进行审查，步骤为：①组织安排库存现金监盘工作；②监督盘点库存现金；③填制"库存现金盘点表"。

【经典真题·单项选择题】下列关于库存现金监盘的表述中，错误的是（　　）。

A. 应采取突击方式进行监盘

B. 出纳和会计主管应在盘点表上签字

C. 由出纳自行盘点，会计主管和审计人员在旁边观察监督

D. 对存放于不同地点的现金，应分别安排不同的监盘时间

【答案及解析】D　对于所有的库存现金，无论存放何处，应同时全面地进行清点。

（三）现金与银行存款收付业务的审查

1. 现金收付业务的审查

审查内容：①抽查现金日记账记录；②原始凭证的审查；③现金收支截止期的审查；④现金溢缺的审查。

【经典真题·单项选择题】审查现金收付业务是否合法，应检查库存现金日记账的

要点是（　　）。

A. 检查对应科目栏　　　　　　　B. 审阅摘要栏
C. 检查发生额　　　　　　　　　D. 检查每日余额

【答案及解析】 B 检查现金日记账摘要栏，看其现金收付业务是否合法；检查现金日记账金额栏，看其现金收付金额是否过大；检查对应科目栏，检查各项现金收付业务的账务处理是否正确；检查库存现金每日余额，看其是否超过了规定的限额。

2. 银行存款的审查

银行存款是货币资金中的主要部分，同样具有收支频繁、流动性强的特点，且业务涉及面广，内容复杂，金额较大，收付款凭证数量较多，是财务审计中的重要内容。

（1）审核银行存款日记账记录。

（2）分析银行存款中定期存款占全部存款的比例。通过分析，判断被审计单位存在拆借、拆出资金的可能性以及拆出资金的安全性。审查长期定期存款或限定用途的存款，查明其所有权。

（3）检查银行存款的账面余额及银行存款余额调节表。复核企业自编的银行存款余额调节表的步骤与要点——将调节表数据与对账单和日记账核对。自行独立编制银行存款余额调节表的步骤与要点。

（四）检查、函证银行存款余额

在审计过程中向有关开户银行函证，以验证被审计单位的银行存款余额是否真实、合法和完整。审计人员应对被审计单位银行存款、借款及与金融机构往来的其他重要信息实施函证程序，应向存款账户已注销的银行发函。

（五）核实货币资金收支的截止期

财务报表上所列示的银行存款余额，应包括当年最后一天下午所收到或付出的银行存款，而不应包括其后所发生的。

审查时应注意有无人为地多列银行存款，决算日不结账，将决算日后收到的银行存款计入财务报表的货币资金项目的情况。例如，年终前未解缴银行的收入汇票与支票或在途存款列入了银行存款，均属于提前入账、高估银行存款的错误。

对决算日前后数天所发生的银行存款收付业务进行审查，采用如下方法：

（1）检查支票（包括汇票等各种单据）收入与送存记录，检查年终前未送存银行的支票的收入记录日期。

（2）检查期后银行对账单第一周的银行存款收入，核实银行存款日记账，揭露将期后收入提前入账的错误。

(3)查验被审计单位决算日签发的最后一张支票序号，并检查在此序号前的支票是否均已寄出并入账，揭露支票已发出而在决算日后才入账、人为控制截止期的不正当行为。

【经典真题·多项选择题】为了核实货币资金收支的截止期，审计人员应当实施的审计程序有（　　）。

A. 核对货币资金总账与日记账
B. 分析近三年货币资金年末余额变动情况
C. 检查决算日前未送存银行的支票及其收入记录日期
D. 查验决算日签发的最后一张支票序号，并检查在此序号前的支票是否均已入账
E. 检查决算日后银行对账单第一周的银行存款收支，与银行存款日记账进行核对

【答案及解析】CDE　审计人员应对决算日前后数天所发生的银行存款收付业务进行审查。

考点六　外币业务与其他货币资金审计（中级要求熟悉，初级要求了解）

检查外币金额折算及汇兑损益账务处理的正确性时，审计时还应特别注意：①各项核算是否符合有关规定，如外币交易事项的账务处理，汇兑损益的计算，外币的折算等；②外币交易事项的合法性，有无套汇逃汇等情况；③汇兑损益计算的正确性。

【经典真题·单项选择题】企业在资产负债表日对外币货币性项目折算时应选择的汇率是（　　）。

A. 平均汇率　　　　　　　　B. 资产负债表日即期汇率
C. 历史汇率　　　　　　　　D. 交易发生日近似的汇率

【答案及解析】B　审查企业在资产负债表日，应按照下列规定对外币货币性项目和外币非货币性项目进行处理：①外币货币性项目，采用资产负债表日即期汇率折算。因资产负债表日即期汇率与初始确认时或者前一资产负债表日即期汇率不同而产生的汇兑差额，计入当期损益。②以历史成本计量的外币非货币性项目，仍采用交易发生日的即期汇率折算，不改变其原记账本位币金额。

【本章案例分析题】

（一）资料

2018年3月，某企业集团派出审计组对下属丙公司2017年度财务收支情况进行了

审计。有关货币资金业务审计的情况和资料如下:

1. 审计人员在对货币资金业务相关内部控制进行调查时了解到:

（1）会计人员开具收入单据后，由会计主管进行审核；

（2）出纳人员办理费用报销付款手续后，同时登记库存现金、银行存款日记账和相关费用明细账；

（3）出纳人员定期核对银行存款日记账和银行对账单，并编制银行存款余额调节表；

（4）出纳人员保管支票和印章，支出业务发生时，由其直接签发支票。

2. 2018年3月12日营业终了，审计人员对库存现金进行了监盘。监盘确认实际库存现金为800元。现金日记账反映，2018年1月1日至2018年3月12日，现金收入总额为158 000元，现金支出总额为162 000元，审计人员审核后确认无误。

3. 审计人员对该公司银行存款业务实施了如下审计程序:

（1）核对银行存款日记账和总账余额是否相符；

（2）检查银行存款收付的截止期是否正确；

（3）检查银行存款收付款凭证的管理情况；

（4）函证银行存款余额。

4. 审计人员决定自行编制银行存款余额调节表，并对银行存款余额进行审查，具体做法如下:

（1）向所有在审计年度内存过款的银行和非银行金融机构函证银行存款期末余额；

（2）索取银行对账单，将银行对账单与银行存款日记账的余额加以核对；

（3）对于银行对账单与银行存款日记账余额不一致的情况，进一步查找原因；

（4）核对银行对账单和银行存款日记账，检查有无一收一付金额相等而公司遗漏入账的情况。

（二）要求：根据上述资料，为下列问题从备选答案中选出正确的答案

1. "资料1"中，违反内部控制要求的为（　　）。

A. 会计人员开具收入单据后，由会计主管进行审核

B. 出纳人员办理费用报销付款手续后，同时登记库存现金、银行存款日记账和相关费用明细账

C. 出纳人员定期核对银行存款日记账和银行对账单，并编制银行存款余额调节表

D. 出纳人员保管支票和印章，支出业务发生时，由其直接签发支票

【答案及解析】BCD　B选项，出纳人员只能登记库存现金、银行存款日记账；C选项，由出纳员以外人员编制银行存款余额调节表和对现金进行稽核；D选项，出纳人员不得同时保管支票和印章。

2. "资料2"中，审计人员对库存现金进行监盘是为了证实（　　）。

A. 库存现金余额的真实性　　　　　　B. 现金收付业务账务处理的正确性

C. 现金收付业务的合法性　　　　　　D. 外币计价的正确性

【答案及解析】A　监盘程序的相关审计目标是验证资产的真实性。

3. 针对"资料2"，审计人员可以推断2017年12月31日该公司库存现金余额应为（　　）。

A. 3 200元　　　　B. 4 800元　　　　C. 4 000元　　　　D. 1 200元

【答案及解析】B　（162 000 − 158 000）+ 800 = 4 800（元）。

4. "资料3"中，属于对银行存款进行内部控制测评的审计程序为（　　）。

A. 核对银行存款日记账和总账余额是否相符

B. 检查银行存款收付的截止期是否正确

C. 检查银行存款收付款凭证的管理情况

D. 函证银行存款余额

【答案及解析】C　A选项、B选项、D选项均为实质性审查。

5. "资料4"中，审计人员的做法正确的为（　　）。

A. 向所有在审计年度内存过款的银行和非银行金融机构函证银行存款期末余额

B. 索取银行对账单，将银行对账单与银行存款日记账的余额加以核对

C. 对于银行对账单与银行存款日记账余额不一致的情况，进一步查找原因

D. 核对银行对账单和银行存款日记账，检查有无一收一付金额相等而公司遗漏入账的情况

【答案及解析】ABCD　审计人员自编银行存款余额调节表，证实银行存款日记账与对账单是否一致，同时对有关收付业务合法性做进一步审查。

【本章易错题分析】

1. 【经典真题·单项选择题（中级）】下列各项中，符合货币资金业务内部控制职责分工要求的是（　　）。

A. 出纳员编制银行存款余额调节表

B. 出纳员根据审核后的凭证登记现金日记账

C. 出纳员签发支票

D. 出纳员登记应收账款明细账

【答案及易错分析】B　本题易错选A选项。由出纳员以外人员编制银行存款余额调节表和对现金进行稽核。

2. 【经典真题·单项选择题（初级）】被审计单位将一笔银行存款支出10万元错记在银行存款日记账借方，审计人员认为银行存款日记账余额应（　　）。

A. 调增20万元　　B. 调减20万元　　C. 调增10万元　　D. 调减10万元

【答案及易错分析】B　本题易错选D选项。银行存款日记账的借方记收入，贷方

记支出，被审计单位将一笔银行存款支出 10 万元错记在借方，支出变成了收入，应调减银行存款余额，调减金额 = 10 + 10 = 20（万元）。

3.【经典真题·多项选择题（中级）】审计人员对银行存款进行审查时，应实施的审计程序有（　　）。

A. 检查银行存款余额调节表

B. 核实银行存款收支的截止期

C. 审查有关银行存款收付业务的合法性

D. 将银行存款收付凭证全部登记入账，并结出余额

E. 向银行和非银行金融机构函证

【答案及易错分析】ABCE　本题易错选 D 选项。审计人员对银行存款进行审查时，应要求被审计单位会计人员，而不是亲自将银行存款收付凭证全部登记入账，并结出余额。

4.【经典真题·单项选择题（中级）】下列有关现金监盘的表述，正确的是（　　）。

A. 现金监盘应当在会计主管不在场的情况下进行

B. 现金监盘一般应在营业时间开始前或结束后进行

C. 现金监盘后应当由审计人员编制库存现金盘点表

D. 出纳员保险柜内库存现金实有数额小于现金日记账当日余额，即应确认为重要违规问题

【答案及易错分析】B　本题易错选 D 选项。出纳员保险柜内库存现金实有数额小于现金日记账当日余额，审计人员应要求再次清点，并要求被审计单位确认监盘数据的正确性，而不应立即确认为重要违规问题。

5.【经典真题·多项选择题（中级）】审计人员收到举报，称某被审计单位领导擅自决定将本企业 500 万元资金借给其他单位周转使用，资金随后被归还，但资金借出与收回业务均未入账核算。为核实此问题，审计人员应实施的程序包括（　　）。

A. 抽查库存现金日记账记录，追查至收付款凭证

B. 到被审计单位开户银行查询账户交易记录

C. 将银行对账单与银行存款日记账核对

D. 对银行存款日记账和总账进行核对

E. 抽查应收账款明细记录，检查相关凭证

【答案及易错分析】BC　本题易错选 A 选项和 D 选项。资金借出与收回业务均未入账核算，此时审计人员需要开展外部调查，而不是审查被审计单位账目。

6.【例题·单项选择题】下列选项中，属于货币资金完整性审计目标的是（　　）。

A. 已收到的货币资金确实为被审计单位所有

B. 与货币资金有关的经济业务已全部登记入账

C. 货币资金在财务报表中的列示符合会计准则要求

D. 已入账的货币资金确实为被审计单位实际收到的货币资金

【答案及易错分析】B 本题易错选A选项。A选项属于所有权的审计目标；B选项属于完整性的审计目标；C选项属于合法性的审计目标；D选项属于真实性的审计目标。

7. 【例题·多项选择题】下列关于向有关开户银行函证的表述，正确的有（   ）。
   A. 询证函应包括银行账户开户及存款信息
   B. 了解是否存在已贴现而尚未到期的商业汇票
   C. 要求银行直接回函至审计人员
   D. 可以证实银行存款但不能证实银行贷款
   E. 本期已注销存款账户的银行也应函证

【答案及易错分析】ABCE 本题易错选D选项。审计人员向企业有业务往来的银行寄送询证函，询证函通常包括两个部分：第一部分搜集银行账户信息；第二部分搜集贷款信息，如到期日、利率、开始支付利息的日期、贷款担保等。所以D选项不正确。

第五章 财务报告审计

【大纲解读】

（一）财务报告审计目标和内部控制

1. 熟悉财务报告审计目标（初级要求了解）
2. 熟悉财务报告内部控制（初级要求了解）
3. 了解财务报告舞弊的关键信号

（二）个别财务报表审计

1. 熟悉资产负债表审计的内容与方法（初级要求了解）
2. 熟悉利润表和所有者权益（或股东权益）变动表审计的内容与方法（初级要求了解）
3. 了解现金流量表审计的内容与方法
4. 了解财务报表附注审计的主要内容

（三）集团财务报表审计（初级不要求）

1. 了解合并审计的主要内容
2. 了解企业合并报表审计的主要内容

（四）关联方审计（初级不要求）

了解关联方审计的主要内容

【考情分析】

本章历年考题只涉及单项选择题、多项选择题，试卷分值为3~5分（初级职称考试试卷分值为1~3分）。

主要考点：财务报告审计包括资产负债表、利润表、所有者权益变动表、现金流量表和报表附注等的审计，涉及内容较多、考点比较分散，但是试题难度不高。

【知识结构图】

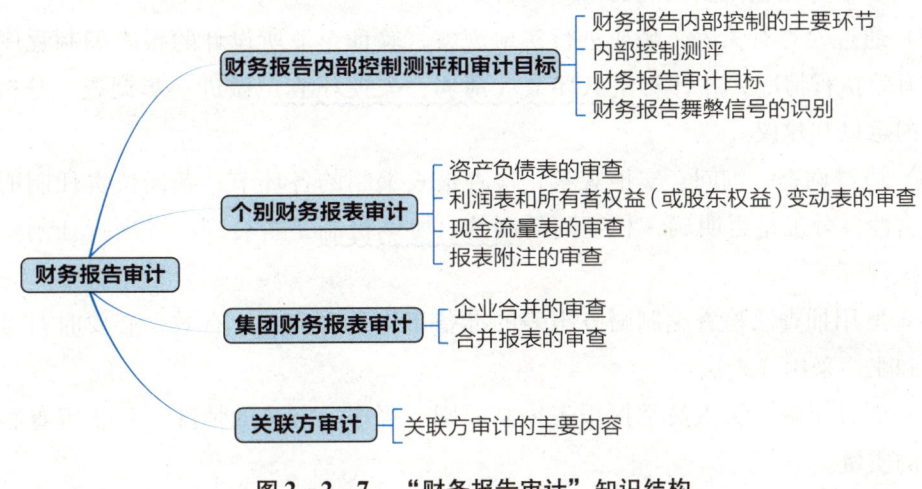

图2-2-7 "财务报告审计"知识结构

【考点精编】

考点一 财务报告内部控制

（1）岗位责任控制。应制定严密的工作程序，明确每一工作环节的工作内容、质量要求、时间限制，明确各岗位职责范围及其相互制约、相互配合的关系，以保证编表工作顺利进行。

（2）编制程序的控制。直接影响财务报表编制的内部控制还要进行必要的审查，它包括：结账控制、对账控制和试算平衡控制。

（3）会计稽核控制——报表内容、编制方法、审核并签章。

（4）报送时间控制。

（5）公司治理层面控制。

【经典真题·单项选择题】为保证财务报表编制工作的有序进行，企业应建立严密的工作程序，明确各环节的工作内容、质量要求和时间限制，明确各岗位人员的责任和职权范围，这种内部控制要求是指（　　）。

A. 编制程序控制　　B. 岗位责任控制　　C. 编制方法控制　　D. 审核控制

【答案及解析】B　岗位责任控制是制定严密的工作程序，明确每一工作环节的工作内容、质量要求、时间限制，明确各岗位职责范围及其相互制约、相互配合的关系，

171

以保证编表工作顺利进行。

考点二　内部控制测评

（1）了解并描述报表编制的内部控制。

（2）通过检查有关表、账或进行实地观察，验证企业所设计的报表编制程序的健全性及有效执行情况，并针对重点环节（薄弱、失控环节）做进一步调查、分析，提出改进的意见和建议。

（3）通过调查、询问、实地观察，检查报表编制的各环节、各岗位责任制的健全性、严密性，分工是否明确，相互间的制约、协调机制是否合理，各项责任制是否得到有效执行等。

（4）运用抽查法检查编制财务报表的准备工作是否充分、有效，必要时对重要财务事项和账户采用详查法。

（5）调查了解有关人员掌握报表编制原则、程序、方法的情况，初步审查编制报表工作的质量。

（6）索取以往年度报表报送工作的资料，了解企业是否在规定期限向有关部门、单位报送规定种类的报表。

（7）评价内部控制。

【经典真题·单项选择题】审计人员对与编制资产负债表有关的内部控制进行测试时，可以采用的审计程序是（　　）。

A. 检查编制资产负债表的各环节、各岗位责任的健全性和严密性

B. 审查资产负债表编制方法的一贯性

C. 审阅资产负债表的编制格式

D. 审查编制的资产负债表中所列各主要指标的合理性

【答案及解析】A　通过调查、询问、实地观察，检查报表编制的各环节、各岗位责任制的健全性、严密性，分工是否明确，相互间的制约、协调机制是否合理，各项责任制是否得到有效执行，等等。

考点三　财务报告审计目标

（1）证实报表内容的真实性。

（2）证实报表内容的完整性。

（3）确认报表编制方法的合规性。

（4）确认报表编制方法的一贯性。

（5）揭示现金收支变化趋势，为确定审计范围和重点提供依据。

（6）证实合并财务报表合并范围的正确性。

【经典真题·多项选择题】 财务报表审计目标不包括（　　）。

A．评价企业的经营业绩　　　　　　B．评价企业的风险管理水平

C．揭示现金收支变化趋势　　　　　D．确认报表编制方法的合规性

E．确认报表编制方法的一贯性

【答案及解析】 AB　财务报告审计目标：证实报表内容的真实性；证实报表内容的完整性；确认报表编制方法的合规性；确认报表编制方法的一贯性；揭示现金收支变化趋势，为确定审计范围和重点提供依据；证实合并财务报表的合并范围的正确性。

考点四　财务报告舞弊信号的识别

财务报告舞弊是指管理层有意识地操纵财务报告结果来伪造企业财务状况、经营成果等。

常见的三种财务报告舞弊方式：①操纵、伪造或者篡改会计记录或支持文件；②误报或隐瞒事件、交易等其他重要信息；③错误运用会计政策。

审计人员应关注以下九个关键信号：

（1）年末或季末收入大量增长：收入经常在期末被操纵以达到收入指标，例如，未结清账户和提前确认下期收入、虚假销售。

（2）销售增长超过行业水平，并不能被合理证明：审计人员必须考虑企业竞争优势及其生产能力。若所有竞争者的销售都下降，而公司销售处于增长状态，审计人员应提高其对舞弊或错报交易的怀疑。

（3）毛利率异常增长可能是由于生产能力提高或其他异常变化，例如，没有记录所有成本费用、重复开出发票、虚假销售、产品质量下降。

（4）年末之后销售退回增加意味着产品质量问题、单边销售合同或销售途径阻塞。

（5）应收账款回收天数的显著增加或显著高于行业平均水平，应是高舞弊风险的信号。

（6）存货经常被用来掩饰问题，存货周转天数增加应是高舞弊风险的信号。

（7）财务杠杆显著变化。财务困难的企业经常会有保持负债/权益比率低于贷款合同限制的压力，财务压力是舞弊风险的信号之一。

（8）现金流量或流动性问题。如果企业销售收入和盈利能力很高，但经营现金流量较低或为负数，则意味着高舞弊风险。

（9）非财务业绩指标的显著变化。审计人员应监督关键行为信号与财务结果不一致的显著变化，如制造业企业的采购业务变化。

【经典真题·多项选择题】被审计单位的下列行为中，属于财务报告舞弊的有（   ）。

A. 虚增营业收入
B. 更正会计差错
C. 将本年收入延期入账
D. 任意改变成本计价方法以降低成本
E. 根据年度盈利指标完成情况调整固定资产折旧方法

【答案及解析】ACDE 财务报告舞弊方式有：操纵、伪造或者篡改会计记录或支持文件；误报或隐瞒事件、交易或其他重要信息；错误运用会计政策。

【经典真题·多项选择题】下列各项中，审计人员认为属于财务报告舞弊风险信号的有（   ）。

A. 年末销售收入大幅增加
B. 存货周转天数显著增加
C. 毛利率与上年相比略有下降
D. 财务杠杆系数与以前年度基本持平
E. 销售收入大幅增长且盈利能力提高，但经营活动产生的现金净流量为负数

【答案及解析】ABE C选项、D选项属于正常的情形，不认为存在舞弊风险。

考点五　资产负债表的审查

（一）复查和评价审计证据

（1）实物资产。如现金、固定资产（包括融资租入的固定资产）、材料、在产品、库存产成品等存货，都要有经过监盘核实的证据，才能证实其实际存在；对企业为他人寄存代管或已出售收款而未结算转账的资产，以及在外部委托加工、寄存代管的资产，都要取得书面证据，以确定其所有权。

（2）银行存款和长期、短期借款，要经过清查核实，取得银行出具的对账单和对未达账项调节相符的书面证据，才能证实其实际存在。

（3）往来款项。采用函证取得审计证据核对各种往来款项并予以证实。

（4）长期股权投资、投资性房地产、交易性金融资产、可供出售金融资产、持有至到期投资、长期负债的应付债券和其他长期负债，都要以书面凭证或有价证券的实物清点记录，作为审计证据以证实其存在。

（5）无形资产审查。①审查无形资产是否按照成本进行初始计量；②审查期末无形资产计提减值准备的情况；③审查无形资产的类别在附注中是否按照规定披露信息。

（6）所有者投入的股本或实收资本。通过检查公司的章程、协议、合同及其验资报告和有关账目取得审计证据；通过检查股东会决议及有关项目取得有关公积金、未分配利润的审计证据。

（二）检查会计原则的遵循性

（1）一贯性原则。会计处理方法一经采用不应随意变更，前后期应保持一致，具

有连续性。

（2）实际成本计价原则。

（3）谨慎性原则。

（4）重要性原则——当期财务状况发生重要影响的事项应在报表中单独反映。

（三）报表编制正确性和编制方法合规性的审查

（四）所得税会计处理的审查

（五）报表所列主要指标可信性的审查

审查的指标包括：偿债能力指标、获利能力指标和经营能力指标。

（六）资产负债表及其附注披露正确性的审查——与或有事项有关的信息

（七）资产负债表日后事项的审查

（1）审查企业发生的资产负债表日后调整事项是否按规定处理。

（2）企业发生的资产负债表日后非调整事项，不应当调整资产负债表日的财务报表。

【经典真题·多项选择题】被审计单位对外币业务在资产负债表日的下列处理，审计人员认为正确的有（　　）。

A. 外币货币性项目，采用交易发生日即期汇率折算

B. 外币非货币性项目，采用资产负债表日即期汇率折算

C. 境外经营的利润表中的收入和费用项目，采用交易发生日的即期汇率折算

D. 境外经营的资产负债表中的所有者权益项目，采用资产负债表日即期汇率折算

E. 境外经营的资产负债表中的资产和负债项目，采用资产负债表日即期汇率折算

【答案及解析】CE　A选项，外币货币性项目，采用资产负债表日即期汇率折算。B选项，以历史成本计量的外币非货币性项目，仍采用交易发生的即期汇率折算，不改变其原记账本位币金额。D选项，所有者权益项目除"未分配利润"项目外，其他项目采用发生时的即期汇率折算。

【经典真题·多项选择题】下列各项中，属于资产负债表审查内容的有（　　）。

A. 检查会计原则的遵循情况　　B. 报表编制方法的合规性

C. 所得税会计处理的正确性　　D. 审查资产负债表日后事项

E. 营业外支出的合规性

【答案及解析】ABCD　资产负债表审查的内容包括：复查和评价审计证据、检查会计原则的遵循性、报表编制正确性和编制方法合规性的审查、所得税会计处理的审查、报表所列主要指标可信性的审查、资产负债表及其附注披露正确性的审查、资产负债表日后事项的审查。

考点六 利润表和所有者权益(或股东权益)变动表的审查(中级要求熟悉,初级要求了解)

(一) 管理费用的审查

审查费用组成项目合法性、实际支出数合规性、发生额真实性、结转正确性。

(二) 营业外收入的审查

(1) 营业外收入合法性的审查。

(2) 营业外收入完整性的审查——可采用检查法和重新计算法。

(3) 营业外收入账务处理正确性的审查。

(三) 审查企业收到的政府补助收入

政府补助为货币性资产的,应当按照收到或应收的金额计量;政府补助为非货币性资产的,应当按照公允价值计量;公允价值不能可靠取得的,按照名义金额计量。

与资产相关的政府补助,应当确认为递延收益,并在相关资产使用寿命内按照合理、系统的方法分期计入当期损益。

与收益相关的政府补助,用于补偿企业以后期间的相关费用或损失的,确认为递延收益,并在相关成本费用或损失期间计入当期损益或冲减相关成本。

(四) 营业外支出的审查

(1) 营业外支出合规性、合法性的审查。

按照有关规定,营业外支出包括非季节性和修理期间的停工损失、债务重组损失、职工子弟学校经费、非正常损失、盘亏损失、公益性捐赠支出、非流动资产毁损报废损失、赔偿金、违约金等。

(2) 营业外支出正确性的审查。

(3) 营业外支出账务处理审查。

【经典真题·多项选择题】下列项目属于营业外支出的有(   )。

A. 经营租入的设备折旧费　　　　B. 因污染环境而支付的罚款

C. 向关联企业的捐赠　　　　　　D. 非季节性和修理期间的停工损失

E. 职工子弟学校经费

【答案及解析】BCDE　按照有关规定,营业外支出包括非季节性和修理期间的停工损失、债务重组损失、职工子弟学校经费、非常损失、盘亏损失、公益性捐赠支出、非流动资产毁损报废损失、赔偿金、违约金等。

(五) 所得税的审查

(1) 所得税征收范围的审查。

(2) 所得税计税依据的审查。

应纳税所得额＝利润总额±税前会计利润调整项目金额

（3）所得税率和税额计算的审查。

审查中应根据被审计单位所得税的计算过程，查核、验证所采用税率的适当性和应纳所得税额计算结果的正确性。

（4）所得税减免的审查。

审查中应着重检查减免税的原因是否真实、正当；批准文件是否合法、有效；审批手续有无越权行为；被审计单位有无超越减免税期限，故意混淆免税项目或期限而偷漏所得税的问题。

（5）审查企业所得税有关信息披露的正确性。

（六）复查和评价审计证据

复查和评价的内容包括：营业收入、销售退回、销售折让、销售折扣的审计证据和评价意见；产品成本费用的发生、结转和分配的审计证据和评价意见；营业成本和管理费用与财务费用的审计证据和评价意见；投资收益、公允价值变动损益、资产减值损失、资产处置损益、其他收益、营业外收入、营业外支出的审计证据及评价意见；持续经营净利润和终止经营净利润形成的审计证据和评价意见；其他综合收益各项目分别扣除所得税影响后的净额、综合收益总额的审计证据及评价意见；利润分配，依据国家法规、企业章程、合同、协议、决议及其分配顺序与标准进行分配的审计证据。

（七）检查会计原则的遵循

（八）审计企业在附注中披露与收入有关信息的正确性

（九）所有者权益变动表的审查

（十）报表编制正确性和编制方法合规性的审查

（十一）报表所列指标可信性的审查——投资报酬率、产品成本利润率

【经典真题·多项选择题】审计人员在对被审计单位应纳税所得额进行审查时发现下列事项，其中属于应在税前会计利润基础上予以调增的项目有（   ）。

A. 向税务机关缴纳的税收滞纳金　　B. 因污染环境而支付的罚款
C. 向关联企业的捐赠　　　　　　　D. 所购国债的利息收入
E. 加计扣除的研究开发费用

【答案及解析】ABC　纳税调增的项目主要是针对会计核算作为当期费用，而税法认为不应在税前抵扣的项目。

考点七　现金流量表的审查

（一）实质性审查的内容——现金流量表各要素、报表项目正确性

（二）实质性审查的方法

（1）检查核对法——目的是验证报表资料来源的可靠性。

（2）分析法——趋势分析法、比率分析法、金额验证法。

【经典真题·单项选择题】审计人员对现金流量表审查时，使用金额验证法利用公式计算来验证"销售商品、提供劳务收到的现金"项目中不包括的内容是（　　）。

A. 本期销售商品、提供劳务收到的现金　B. 当期预付的账款

C. 当期收回前期核销的坏账损失　　　　D. 本期收到前期的应收账款和应收票据

【答案及解析】　B　销售商品、提供劳务收到的现金＝本期销售商品、提供劳务收到的现金（包括增值税销项税额）＋本期收到前期的应收账款和应收票据＋当期预收的账款－当期销售退回而支付的现金＋当期收回前期核销的坏账损失。

考点八　报表附注的审查

（一）会计变更审查

在财务报表附注需要说明的会计变更包括：重要会计政策、会计方法、会计估计和财务报告个体的变更。

（二）关联方关系及关联方交易披露的审查

（三）特别关注

（1）审查企业是否在附注中披露关于其他综合收益的信息。

（2）审查企业是否在附注中披露终止经营的收入、费用、利润总额、所得税费用和净利润；终止经营的资产或处置组确认的减值损失及其转回金额；终止经营的处置损益总额、所得税费用（收益）或处置净损益；终止经营的经营活动、投资活动和筹资活动现金流量净额；以及归属于母公司所有者的持续经营损益和终止经营损益。

（3）审查企业是否在附注中披露在资产负债表日后、财务报告批准报出日前提议或宣布发放的股利总额和每股股利金额（或向投资者分配的利润总额）。

考点九　合并报表审计（初级不做要求）

（一）企业合并的审查

审查内容：审查合并方在企业合并中取得的资产和负债；审查合并方为进行企业合并发生的各项直接相关费用；审查企业合并发生在当期期末，购买方是否在附注中按要求披露与企业合并有关的信息。

（二）合并报表的审查

审查内容：合并报表编制基础的审查；合并财务报表合并范围的审查；重视对个别财务报表的审计；合并工作底稿和抵销分录编制的审查；合并财务报表编制格式正确性审查；合并财务报表所列指标可信性的审查；合并报表附注信息披露的审查。

【经典真题·单项选择题】 为证实合并财务报表合并范围的正确性，审计人员应当采取的审计程序是（   ）。

A. 了解重大投资活动的决策过程
B. 确认合并财务报表的编制方法是否合规
C. 审查有无遗漏、隐瞒的经济业务和会计事项
D. 分析判断被审计单位作为投资方能否控制被投资方

【答案及解析】 D　合并财务报表的合并范围应当以控制为基础予以确定。

【经典真题·单项选择题】 审计人员在评价合并财务报表合并范围的正确性时，应当把握的关键标准是母公司对被投资单位是否拥有（   ）。

A. 监督权　　　　B. 管理权　　　　C. 控制权　　　　D. 检查权

【答案及解析】 C　审计人员应按照有关规定，审计集团内公司间的股权关系，审查合并主体范围的正确性。

考点十　关联方审计（初级不要求）

（1）识别出可能表明存在管理层以前未识别出或未披露的关联方关系或重大关联方交易。
（2）识别出超出正常经营过程的重大关联方交易。
（3）审查管理层在财务报表中做出的认定。
（4）审查关联方披露。

【本章易错题分析】

1. **【经典真题·多项选择题（中级）】** 审查财务报表的目标有（   ）。

   A. 评价企业的经营业绩　　　　　　B. 评价企业的风险管理水平
   C. 证实报表内容的真实性　　　　　D. 确认报表编制方法的合规性
   E. 确认报表编制方法的一贯性

   【答案及易错分析】 CDE　本题易漏选 D 选项。确认报表编制方法合规性、一贯性也是财务报表审计的目标之一。

2. **【经典真题·多项选择题（初级）】** 下列各项中，属于资产负债表审查内容的有（   ）。

   A. 会计原则的遵循情况　　　　　　B. 报表编制方法的合规性
   C. 所得税会计处理的正确性　　　　D. 报表所列主要指标的可信性

E. 营业外支出的合规性

【答案及易错分析】 ABCD 本题易错选 E 选项。E 选项属于利润表的审查内容。

3. 【经典真题·多项选择题（中级）】下列各项中，属于财务报表编制程序控制的有（　　）。

　　A. 报表内容控制　　B. 结账控制　　C. 报送时间控制　　D. 对账控制

　　E. 试算平衡控制

【答案及易错分析】 BDE 本题易错选 C 选项。报送时间控制属于财务报告内部控制的主要环节之一，不属于财务报表编制程序控制。

4. 【例题·单项选择题】对关联交易审查时，审计人员应审查的主要内容是（　　）。

　　A. 关联方的权利和义务　　　　　B. 关联方的真实性

　　C. 关联方交易信息的披露　　　　D. 关联方交易价格的公允性

【答案及易错分析】 C 本题易错选 B 选项。对关联交易审查时，审计人员应审查关联方交易信息是否披露。

5. 【经典真题·多项选择题（中级）】下列各项中，审计人员认为属于财务报告舞弊风险信号的有（　　）。

　　A. 年末销售收入大幅增长

　　B. 关键管理人员频繁更换

　　C. 毛利率与上年相比略有下降

　　D. 财务杠杆系数与以前年度基本持平

　　E. 销售收入大幅增长且盈利能力提高，但经营活动产生的现金净流量为负数

【答案及易错分析】 ABE 本题易错选 C 选项。C 选项和 D 选项属于正常的情形，不认为存在舞弊风险。

6. 【经典真题·多项选择题（中级）】为证实银行存款期末余额是否真实存在，审计人员可以实施的审计程序有（　　）。

　　A. 函证银行存款余额

　　B. 审查银行存款日记账并与总账相核对

　　C. 取得银行对账单并编制银行存款余额调节表

　　D. 分析计算银行存款余额中定期存款所占的比例

　　E. 分析计算存放于非银行金融机构的存款占银行存款的比例

【答案及易错分析】 AC 本题易错选 B 选项和 D 选项。B 选项是账账核对，不能验证银行存款是否真实存在；D 选项通过计算定期存款占银行存款的比例，能够了解被审计单位是否存在高息资金拆借，但与银行存款是否存在无关；E 选项分析计算存放于非银行金融机构的存款占银行存款的比例主要是用来判断有无非法集资问题及存款的安全性，对证实银行存款是否存在作用不大。

第三篇

考前模拟冲刺试卷

审计理论与实务(科目二)

考点·真题·预测全攻略

考前模拟冲刺试卷（初级）

注意事项

1. 您在拿到试卷的同时将得到一份专用答题卡，所有试题均需在专用答题卡上作答，在试卷或草稿纸上作答不得分。
2. 请认真阅读答题卡的注意事项及说明。
3. 答题时请认真阅读试题，对准题号作答。

一、单项选择题（以下每小题各有四项备选答案，其中只有一项是正确的。多选、错选、不选均不得分。本题共30分，每小题1分）

1. 与财政财务审计相比较，财经法纪审计更加突出的目标是（　　）。
   A. 经济性　　　　B. 独立性　　　　C. 效率性　　　　D. 合法性
2. 下列不属于内部审计的作用的是（　　）。
   A. 提高财务信息的质量　　　　　　B. 促进组织合法经营和运行
   C. 促进组织完善内部控制和风险管理　D. 促进组织自我发展和实现目标
3. 我国审计机关在国家机构中的组织地位是（　　）。
   A. 司法体制　　B. 立法体制　　C. 行政体制　　D. 财政体制
4. 下列关于内部审计机构的表述中，不正确的是（　　）。
   A. 对本单位及所属单位固定资产投资项目进行审计属于社会审计机构的职责
   B. 内部审计机构在本单位主要负责人或者权力机构的领导下开展工作
   C. 内部审计人员办理审计事项，应当严格遵守内部审计职业规范，做到独立、客观、公正、保密
   D. 内部审计机构需要对本单位及所属单位内部控制制度的健全性和有效性以及风险管理进行评审
5. 下列各项中，属于审计质量控制要求的是（　　）。
   A. 选择简单易审的项目进行审计　　B. 对所有审计项目都进行内部控制测试
   C. 对所有审计事项都采用详查法　　D. 对所有审计工作底稿进行复核
6. 专项审计调查中发现属于审计监督对象的单位违反国家规定的财政收支行为，审计机关应当出具（　　）。
   A. 审理意见书　B. 审计决定书　C. 审计转移处理书　D. 审计结果报告
7. 下列各项中，不属于社会审计实施阶段工作的是（　　）。
   A. 签订审计业务约定书　　　　　B. 重新确定重要性水平
   C. 对内部控制进行测试　　　　　D. 对财务报表项目进行实质性测试
8. 下列工作中，属于国家审计计划阶段工作的是（　　）。

A. 内部控制测试 B. 对账户余额进行实质性审查
C. 编制审计工作方案 D. 送达审计通知书

9. 对于国家审计，审计组起草审计报告前，对审计工作底稿审核的人员是（　　）。
   A. 审计组成员 B. 审计机关负责人
   C. 审计组组长 D. 审计机关

10. 下列内容中，不属于影响审计证据决策的因素的是（　　）。
    A. 风险因素 B. 成本效益因素 C. 重要性因素 D. 真实性因素

11. 下列有关审计分析方法的表述，正确的是（　　）。
    A. 分析仅运用于审计实施阶段
    B. 分析仅包括财务数据之间关系的分析
    C. 分析可以帮助审计人员发现异常变动项目
    D. 重新计算是财务审计常用的分析方法

12. 社会审计人员在财务报表审计中对内部控制进行初评后，认为应该测试内部控制有效性的情况是（　　）。
    A. 内部控制的设置极不健全 B. 内部控制风险极低
    C. 内部控制风险较高 D. 难以对内部控制的健全性做出评价

13. 下列各项中，不属于薪酬业务循环使用的文件的是（　　）。
    A. 产量与工时记录 B. 材料领用单
    C. 工资扣款通知单 D. 员工录用和调配单

14. 有关应付账款函证程序表述错误的是（　　）。
    A. 函证程序适用于证实应付账款入账的完整性
    B. 应付账款函证方式为肯定式函证
    C. 应付款项余额为零、业务往来频繁的账户有必要进行函证
    D. 在内部控制健全有效、卖方对账单齐备的情况下可不必函证

15. 下列有关内部审计报告的说法中，错误的是（　　）。
    A. 内部审计报告应当声明内部审计是按照审计法的规定实施的
    B. 内部审计报告应当对所发现的事实的具体情况、应遵照的标准、事实与标准的差异、已经或可能造成的影响以及产生原因做出说明
    C. 审计意见是针对审计发现的主要问题提出的处理意见
    D. 审计意见的权威性取决于组织适当管理层对内部审计机构的授权

16. 在数据收集方法中最基本、最直接的方法是（　　）。
    A. 观察法 B. 访谈法 C. 问卷调查法 D. 审阅法

17. 是否达到目标，是指绩效审计"有效性"的（　　）。
    A. 经济性 B. 效率性 C. 效果性 D. 合规性

18. 下列各项中，属于计算机审计实施阶段工作的是（　　）。

    A. 了解计算机系统在组织机构内部的分布和应用

    B. 根据审计目标和重要性程度确定应当详细调查的子系统

    C. 对被审计单位的电子数据进行清理、转换和验证

    D. 基于所创建的审计中间表分析发现问题线索并进行核查取证

19. 审计活动的历史记录、审计工作的信息库是（　　）。

    A. 审计档案　　　　B. 审计计划　　　　C. 审计质量　　　　D. 审计风险

20. 被审计单位"销售费用明细账"记录以下费用项目，应予以确认的是（　　）。

    A. 生产车间领用的产品包装费　　　　B. 为购货单位垫付的运杂费

    C. 管理部门人员工资　　　　　　　　D. 常设销售机构经费

21. 关于应付款项的函证程序，下列说法不正确的是（　　）。

    A. 必须要对应付款项实施函证程序

    B. 函证时，审计人员应预先向企业采购部门取得本期供应商一览表，以便确定函证对象

    C. 进行函证不能完全查明未入账的应付款项

    D. 如果回函表明不符，应查明原因

22. 甲公司购入一批价值 58 万元的货物，2017 年 12 月 25 日发票已到；2018 年 1 月 3 日货物运达，货款尚未支付。甲公司 2017 年将此业务作为在途物资处理。下列说法正确的是（　　）。

    A. 甲公司 2017 年年末存货虚增 58 万元

    B. 甲公司 2017 年年末应付账款虚减 58 万元

    C. 甲公司的处理是正确的

    D. 甲公司应进行账务处理，同时在 2017 年度的会计报表附注中说明

23. 在薪酬业务审计中，审计人员抽取考勤单并检查有无工资发生部门主管的签字，其目的是证实（　　）。

    A. 薪酬业务内部控制的有效性　　　　B. 薪酬总额的真实性

    C. 薪酬分配的正确性　　　　　　　　D. 薪酬业务的合法性

24. 下列关于薪酬业务循环审计中职责分工的表述中，不正确的是（　　）。

    A. 人力资源管理、工资领取、统计和财会部门应相互独立

    B. 考勤记录与审批应相互独立

    C. 工资结算汇总表的编制与审核相互独立

    D. 工资保管与记录可以由一个人担任

25. 审计人员审查各投资者是否根据规定投入足额资金、有无违约情况，是为了证实实收资本业务的（　　）。

A. 真实性　　　　　B. 合法性　　　　　C. 效率性　　　　　D. 完整性

26. 审查甲公司"可供出售金融资产"账户，发现其将发生的公允价值变动5万元（增值）记入了公允价值变动损益科目，应要求被审计单位调整账项，调整分录为（　　）。

    A. 借记"公允价值变动损益"5万元，贷记"其他综合收益"5万元
    B. 借记"可供出售金融资产——公允价值变动"5万元，贷记"其他综合收益"5万元
    C. 借记"其他综合收益"5万元，贷记"公允价值变动损益"5万元
    D. 借记"其他综合收益"5万元，贷记"可供出售金融资产——公允价值变动"5万元

27. 审计人员要证实被审计单位在接近12月31日签发的支票未予以入账。最有效的审计程序是（　　）。

    A. 审查12月31日银行对账单　　　　B. 审查12月支票存根及银行存款日记账
    C. 询证12月31日银行存款余额　　　D. 审查年末银行存款总账

28. 银行对账单余额与银行存款日记账余额不符，应当执行的最有效的审计程序是（　　）。

    A. 重新测试相关的内部控制
    B. 审查银行对账单中记录的该账户资产负债表日前后的收付情况
    C. 审查银行存款日记账中记录的该账户资产负债表日前后的收付情况
    D. 审查该账户的银行存款余额调节表

29. 被审计单位下列货币资金业务的内部控制制度中，与银行存款无直接关系的是（　　）。

    A. 每日清点现金，做到账实相符　　　B. 当日收入的现金及时送存银行
    C. 对货币资金业务实施内部审计　　　D. 货币资金收支与记账岗位分离

30. 下列属于资产负债表日后非调整事项的是（　　）。

    A. 资产负债表日后发生企业合并或处置子公司
    B. 资产负债表日后发生的报告年度的销售退回
    C. 资产负债表日后诉讼案件结案
    D. 资产负债表日后发现了财务报表舞弊或差错

二、多项选择题（以下每小题各有五项备选答案，其中有两项至四项是正确的。全部选对得满分，多选或错选不得分，也不倒扣分，在无多选和错选的情况下，选对一项得0.5分。本题共40分，每小题2分）

31. 传统内部审计发展到现代内部审计的主要标志有（　　）。

    A. 从详细审计变为抽样检查　　　　B. 从全部审计变为局部审计
    C. 从财务收支审计扩展到经营管理审计　　D. 从报送审计变为就地审计
    E. 从授权审计变为委托审计

32. 下列属于社会审计组织业务中审计业务内容的有（　　）。
    A. 验证企业资本，出具验资报告　　　B. 审查企业财务报表，出具审计报告
    C. 设计财务会计制度　　　　　　　　D. 代理纳税申报
    E. 资产评估

33. 下列关于审计准则的说法中，正确的有（　　）。
    A. 审计准则是评价审计质量的重要依据
    B. 审计准则是审计理论与审计实践联结的纽带和桥梁
    C. 审计准则的职能在于提高了审计本身的可信性
    D. 审计人员是否按照审计准则的要求实施审计归根结底在于审计结论是否真实正确
    E. 审计准则体现了一个国家的审计理论水平

34. 管理层对财务报表的认定可以归成的类别有（　　）。
    A. 与期初账户余额相关的认定　　　　B. 与期末账户余额相关的认定
    C. 与本期发生额相关的认定　　　　　D. 与报表列报和披露相关的认定
    E. 与各类业务相关的认定

35. 审计证据的质量特征有（　　）。
    A. 适当性　　　B. 递延性　　　C. 充分性　　　D. 独立性
    E. 合法性

36. 下列各项中，关于顺查法的说法正确的有（　　）。
    A. 审计质量高　　　　　　　　　　　B. 工作量大，不利于提高审计工作效率
    C. 适用于内控系统比较健全的被审计单位　D. 适用于业务规模较小的被审计单位
    E. 审计的目的性、针对性比较强

37. 对内部控制进行初步评价的内容有（　　）。
    A. 健全性评价　　B. 真实性评价　　C. 合理性评价　　D. 合法性评价
    E. 有效性评价

38. 下列各项中，属于国家审计机关审计处罚措施的有（　　）。
    A. 责令限期退还被侵占的国有资产　　B. 通报批评
    C. 没收违法所得　　　　　　　　　　D. 罚款
    E. 责令限期退还违法所得

39. 审计机关在公布审计结果时，可以公布的信息有（　　）。
    A. 审计评价意见　　　　　　　　　　B. 被审计单位的整改情况
    C. 正在处理过程中的事项　　　　　　D. 涉及商业秘密的信息
    E. 处理处罚决定及审计建议

40. 开展绩效审计的首要环节是选择和确定好绩效审计项目，选择绩效审计项目应考虑

的因素有（　　）。

　　A. 预计的审计效果　　B. 企业规模　　C. 财务规模　　D. 影响力

　　E. 审计成本和可操作性

41. 下列关于计算机审计的表述，正确的有（　　）。

　　A. 计算机审计不需要审查纸质材料

　　B. 计算机审计的审计内容与传统审计不完全一致

　　C. 计算机审计的审计对象既包括电子数据，又包括信息系统

　　D. 计算机审计不需要进行内部控制测试

　　E. 计算机审计的基本过程与传统审计是一致的

42. 下列关于审计风险的表述，正确的有（　　）。

　　A. 审计风险是作出错误审计结论的可能性

　　B. 审计风险可以控制，却不能完全消除

　　C. 审计风险仅存在于审计计划制定和审计证据收集阶段

　　D. 审计人员对不可控风险也应充分评估，并确定其对审计工作的影响

　　E. 分清审计机构与被审计单位的责任是控制审计风险的一种方法

43. 某产品成本近年来呈上升趋势，被审计单位将该产品销售成本结转由原来的加权平均法改为先进先出法，在其他条件不变的情况下，所造成的影响有（　　）。

　　A. 当年利润减少　　　　　　　　B. 当年利润增加

　　C. 年末存货余额增加　　　　　　D. 年末存货余额减少

　　E. 当年利润不变

44. 被审计单位对下列各项固定资产计提了折旧，审计人员认为正确的有（　　）。

　　A. 经营性租出固定资产　　　　　B. 融资租入固定资产

　　C. 季节性停用的机器设备　　　　D. 单独计价入账的土地

　　E. 已经提足折旧继续使用的固定资产

45. 下列对产品成本计算方法合理性的审查中，正确的有（　　）。

　　A. 采用品种法的，应了解和确认该种产品是否是大量大批单步骤生产，或虽系多步骤生产，但不要求按生产步骤计算成本的

　　B. 对采用分步法的，应了解并确认该种产品是否为大量单步骤生产

　　C. 采用分批法的，应了解并确认该产品是否为按订单组织生产

　　D. 查明有无任意改变成本计算方法的情况

　　E. 审查时应以企业生产特点和管理要求为依据

46. 薪酬费用分配正确性审查的内容有（　　）。

　　A. 是否按薪酬用途进行薪酬费用的分配

　　B. 录用、解聘程序是否符合国家规定

C. 薪酬总额的组成是否符合有关规定

D. 应付薪酬是否完整入账

E. 有无混淆生产成本与期间费用的界限，任意调节成本和损益的现象

47. 下列有关所有者权益审计的提法中，正确的有（   ）。

    A. 所有者权益审计就是对资本投入的审查

    B. 实收资本业务量不大，可以采用详细审计的方法

    C. 审查实收资本业务时，除关注真实性和完整性之外，还应关注合法性

    D. 投资者以外币出资的，审计人员应检查折算汇率是否符合相关规定

    E. 审计人员可以通过实地观察、实物盘点、核对投资清单等，验证实物投资是否真实存在

48. 审计人员对被审计单位货币资金业务内部控制进行评价时，认为下列职责应分离的有（   ）。

    A. 登记现金日记账与登记银行存款日记账

    B. 登记银行存款日记账与核对银行对账单

    C. 登记银行存款日记账与保管空白支票

    D. 保管空白支票与保管财务印章

    E. 登记现金日记账与登记现金总分类账

49. 被审计单位银行存款日记账余额与银行对账单余额不一致时，审计人员应采取的措施有（   ）。

    A. 编制或取得银行存款余额调节

    B. 审核银行存款日记账余额是否正确

    C. 要求被审计单位调整银行存款日记账

    D. 检查未达账项银行存款收支凭证是否合规

    E. 重新测试与银行存款业务有关的内部控制

50. 下列项目属于营业外支出的有（   ）。

    A. 经营租入的设备折旧费
    B. 因污染环境而支付的罚款
    C. 向关联企业的捐赠
    D. 非季节性和修理期间的停工损失
    E. 职工子弟学校经费

三、案例分析题（本题包括3个案例答题，每个案例答题10分，共30分。每个案例答题包括5道小题，每道小题2分。每道小题各有四个备选答案，其中有一项或多项是符合题意的正确答案，全部选对得满分。多选、错选、不选均不得分。有多项正确答案的小题，在无多选和错选的情况下，选对一项得0.5分）

案例一

（一）资料

2018年3月，审计组对某公司2017年度财务收支情况进行了审计。在对该公司固

定资产业务进行审计时，发现如下情况：

1. 该公司与设备采购有关的部分内部控制如下：
（1）采购部门确定设备需要量，提出设备购置申请书，报送设备管理部门。
（2）设备管理部门根据申请书，会同财会部门、计划部门编制设备采购计划。
（3）采购计划经批准后，设备管理部门下达采购通知单，交采购部门执行。
（4）采购的设备到货后，由采购部门组织验收。

2. 审计人员对该公司固定资产实施监盘时发现，甲设备在固定资产明细账及固定资产卡片上的记录均为3台，但实物盘点的结果是4台。

3. 审计人员在对该公司固定资产入账价值进行审查时，发现2017年年初购入乙设备的入账价值只包括买价，而增值税计入进项税，包装费、运杂费和安装成本等计入了当期管理费用。

4. 审计人员在对固定资产折旧进行审计时，通过分析所发现的线索，经进一步追查，发现2017年年初购进的丙设备至审计时尚未计提折旧，其价值占年末固定资产原值的比例为15%。

（二）要求：根据上述资料，从下列问题的备选答案中选出正确答案

51. 针对"资料1"，该公司与设备采购有关的内部控制措施中，存在缺陷的为（　　）。
    A. 采购部门确定设备需要量，提出设备购置申请书，报送设备管理部门
    B. 设备管理部门根据申请书，会同财会部门、计划部门编制设备采购计划
    C. 采购计划经批准后，设备管理部门下达采购通知单，交采购部门执行
    D. 采购的设备到货后，由采购部门组织验收

52. 针对"资料2"，该公司有1台甲设备未登记的原因可能为（　　）。
    A. 该设备已做报废处理，账卡已注销，但实物仍在使用
    B. 该设备新近购进，尚未登账建卡
    C. 该设备属经营性租赁方式租出，但设备尚未运走
    D. 该设备属融资性租赁方式租入，无须登账建卡

53. 针对"资料3"，该公司将乙设备按买价入账的方法，对2017年年末资产负债表所造成的影响为（　　）。
    A. 固定资产原值虚减　　　　　　B. 累计折旧虚减
    C. 负债总额虚增　　　　　　　　D. 应交税费虚减

54. 针对"资料4"，该公司对丙设备未计提折旧，可能存在的合理原因为（　　）。
    A. 无法确定折旧率　　　　　　　B. 设备提前报废
    C. 设备准备出售　　　　　　　　D. 设备准备经营性租出

55. 针对"资料4"，能够有效地发现丙设备未计提折旧的分析方法为（　　）。
    A. 比较2017年各个月份、当年和以前各年度的修理费用

B. 用2017年固定资产总值除以全年总产量，将该比率与以前年度相比
C. 用2017年应计提折旧的固定资产平均余额乘以当期折旧率，与实际计提折旧额相比较
D. 计算2017年计提折旧额占固定资产原值的比例，并与以前年度相比

案例二

（一）资料

2018年3月，某审计组对乙公司2017年度财务收支情况进行审计。有关销售与收款循环审计的情况和资料如下：

1. 该公司为上市公司，仅生产和销售一种产品。近几年行业和市场发展形势良好，产品本身未进行技术革新，原材料价格和产品销售价格相对稳定。

2. 该公司2017年营业收入5 800万元，营业成本4 000万元；2016年营业收入5 300万元，营业成本3 000万元；2017年该类产品的行业平均毛利率为43%。

3. 审计人员在对销售与收款业务内部控制进行调查的过程中了解到以下信息：

（1）公司设有专门的信用管理部门批准赊销信用。

（2）销售经理有权批准特殊客户"见订单即发货"，不必经信用管理部门批准。

（3）应收账款记账员定期编制并向客户寄送对账单。

（4）会计人员转销坏账前，必须向经授权的财务经理申报审批。

4. 审计人员在对相关内部控制进行测试的基础上，决定重点审查营业收入和应收账款，并实施了下列审计程序：

（1）抽取部分销售发票，追查销货合同、出库单和营业收入明细账。

（2）检查资产负债表日前后十天有关收入的记录，核对、比较相关发票、运单等，关注发票开具日期、记账日期和发货日期。

（3）向债务人函证应收账款。

5. 审计人员抽查发运单时，发现2017年12月27日发出一批货物，售价20万元，进一步追查销货合同，发现合同签订日为2017年12月20日，双方约定货到付款。2018年1月12日接到对方货物抵达并验收合格的通知，14日该笔款项到账。该公司于2018年1月12日确认该笔销售业务。

（二）要求：根据上述资料，从下列问题的备选答案中选出正确答案

56. 针对"资料1"和"资料2"中的情况，审计人员通过分析，初步判断存在异常而需要进一步审查的问题为（　　）。

　　A. 隐瞒营业收入　　　　　　　　B. 虚增营业收入
　　C. 隐瞒营业成本　　　　　　　　D. 虚增营业成本

57. "资料4"第（2）项审计程序的主要目的为（　　）。

　　A. 证实该公司营业收入的真实性　　B. 证实该公司营业收入的完整性

C. 证实该公司营业收入的截止期　　D. 证实该公司营业收入的计价正确性

58. "资料3"中符合内部控制要求的有（　　）。

　　A. 设立专门的信用管理部门

　　B. 销售经理有权特批"见订单即发货"

　　C. 应收账款由记账员编制并寄送对账单

　　D. 坏账的转销必须向经授权的财务经理申报审批

59. "资料4"第（3）项审计程序中，影响审计人员确定函证范围和对象的因素为（　　）。

　　A. 内部控制的健全性和有效性　　B. 函证方式的选择

　　C. 以前年度审计函证的结果　　　D. 应收账款在全部资产中的重要性

60. "资料5"中该公司对该笔营业收入的确认时间（　　）。

　　A. 正确　　　　　　　　　　　　B. 不正确，应于2017年12月20日确认

　　C. 不正确，应于2017年12月27日确认　D. 不正确，应于2018年1月14日确认

案例三

（一）资料

2018年3月，某审计组对丙上市公司2017年度财务收支情况进行了审计，有关存货业务审计的情况和资料如下：

1. 审计人员在对该公司存货业务相关内部控制进行调查时了解到：

（1）生产部门负责签发订购单。

（2）财会部门负责存货的永续盘存记录。

（3）仓库保管员负责定期对存货进行盘点。

（4）存货盘盈或盘亏的处理须经批准。

2. 审计人员于2018年3月25日实施了存货监盘程序，具体工作要点包括：

（1）公司成立存货盘点小组。

（2）公司独立制订盘点计划。

（3）审计人员在现场监督盘点工作按计划进行。

（4）审计人员抽查盘点记录。

3. 审计人员实施监盘程序后发现，A产品的盘点结果为100件，而账面记录为80件，据公司人员解释，盘点多出的20件为代管其他公司的产品；B产品的盘点结果为200件，与账面记录一致。

4. 2018年1月1日至3月25日盘点时止，B产品的完工入库数量为300件，销售发出数量为180件。

（二）要求：根据上述资料，从下列问题的备选答案中选出正确答案

61. 针对"资料1"，符合存货业务内部控制要求的为（　　）。

A. 生产部门负责签发订购单 B. 财会部门负责存货的永续盘存记录
C. 仓库保管员负责定期对存货进行盘点 D. 存货盘盈或盘亏的处理须经批准

62. 针对"资料2",下列关于监盘的说法,正确的为（　）。

A. 监盘可以证实存货的真实性 B. 监盘可以证实存货记录截止期的正确性
C. 监盘无须进行计价正确性的审计 D. 监盘过程中应查验存货质量

63. 针对"资料2"的监盘工作要点,正确的为（　）。

A. 公司成立存货盘点小组

B. 公司独立制订盘点计划

C. 审计人员在现场监督盘点工作按计划进行

D. 审计人员抽查盘点记录

64. 根据"资料3"和"资料4"中的情况,该公司2017年年末B产品的实际数量为（　）。

A. 80件　　　　　B. 200件　　　　　C. 320件　　　　　D. 480件

65. 针对"资料3"中A产品盘盈20件的情况,审计人员可进一步采取的措施为（　）。

A. 直接认定账实不符 B. 针对代管产品进行函证
C. 请该公司提供相关的证明文件 D. 要求该公司立即调增账面记录

【参考答案及解析】

一、单项选择题

1. D 对情节严重、致使国有资产遭受严重损失以及危害社会主义经济建设或对社会风气造成恶劣影响的违反财经法纪的行为,必须专门立案进行审计,这就叫财经法纪审计。财经法纪审计更加突出合法性。

2. A 内部审计的作用有：促进组织合法经营和运行、促进组织完善内部控制和风险管理、促进组织自我发展和实现目标。

3. C 我国属于行政体制。我国审计署就是在国务院总理领导下工作,对国务院负责并报告工作。

4. A 对本单位及所属单位固定资产投资项目进行审计属于内部审计机构的职责。

5. D A选项,不符合职业谨慎的原则；B选项,内部控制测试并不是必须要执行的程序,只有在满足一定的条件下才会实施；C选项,对于由少量项目构成的项目可以采用选取全部项目进行审计的方法,审计全部的审计事项。

6. B 专项审计调查中发现属于审计监督对象的单位违反国家规定的财政收支、财务收支行为,依法应当由审计机关在法定职权范围内做出处理处罚决定的,审计机关应当出具审计决定书。

7. A 社会审计实施阶段工作有：①对内部控制进行内部控制测试；②对财务报表项目进行实质性测试；③重新确定重要性水平。A选项属于准备阶段的事项。

8. C 考点为审计计划阶段的工作。A选择、B选择、D选项属于国家审计实施阶段的工作。

9. C　审计组组长应对审计工作底稿的相关内容进行审核。
10. D　一般来说，影响审计证据决策的因素有：风险因素、成本效益因素、重要性因素。
11. C　A选项，分析方法可以运用于审计计划、审计实施以及审计终结的全过程。B选项，分析——研究财务数据之间以及财务数据与非财务数据之间可能存在的合理关系，对相关信息作出评价，并关注异常波动和差异。D选项，重新计算与分析是并列的，均属于审计取证的具体方法。
12. B　经过初步评价，审计人员认为存在下列情形之一的，应当测试相关内部控制的有效性：一是某项内部控制设计合理且预期运行有效，能够防止重要问题的发生；二是仅实施实质性审查不足以为发现重要问题提供适当、充分的审计证据。
13. B　B选项是生产业务循环使用的文件。
14. A　函证程序是用于证实应付账款入账的真实性，进行函证不能完全查明未入账的应付款项。
15. A　内部审计报告应当声明内部审计是按照内部审计准则的规定实施的，若存在未遵循该准则的情形，应当做出解释和说明。
16. D　数据收集方法有：审阅法、观察法、访谈法、问卷调查法、文献研究法、准试验法。其中，审阅法是最基本、最直接的方法。
17. C　"有效性"主要包括下列四个方面：①经济性，投入是否节约；②效率性，是指产出与投入之间的关系，即支出是否讲究效率；③效果性，是否达到目标；④合规性，是指对有关政策、规章和制度（合同、协议）的遵循情况。
18. D　A选项、B选项、C选项均属于计算机审计准备阶段的工作。
19. A　审计档案是审计活动的历史记录，是审计工作的信息库，也是界定责任、应对审计诉讼的重要证据来源。
20. D　A选项应计入存货成本，B选项应计入应收账款，C选项应计入管理费用。
21. A　内部控制健全有效，卖方对账单齐备，一般可不必函证。
22. C　此业务账务处理正确。
23. A　属于职责分工中考勤记录与审批相互独立防止多计和错计出勤天数。
24. D　工资保管与记录相互独立，防止篡改记录，冒领工资。
25. B　证实企业投入资本业务发生的合法性，审查企业资本金的筹集、使用、变更和清算等是否经董事会或股东大会讨论通过，并按照国家规定的程序、方式及在规定范围内进行。
26. A　判断可供出售金融资产的公允价值变动账务处理。
27. B　存根对所有开出支票都有记录。检查12月支票存根及银行存款日记账是四个选项中最有效的审计程序。
28. D　调节表能反映银行对账单余额与银行存款日记账余额不符的原因。
29. A　A选项只涉及现金管理。
30. A　B选项、C选项、D选项属于日后调整事项。

二、多项选择题

31. AC　现代内部审计主要标志：一是

审计的方法从过去的详细审计改变为以评价内部控制系统为基础的抽样检查；二是审计的领域从财务审计扩大到效益审计。

32. AB　C 选项、D 选项、E 选项属于会计咨询和会计服务业务。

33. ABCE　审计结论是否客观公正，是否取信于公众，归根结底在于审计人员是否按照审计准则的要求实施审计。

34. BDE　此题考核的是管理层财务报表认定的分类。管理层财务报表认定可归为三类，分别为本题的 B 选项、D 选项、E 选项。

35. AC　审计证据的质量特征包括适当性、充分性，二者缺一不可。

36. ABD　顺查法的优点是审计过程全面细致，因此审计质量高。缺点是事无巨细，不突出重点，工作量大，不利于提高审计工作效率。一般适用于业务规模小、会计资料较少、存在问题较多的被审计单位。

37. AC　内部控制进行初步评价的内容主要包括健全性和合理性两个方面。

38. BCD　通报批评、没收违法所得、罚款属于国家审计机关审计的处罚措施。

39. ABE　审计机关不得公布下列信息：①涉及国家秘密、商业秘密的信息；②正在调查、处理过程中的事项；③依照法律法规的规定不予公开的其他信息。

40. ADE　选择绩效审计项目应考虑的因素有：预计的审计效果、资金规模、管理风险、影响力、审计成本和可操作性。

41. BCE　A 选项，计算机审计对电子数据和信息系统本身的审计中涉及纸质资料的检查。D 选项，信息系统审计包括对信息系统内部控制的审计。

42. ABDE　审计风险的基本特征：①审计风险客观存在，不以审计人员的意志为转移；②审计活动自始至终存在着审计风险；③审计风险具有潜在性；④审计风险可以控制。

43. BC　某产品成本近年来呈上升趋势，在先进先出法下，先入库的材料成本低，产品销售成本低，当年利润增加，当年留存的存货余额增加。

44. ABC　单独计价入账的土地应当作为无形资产核算；已经提足折旧继续使用的固定资产不能再计提折旧。

45. ACDE　对采用分步法的，应了解并确认该种产品是否为大量多步骤生产，所以 B 选项错误。

46. AE　考核审计程序与审计目标的相关性。

47. BCDE　所有者权益审计由资本投入审查、盈余公积和未分配利润审查等部分组成。

48. BDE　A 选项，现金日记账和银行存款日记账均由出纳登记；C 选项，登记银行存款日记账与保管空白支票是出纳的职责，可以由出纳一个人负责。

49. ABD　C 选项，对于银行存款日记账余额与银行对账单余额不一致，审计人员应首先查明原因，判断是否存在未达账项，不能要求被审计单位直接进行调整。E 选项，不需要重新测试与银行存款有关的内部控制。

50. BCDE　按照有关规定，营业外支出包括非季节性和修理期间的停工损失、债务重组损失、职工子弟学校经费、非常损失、盘亏损失、公益性捐赠支出、非流动资产毁损报废损失、赔偿金、违约金等。

三、案例分析题
案例一

51. AD 本题考查采购与付款业务内部控制。通常由设备使用部门对所需要购买的设备提出申请，批准请购与采购部门相互独立。采购的设备到货后，由验收部门组织验收。

52. AB 本题考查固定资产增减和结存审计。经营性租赁方式租出设备和融资性租赁方式租入的设备，都需登账建卡。

53. AB 本题考查固定资产入账价值审查。购入需要安装的设备，其入账价值包括实际支付的买价、包装运杂费和安装费，而购入设备所含的增值税金可以抵扣。

54. B 本题考查固定资产计提折旧。除已提足折旧继续使用的固定资产和以前按规定已经计价单独入账的土地外，其他所有固定资产均应计提折旧。如果未提则可能该设备已经提前报废。

55. CD 本题考查固定资产折旧审查。A选项和B选项是对固定资产变动合理性的审查方法。

案例二

56. AD 本题考查营业收入完整性审查。采用比率和趋势分析方法。2016年毛利率 $=(5\,300-3\,000)\div 5\,300=43\%$；

2017年毛利率 $=(5\,800-4\,000)\div 5\,800=33\%$。

57. C 本题考查营业收入交易截止期的审查。营业收入交易截止期核实注意的三个关键日期：发票开具日期、记账日期、发货日期，这三个日期在同一会计期间表明记录是正确的。

58. AD 本题考查销售与收款业务内部控制。批准赊销与销售应相互独立，编制和寄送客户对账单与收款业务、记账业务应相互独立，故B选项、C选项不正确。

59. ABCD 本题考查应收账款函证。

60. A 双方约定货到付款，2018年1月12日接到对方货物抵达并验收合格的通知，14日该笔款项到账。该公司于2018年1月12日确认该笔销售业务。

案例三

61. BD 本题考查生产与存货业务循环内部控制。采购部门签发订购单，存货盘点由保管人员以外的人员进行。

62. AD 本题考查存货监盘。监盘不能证实存货记录截止期的正确性；抽查盘点记录对材料的数量、价格、金额进行复核。

63. ACD 本题考查存货盘点。审计人员参与盘点计划的制订。

64. A 2017年年末B产品的实际数量 $=200-300+180=80$（件）。

65. BC 本题考查存货项目的权利和义务及审计目标的审计程序。

模拟冲刺试卷（中级）

注意事项

1. 您在拿到试卷的同时将得到一份专用答题卡，所有试题均需在专用答题卡上作答，在试卷或草稿纸上作答不得分。

2. 请认真阅读答题卡的注意事项及说明。

3. 答题时请认真阅读试题，对准题号作答。

一、单项选择题（以下每小题各有四项备选答案，其中只有一项是正确的。多选、错选、不选均不得分。本题共30分，每小题1分）

1. 年度财务决算审计以及领导干部任期经济责任审计均属于（　　）。
   A. 事前审计　　　　B. 事中审计　　　　C. 事后审计　　　　D. 定期审计

2. 下列关于授权审计的表述，正确的是（　　）。
   A. 同级审计机关之间可以进行授权
   B. 授权审计的双方当事人都必须是审计机关且存在业务领导关系
   C. 审计机关可以将其审计范围内的审计事项授权给内部审计机构办理
   D. 审计机关可以将其审计范围内的审计事项授权给社会审计组织办理

3. 下列各项中，关于《审计法》所规定的审计法律责任的表述，不正确的是（　　）。
   A. 审计法律责任是在国家审计监督过程中发生的与审计机关履行审计监督职能密切相关的法律责任
   B. 审计法律责任包括内部审计、社会审计以及国家审计的法律责任
   C. 相关当事人包括被审计单位及其有关的直接责任人和国家审计人员
   D. 以行政责任为主，包括相应的刑事责任但不包括民事责任

4. 下列行为中，不属于国家审计机关权限的是（　　）。
   A. 要求被审计单位提供财务报表
   B. 要求被审计单位提供社会审计机构出具的审计报告
   C. 建议有关主管部门纠正被审计单位正在进行的违反国家规定的财务收支行为
   D. 废止被审计单位主管部门制定的与国家法律相抵触的财政财务收支规定

5. 下列描述中，违反保密原则的是（　　）。
   A. 事前没有经过客户同意，为法律诉讼出示文件或提供证据
   B. 接受注册会计师协会或监管机构的质量检查
   C. 没有经过客户的同意，前任注册会计师为后任注册会计师提供工作底稿
   D. 向有关监管机构报告发现的违法行为

6. 下列各项中，属于审计质量控制中对人员素质的控制的是（　　）。

A. 审计组织应建立严格的专业培训和继续教育制度

B. 某一项目的全部工作底稿应由负责该项目的主管审计人员复核

C. 在开始审计工作之前,应制定切实可行的审计工作方案

D. 助理审计人员编制的工作底稿应由项目主审人员复核

7. 下列关于社会审计实施阶段的表述中,正确的是(　　)。

　　A. 每次财务报表审计都必须执行内部控制测试程序

　　B. 每次财务报表审计都必须执行实质性测试程序

　　C. 实质性测试仅包括对交易和余额的详细测试

　　D. 注册会计师在审计实施阶段对于重要性水平的确定与其在准备阶段对重要性水平所做的初步判断数之间是一致的

8. 下列属于国家审计程序中审计实施阶段工作内容的是(　　)。

　　A. 检查重大违法行为　　　　B. 编制审计工作方案

　　C. 编审审计报告　　　　　　D. 检查审计整改情况

9. 在国家审计准则中,审计工作底稿专指(　　)。

　　A. 调查了解记录　　　　　　B. 执行审计措施记录

　　C. 审计计划记录　　　　　　D. 重要管理事项记录

10. 下列关于审计工作底稿的表述中,错误的是(　　)。

　　A. 审计工作底稿是审计人员在审计过程中形成的与审计事项有关的工作记录

　　B. 审计工作底稿是撰写审计报告的基础

　　C. 审计工作底稿要经过被审计单位复核

　　D. 审计工作底稿是考核审计人员工作质量的依据

11. 在审计人员对被审计单位实施监盘时,进行盘点的是(　　)。

　　A. 审计人员　　B. 独立的第三人　　C. 被审计单位　　D. 其他单位

12. 下列关于内部控制的表述中,错误的是(　　)。

　　A. 控制风险始终大于零

　　B. 内部控制具有固有局限性

　　C. 如果内部控制足够健全有效,内部控制测评可以代替实质性审查

　　D. 内部控制测评不能代替实质性审查

13. 变量抽样法被广泛运用于(　　)。

　　A. 实质性审查　　B. 观察　　　　C. 询问　　　　D. 内部控制测评

14. 下列抽样方法中可用于估计总体的金额特征的是(　　)。

　　A. 发现抽样法　　B. 属性抽样法　　C. 变量抽样法　　D. 判断抽样法

15. 如果认为财务报表没有按照适用的会计准则编制,未能在所有重大方面公允反映被审计单位的财务状况、经营成果和现金流量,社会审计人员应当发表的审计意见是

（　　）。
　　A. 保留意见　　　B. 无保留意见　　　C. 无法表示意见　　　D. 否定意见

16. 在绩效审计中，根据实际产出评价被审计单位的目标是否实现的方法是（　　）。
　　A. 回归分析法　　B. 目标成果法　　　C. 标杆法　　　　　D. 价值分析法

17. 分析性中间表的主要目的是（　　）。
　　A. 清理、转换和验证电子数据　　　　B. 实现分析模型，得到审计结果
　　C. 删除与审计无关的字段　　　　　　D. 建立表与表之间的连接

18. 观察比较输出是否与预期相符。这一方法是（　　）。
　　A. 测试数据法　　B. 虚拟实体法　　　C. 平行模拟法　　　D. 受控处理法

19. 下列关于审计项目计划管理的表述中，错误的是（　　）。
　　A. 审计项目计划包含上级审计机关统一组织项目、授权项目、领导交办项目和自行安排项目等
　　B. 审计项目计划管理实行统一领导、分级负责制
　　C. 审计项目可以是对一个单位投资活动的审计
　　D. 审计项目不可以是对一个跨单位、跨部门的项目的审计

20. 企业将下列各项税费通过"税金及附加"科目核算，审计人员认为不正确的是（　　）。
　　A. 消费税　　　　　　　　　　　　　B. 增值税
　　C. 资源税　　　　　　　　　　　　　D. 城市维护建设税

21. 固定资产累计折旧审计的主要目标不应包括（　　）。
　　A. 确定固定资产的增加、减少是否符合预算和经过授权批准
　　B. 确定固定资产的折旧政策是否恰当
　　C. 确定折旧费用的分摊是否合理、一贯
　　D. 确定累计折旧是否已按照企业会计准则的规定在财务报表中做出恰当列报

22. 审计人员在监盘库存材料时，对被审计单位声称属于受托加工的材料，最能有效证明其所有权的审计程序的是（　　）。
　　A. 向委托加工单位进行函证
　　B. 要求被审计单位出具书面声明
　　C. 审查是否存在该材料的入库记录
　　D. 审查受托加工材料是否经过适当的授权审批

23. 审计人员从工资结算表中抽取若干记录追查至企业员工名册，该程序可用于证实（　　）。
　　A. 企业是否在工资结算表中虚构员工名单套取资金
　　B. 员工薪酬的确定是否恰当合理

C. 工资费用的账务处理是否正确

D. 员工所得薪酬是否与其实际工作量记录相符

24. 下列各项中，属于薪酬业务内部控制测试程序的是（　　）。

A. 审查职工住房公积金的计提是否正确

B. 审查人工费用的计算是否正确

C. 审查产量和工时的记录与审核是否相互独立

D. 审查职工薪酬在财务报表中的反映是否完整正确

25. 审计人员在审查托管证券是否真实存在时，应采取的主要审计程序是（　　）。

A. 审阅投资明细账　　　　　　　　B. 向代管机构函证

C. 检查被审计单位股票和债券登记簿　　D. 询问被审计单位管理部门

26. 下列各项中，属于对应付债券期末余额是否存在而进行审查的是（　　）。

A. 了解并描述债券发行的内部控制

B. 查明债券发行是否有公司最高权力机构的正式决议

C. 查明公司是否以到期日为标准将应付债券划分为流动负债和长期负债

D. 审查债券发行与偿还的有关凭证和记录

27. 下列关于库存现金监盘的表述中，错误的是（　　）。

A. 应采取突击方式进行监盘

B. 出纳、会计主管和审计人员应在盘点表上签字

C. 由出纳自行盘点，会计主管和审计人员在旁边观察监督

D. 对存放于不同地点的现金，应分别安排不同的监盘时间

28. 审计人员检查被审计单位外币账户余额是否正确折合为记账本位币金额，是为了查明（　　）。

A. 外币资金的所有权　　　　　　　B. 外币资金计价的正确性

C. 外币资金收付业务记录的完整性　　D. 外币资金收付业务的合法性

29. 下列各项中，不属于财务报告舞弊方式的是（　　）。

A. 虚构会计记录　　　　　　　　　B. 隐瞒重要交易

C. 滥用会计政策　　　　　　　　　D. 更正会计差错

30. 在审查母公司编制的合并财务报表时，审计人员为判断某被投资单位是否应纳入合并范围，需要了解的是（　　）。

A. 母公司与该单位之间的债权债务

B. 母公司与该单位之间的产品购销业务

C. 母公司对该单位的持股比例、表决权比例

D. 母公司对该单位的债务担保

二、多项选择题（以下每小题各有五项备选答案，其中有两项至四项是正确的。全部选对得满分，多选或错选不得分，也不倒扣分，在无多选和错选的情况下，选对一项得0.5分。本题共40分，每小题2分）

31. 下列各项中，属于国家审计的作用的有（　　）。
    A. 为宏观政策的制定提供决策依据
    B. 开展常规审计，促进企业合法经营
    C. 追踪反馈宏观调控政策的运行效果
    D. 维护财经法纪，监督、保障和促进各项宏观调控政策的贯彻执行
    E. 开展效益审计，促进自我发展，不断增强企业竞争实力

32. 防范审计人员法律责任风险的对策有（　　）。
    A. 明确被审计单位和审计组织责任并严格遵循职业道德规范和执业准则
    B. 聘请专家和法律顾问
    C. 深入了解被审计单位的情况
    D. 为审计人员提供充分的职业培训和职业咨询
    E. 不用建立审计工作的有效监督和检查体系

33. 下列各项中，属于审计质量控制客体的有（　　）。
    A. 审计的全过程，从计划到实施，再到最终发表意见
    B. 专门审计组织和人员
    C. 审计组织内部各项管理
    D. 审计人员素质和工作技能的控制
    E. 审计人员的培训、晋升管理

34. 下列属于社会审计准备阶段的内容的有（　　）。
    A. 了解被审计单位的基本情况　　B. 复核审计工作底稿
    C. 签订审计业务约定书　　　　　D. 编制审计方案
    E. 进行内部控制测试

35. 下列关于审计人员鉴定审计证据可靠性的说法中，正确的有（　　）。
    A. 对实物证据，不仅要核实数量，还应关注质量
    B. 对书面证据，不仅要核对金额，还应判别真伪
    C. 对口头证据，要分析提供者的陈述是否真实
    D. 针对一项具体审计目标可以从不同来源获取审计证据或者获取不同形式的审计证据
    E. 良好内部控制环境下产生的证据更可靠

36. 下列关于审计取证方法的说法中，正确的有（　　）。
    A. 逆查法是审计取证的顺序与反映经济业务的会计资料形成过程相反的方法

B. 当被审计单位内部控制比较薄弱时，可以考虑采用详查法

C. 观察提供的审计证据仅限于观察发生的时点

D. 询问通常是在运用其他取证方法发现疑点和问题之前使用

E. 重新编制银行存款余额调节表属于重新操作方法

37. 利用内部控制测评的结果可以确定实质性审查的重点，其中重点领域有（　　）。
    A. 缺少内部控制的重要业务领域
    B. 缺少内部控制的不重要业务领域
    C. 内部控制设置不合理、控制目标不能实现的领域
    D. 内部控制没有发挥作用的领域
    E. 内部控制设置合理、控制目标可以实现的领域

38. 审计人员在运用统计抽样技术进行审计时，确定样本规模应考虑的因素有（　　）。
    A. 总体数量 B. 总体项目差异
    C. 审计结论的精确限度 D. 审计结论的可靠性程度
    E. 以往类似审计项目的经验

39. 下列关于审计报告的说法中正确的有（　　）。
    A. 审计报告是评价审计人员工作、控制审计质量的重要依据
    B. 审计报告是审计人员发表审计意见和提出审计建议的载体
    C. 内部审计报告是具有法律效力的证明文件，起到经济鉴证的作用
    D. 审计报告是为国家宏观经济决策服务的重要信息来源
    E. 国家审计的审计报告是国家审计机关向被审计单位作出审计决定的依据

40. 属于绩效审计定性分析方法的有（　　）。
    A. 内容分析法   B. 逻辑模型法   C. 价值分析法   D. 程序分析法
    E. 时间序列分析法

41. 下列不属于信息系统内部控制审计中一般控制审计内容的有（　　）。
    A. 组织控制审计   B. 安全控制审计   C. 软硬件控制审计   D. 输入控制审计
    E. 处理控制审计

42. 下列各项中，应归入项目审计档案的有（　　）。
    A. 审计通知书   B. 审计实施方案
    C. 审计工作底稿   D. 审计人员个人信息
    E. 审计报告

43. 下列属于函证回函认可的金额与函证金额产生差异的原因的有（　　）。
    A. 询证函发出时，债务人已经付款，而被审计单位尚未收到的款项
    B. 一方或双方记账错误
    C. 询证函发出时，被审计单位的货物已发出并已做销售记录，但货物仍在途中，

债务人尚未收到货物

D. 被审计单位存在弄虚作假的行为

E. 询证函邮寄丢失

44. 被审计单位对自行建造固定资产业务所做的下列账务处理中，审计人员认为错误的有（   ）。

   A. 将建造固定资产领用的物资计入在建工程成本

   B. 将建造固定资产试运转所发生的费用计入管理费用

   C. 将建造固定资产借款所发生的利息支出全部计入财务费用

   D. 将完工并达到预定可使用状态的在建工程转入固定资产

   E. 将建造固定资产试运转中各项收入扣除税金后计入营业外收入

45. 对存货跌价准备进行审查时，需要查明（   ）。

   A. 存货跌价准备的真实性　　　　　B. 存货跌价准备转销的合理性

   C. 存货跌价准备会计记录的完整性　D. 本期计提存货跌价准备的金额

   E. 存货跌价准备披露的正确性

46. 运用分析方法检查应付工资总体合理性的主要内容和方法有（   ）。

   A. 分析销售与生产的关系

   B. 将本年度产品生产成本中人工费与前期比较

   C. 分析比较本年各个月份职工薪酬变动情况

   D. 分析比较近期各年度职工薪酬变动情况

   E. 将本年度管理费用中人工费用与前期比较

47. 下列关于实收资本审计的表述中，正确的有（   ）。

   A. 实收资本账户业务量大，一般采用抽查法

   B. 投资协议、营业执照、公司章程等属于有关资本投入的记录资料及文件

   C. 审查实收资本合法性时应关注实收资本明细账是否与总账相符

   D. 投资者以机器设备投资时，应查阅原始发票、投资协议

   E. 审查实收资本业务账务处理正确性时应关注股票发行时的账户处理是否完整

48. 审查库存现金时，应对库存现金进行清查，正确的做法有（   ）。

   A. 应由出纳员将现金全部放入保险柜暂行封存

   B. 事先通知出纳员做必要准备

   C. 盘点库存现金的时间一般安排在营业前或营业后

   D. 清点库存现金时，会计主管人员和审计人员在旁观察监督

   E. 审计人员编制"库存现金盘点表"作为审计工作底稿

49. 在下列有关被审计单位营业外收支业务中，审计人员认为正确的有（   ）。

   A. 将业务招待费列入营业外支出

B. 将公益救济性捐赠支出列入营业外支出

C. 将合同违约金支出列入营业外支出

D. 将出售固定资产的净收益列入营业外收入

E. 将季节性的停工损失列入营业外支出

50. 常见的财务报告舞弊方式有（　　）。

A. 操纵、伪造或篡改会计记录或支持文件

B. 误报或隐瞒事件、交易或其他重要信息

C. 误报或隐瞒非重要信息

D. 错误运用会计政策

E. 错误运用会计科目

三、案例分析题（本题包括3个案例答题，每个案例答题10分，共30分。每个案例答题包括5道小题，每道小题2分。每道小题各有四个备选答案，其中有一项或多项是符合题意的正确答案，全部选对得满分。多选、错选、不选均不得分。有多项正确答案的小题，在无多选和错选的情况下，选对一项得0.5分）

案例一

（一）资料

2018年3月，某审计组对丙上市公司2017年度财务收支情况进行审计。有关固定资产业务审计的情况和资料如下：

1. 审计人员对该公司内部控制进行调查时了解到：①采购部门确定设备需要量，提出购置申请；②设备管理部门根据申请书会同财会部门和计划部门编制采购计划；③采购计划经批准后，设备管理部门下达采购通知单，交采购部门执行；④采购的设备到货后，由采购部门组织验收。

2. 2017年1月至5月，该公司对旧厂房进行改扩建，有关情况如下：①2017年年初该公司会计记录反映旧厂房固定资产原值2 500万元，净值1 300万元；③改扩建过程中，该公司支付改造施工款2 000万元、装修费用800万元；③该公司将改扩建过程中拆下的废旧物资出售，该物资的账面价值为100万元；④该公司派出5辆车专门用于改扩建，共发生费用20万元，已在生产成本中列支。

3. 审计人员在检查该公司固定资产租赁业务时发现以下事项：

（1）以经营租赁方式租入的固定资产记入备查账簿。

（2）以经营租赁方式租入的固定资产未计提折旧。

（3）以融资租赁方式租入生产线一条，租赁期5年，预计尚可使用年限6年，该公司未计提折旧。

（4）以经营租赁方式租出固定资产未计提折旧。

4. 2017年12月，该公司将出售设备B的净损失30万元计入当期管理费用。

（二）要求：根据上述资料，为下列问题从备选答案中选出正确答案

51. 针对"资料1"，该公司与设备采购有关的内部控制措施存在缺陷的为（　　）。

    A. 采购部门确定设备需要量，提出购置申请

    B. 设备管理部门根据申请书会同财会部门和计划部门编制采购计划

    C. 采购计划经批准后，设备管理部门下达采购通知单，交采购部门执行

    D. 采购的设备到货后，由采购部门组织验收

52. 针对"资料2"，该公司旧厂房改扩建后的固定资产入账价值应为（　　）。

    A. 4 100 万元　　　　B. 5 220 万元　　　　C. 4 020 万元　　　　D. 2 800 万元

53. 针对"资料3"，审计人员认为该公司做法正确的为（　　）。

    A. 以经营租赁方式租入的固定资产记入备查账簿

    B. 以经营租赁方式租入的固定资产未计提折旧

    C. 以融资租赁方式租入的生产线未计提折旧

    D. 以经营租赁方式租出的固定资产未计提折旧

54. 针对"资料3"，审计人员运用分析方法对该公司固定资产折旧计提的合理性进行审查时，可采用的方法为（　　）。

    A. 将2017年的折旧费用与2016年的折旧费用相比较

    B. 用2017年固定资产原值除以全年总产量，将该比率与以前年度相比较

    C. 计算2017年计提折旧额占固定资产原值的比例，并与2016年相比较

    D. 用2017年应计提折旧的固定资产乘以本期折旧率，并与本期计提的折旧额相比较

55. 针对"资料4"，审计人员据此认为（　　）。

    A. 当年虚增营业利润　　　　　　B. 当年虚减营业利润

    C. 当年虚增利润总额　　　　　　D. 当年虚减利润总额

案例二

（一）资料

2018年3月，某审计组对下属甲公司2017年度财务收支情况进行了审计。甲公司有关销售与收款业务的资料和审计情况如下：

1. 审计人员在对该循环内部控制进行调查的过程中了解到：

   （1）该公司未单独设置信用部门，赊销信用由销售部门主管负责审批。

   （2）收到客户退货请求后，由销售部门主管负责批准退货。

   （3）发货部门在发运货物的同时开具销售发票。

   （4）出纳员负责编制并寄送客户对账单。

2. 2017年5月，该公司销售给客户A一批产品，价值100万元，销货合同约定客户A如果20天内付款可给予2%的折扣，该公司确认的营业收入为98万元。

3. 审计人员对该公司重要客户的应收账款进行积极式函证。其中客户甲未予以回函，审计人员再次发函，仍未得到回复；客户乙则回复说相关款项已经支付。

4. 审计人员发现该公司2017年销售费用明细账中包括下列记录：

（1）材料采购过程中支付的运输费和装卸费18万元。

（2）支付给销售代理的佣金15万元。

（3）销售产品时为客户代垫的运杂费10万元。

（4）销售部门职工的工资费用48万元。

（二）要求：根据上述资料，为下列问题从备选答案中选出正确答案

56. 针对"资料1"和"资料3"，该公司违反内部控制要求的职责分工为（   ）。

    A. 赊销信用由销售部门主管负责审批

    B. 销售部门主管负责批准退货

    C. 发货部门在发运货物的同时开具销售发票

    D. 出纳员负责编制并寄送客户对账单

57. 针对"资料2"，审计人员认为该公司应当确认的营业收入为（   ）。

    A. 98万元   B. 100万元   C. 102万元   D. 104万元

58. 针对"资料3"，审计人员认为可能的原因为（   ）。

    A. 客户甲有意不回复

    B. 客户甲不存在或已破产

    C. 询证函发出时，客户乙已经支付货款，但该公司未收到

    D. 被审计单位对客户乙的应收账款记账错误

59. 针对"资料3"客户甲未予以回函情况，审计人员可采取的最有效的替代审计程序为（   ）。

    A. 重新测试相关的内部控制   B. 审查相关合同、订单、销售发票等凭证

    C. 实施分析程序   D. 向客户甲第三次寄发询证函

60. 针对"资料4"，该公司账务处理错误的事项为（   ）。

    A. 材料采购过程中支付的运输费和装卸费18万元

    B. 支付给销售代理的佣金15万元

    C. 销售产品时为客户代垫的运杂费10万元

    D. 销售部门职工的工资费用48万元

案例三

（一）资料

2018年3月，某审计组对××公司2017年度财务收支中货币资金进行审计。有关情况和资料如下：

1. 审计人员对被审计单位出纳收付业务进行了执行过程的观察，发现下列情况：

（1）出纳员根据零星支出部门填写差旅费报销单、备用金报销单办理报销业务；

（2）出纳员根据销售合同、销售发票、提货单和运单等，编制代垫费用清单，据此到银行办理收款转账或提取现金；

（3）销售部门取得的零星收入直接交给出纳员；

（4）出纳人员根据审核后的原始凭证逐日逐笔登记现金日记账。

2. 审计人员对库存现金实施了监盘，具体安排是：审计人员提前一天将有关监盘要求告知出纳员；监盘时间安排在当日营业终了后；监盘时要求会计主管、出纳员在场；由审计人员亲自清点现金和相关票据，并填制库存现金盘点表。

3. 库存现金监盘后，发现账面结存 4 298.20 元，实际库存 3 028.20 元；另有已支付的 150 元劳务费和已报销的 520 元差旅费单据未入账。

4. 审计人员审查了现金日记账的记录，核对了原始凭证，审核了现金业务的序时账务处理情况。

（二）要求：根据上述资料，为下列问题从备选答案中选出正确答案

61. "资料1"中，不符合货币资金业务循环主要过程的为（　　）。

   A. 出纳员根据零星支出部门填写差旅费报销单、备用金报销单办理报销业务

   B. 出纳员根据销售合同、销售发票、提货单和运单等，编制代垫费用清单，据此到银行办理收款转账或提取现金

   C. 销售部门取得的零星收入直接交给出纳员

   D. 出纳人员根据审核后的原始凭证逐日逐笔登记现金日记账

62. 根据"资料1"，审计人员测试付款业务内部控制时，抽查部分货币资金付款凭证，重点审查的内容为（　　）。

   A. 检查有无审批授权人的签章

   B. 核对日记账记录的付款金额是否正确

   C. 核对付款凭证与银行对账单的一致性

   D. 核对付款凭证与购货发票、应付账款明细账的一致性

63. 针对"资料2"的表述，不符合现金监盘要求的为（　　）。

   A. 提前一天将有关监盘要求告知出纳员

   B. 监盘时间安排在当日营业终了后

   C. 会计主管、出纳员和审计人员同时在场

   D. 审计人员亲自清点现金和相关票据，并填制库存现金盘点表

64. 根据"资料3"的结果，审计人员由此可以得出的结论为（　　）。

   A. 库存现金短缺 1 270 元　　　B. 库存现金短缺 670 元

   C. 库存现金短缺 600 元　　　　D. 库存现金溢余 600 元

65. 根据"资料4"，下列关于审计人员审查现金日记账的表述正确的为（　　）。

A. 检查库存现金每日余额，审查有无坐支现象

B. 检查现金日记账摘要栏，审查现金收付业务是否合法

C. 检查现金日记账金额栏，审查现金收付金额是否超过了国家规定的限额

D. 检查现金日记账的序时登记，审查现金日记账是否按日期序时登记

【参考答案及解析】

一、单项选择题

1. C 事后审计是指审计人员在被审计单位的财政财务收支和经济业务完成之后所进行的审计。例如，对某建设工程项目竣工交付使用的审计、年度财务决算审计、领导干部任期经济责任审计等。

2. B A选项，授权审计是指国家审计的上级审计机关将其职责范围内的一些事项，授权下级审计机关实施；不能是同级审计关机。C选项和D选项，授权审计的事项只能是授权的上级审计机关职权范围内的事项，不能超越自己的权限进行授权。

3. B 《审计法》所规定的审计法律责任是国家审计的法律责任，是在国家审计监督过程中发生的与审计机关履行审计监督职能密切相关的法律责任，不包括内部审计和社会审计的法律责任。

4. D 国家审计机关没有废止被审计单位规定的权限。

5. C 必须经过客户书面同意之后才能向后任注册会计师提供工作底稿。

6. A B选项、C选项、D选项均属于对审计作业过程的控制。

7. B 本题考查社会审计的审计程序知识点。A选项，尽管大多数的财务报表审计都要执行内部控制测试程序，但并不是每次财务报表审计都必须执行这类程序。C选项，实质性测试包括对交易和余额的详细测试及对会计信息及非会计信息的分析性测试。D选项，注册会计师在审计实施阶段对于重要性水平的确定与其在准备阶段对重要性水平所做的初步判断数之间基本上不会出现一致的情况。

8. A B选项属于国家审计计划阶段的内容；C选项和D选项属于国家审计报告阶段的内容。

9. B 在国家审计准则中，审计工作底稿专指执行审计措施记录。

10. C 考点涉及审计工作底稿的含义、审计工作底稿的作用和审计工作底稿的审核。审计工作底稿不需要经过被审计单位复核。

11. C 本题考核监盘的具体做法。一般情况下，监盘应由被审计单位进行，审计人员只进行现场监督。

12. C 不论被审计单位内部控制多么健全有效，都应当选择适当方法对被审计单位重要的财政收支、财务收支活动进行实质性审查，即内部控制测评不能代替实质性审查。

13. A 变量抽样法是直接针对总体中的数额、余额实施抽样，并从样本审查结果推断总体结果，从而对总体进行定量估计，这就为对审计对象总体数量特征的审查提供了简便而有效的方法，因此被广泛运用于实质性审查

之中。

14. C　变量抽样法是一种能够对总体的数量余额作出估计的统计抽样方法。

15. D　本题考查否定意见审计报告的含义。

16. B　目标成果法——根据实际产出成果评价被审计单位或审计项目的目标是否实现。

17. B　分析性中间表的主要目的是实现分析模型，得到审计结果。

18. A　B选项，虚拟实体法是对测试数据法的改良，一般做法是在信息系统中建立虚拟的实体，然后将虚拟实体的有关数据与真实的运行数据一起输入信息系统进行处理，最后将虚拟实体的输出结果与预期进行比较，确定信息系统的控制功能是否发生作用。C选项，平行模拟法是指审计人员开发一个与被审计单位信息系统或程序模块功能完全相同的模拟系统，将被审计单位的真实数据放入模拟系统中运行，观察其输出是否与被审计单位信息系统相一致。D选项，受控处理法是指审计人员对被审计单位的真实业务数据在处理之前先进行核实，核实之后在被审计单位的信息系统上监督处理或亲自处理，并将处理结果与预期结果进行比较分析，以判断被审计单位的系统是否符合规定的要求。

19. D　审计项目可以是对一个跨单位、跨部门的项目的审计。

20. B　"税金及附加"科目核算企业经营活动发生的消费税、城市维护建设税、资源税和教育费附加等相关税费，不包括增值税。

21. A　A选项中的内容属于固定资产内部控制制度中的"授权批准"，它与累计折旧的审计目标无关。

22. A　函证属于外部独立来源的证据，证明力最强。

23. A　从工资结算表中抽取若干记录追查至企业员工名册，可以查出工资结算表员工人数的真实性。

24. C　A选项、B选项、D选项属于实质性审查。

25. B　函证可以证实资产的存在。

26. D　验证应付债券期末余额的真实性：①审查应付债券形成的有关凭证及偿还的记录，验证其期末余额是否真实；②函证应付债券期末余额的真实性。

27. D　对于所有的库存现金，无论存放何处，应同时全面地进行清点。

28. B　检查被审计单位外币账户余额是否正确折合为记账本位币金额，是针对金额实施的审计程序，所以与外币资金计价的正确性有关。

29. D　常见的三种财务报告舞弊方式：①操纵、伪造或者篡改会计记录或支持文件；②误报或隐瞒事件、交易或其他重要信息；③错误运用会计政策。

30. C　通过母公司对该单位的持股比例、表决权比例可以知道母公司对子公司的控制权，然后判断某被投资单位是否应纳入合并范围。

二、多项选择题

31. ACD　B选项和E选项属于内部审计的作用。

32. ABCD　建立审计工作的有效监督和检查体系属于防范审计人员法律责任风险的对策。

33. ACDE B 选项属于审计质量控制的主体。

34. ACD B 选项属于社会审计终结阶段的内容。E 选项属于社会审计实施阶段的内容。

35. ABCE "针对一项具体审计目标可以从不同来源获取审计证据或者获取不同形式的审计证据"与审计人员鉴定审计证据可靠性无关，是鉴定证据的相关性时应考虑的。

36. ABCE D 选项，询问通常是在运用其他取证方法发现疑点和问题之后使用。

37. ACD 通常情况下，在控制评价所认定的失去控制和控制薄弱的业务系统或业务环节，固有风险较大的经济业务都应当纳入实质性审查的范围。

38. ABCD 确定样本规模无须考虑以往类似审计项目的经验。

39. ABDE 起到经济鉴证作用的是国家审计报告和社会审计报告。

40. ABD 价值分析法和时间序列分析法属于定量分析法。

41. DE 一般控制审计：①组织控制审计；②信息系统的开发维护控制审计；③安全控制审计；④软硬件控制审计。

42. ABCE 应归入项目审计档案的文件材料是：立项性文件材料；证明性文件材料；结论性文件材料；其他审计备查文件材料。

43. ABCD E 选项属于肯定式询证函未能在规定时期内回复，二次发出后仍一直不回复的情况。

44. BCE B 选项，固定资产试运转所发生的费用计入建造固定资产的成本。C 选项，企业发生的工程借款利息，属于固定资产尚未达到预期可使用状态之前，其利息应计入固定资产造价。E 选项，将建造固定资产试运转中各项收入扣除税金后冲减工程成本。

45. ABCE D 选项，应查明的是期末存货跌价准备的余额，而不是当期计提的金额。

46. BCDE 销售与生产关系和运用分析方法检查应付职工薪酬的总体合理性无关。

47. BDE 实收资本账户业务量不大，有时在年度内没有变动，所以可采用全面详细的审查方法。审查实收资本明细账是否与总账相符，是对实收资本业务账务处理正确性的审查。

48. ACD 不能事先通知，需要突击检查，另外应由出纳人员编制现金盘点表。

49. BCD A 选项，应列入管理费用；E 选项，应列入制造费用。

50. ABD 常见的财务报告舞弊方式有：操纵、伪造或篡改会计记录或支持文件；误报或隐瞒事件、交易或其他重要信息；错误运用会计政策。

三、案例分析题

案例一

51. AD 本题考查固定资产内部控制。A 选项、D 选项违反了职责分工要求。

52. C 本题考查改扩建固定资产入账价值。改扩建后的固定资产入账价值 = 1 300 + 2 000 + 800 − 100 + 20 = 4 020（万元）。

53. AB 本题考查固定资产折旧。以融资租赁方式租入的生产线需计提折旧，以经营租赁方式租出的固定资产也需计提折旧。

54. ACD　本题考查固定资产折旧合理性。B选项用来分析固定资产变动合理性。

55. B　本题考查固定资产处置核算。该公司将出售设备B的净损失计入当期营业外支出。

案例二

56. ACD　本题考查销售与收款业务内部控制。B选项符合销售与收款业务内部控制中职责分工的要求。

57. B　本题考查销售折扣的账务处理。销售折扣不能冲减销售收入。

58. ABCD　本题考查应收账款函证。

59. B　本题考查应收账款函证。在无法从外部取得能够证实乙客户应收账款余额的证据时，审计人员可采取的替代程序是检查有关的原始票据，如相关合同、订单、销售发票副本、发运单、现金收入等，证实应收账款真实性。

60. AC　A选项应归入采购成本；C选项代垫的运杂费应作为应收账款核算。

案例三

61. AC　A选项出纳员根据审批后的差旅费报销单、备用金报销单办理报销业务；C选项销售部门不应该直接收取现金收入，应该开具收款通知单通知出纳员收取现金收入。

62. ABCD　审计人员测试付款业务内部控制时，应抽查部分货币资金付款凭证，验证各项货币资金的付款业务是否经过适当的审批、授权与审核。①检查有无审批授权人的签章；②验证签章人是否符合授权的层次与范围；③核对现金或银行存款日记账记录的付款金额是否正确；④核对付款凭证与银行对账单的一致性；⑤核对付款凭证与购货发票、应付账款明细账的一致性。

63. AD　A选项现金应该执行突击盘点；D选项中应由出纳员自点并填制"库存现金盘点表"，审计人员只是监盘。

64. C　存在未入账的业务，通过调整现金日记账其余额应该为 3 628.20 元（4 298.20 - 150 - 520）；将其与实际库存 3 028.20 元相比，表现为账面余额大于实际现金，库存现金短缺 600 元。

65. BCD　A选项检查库存现金每日余额，审查是否超过了规定的限额，对于超出部分是否及时解缴银行。